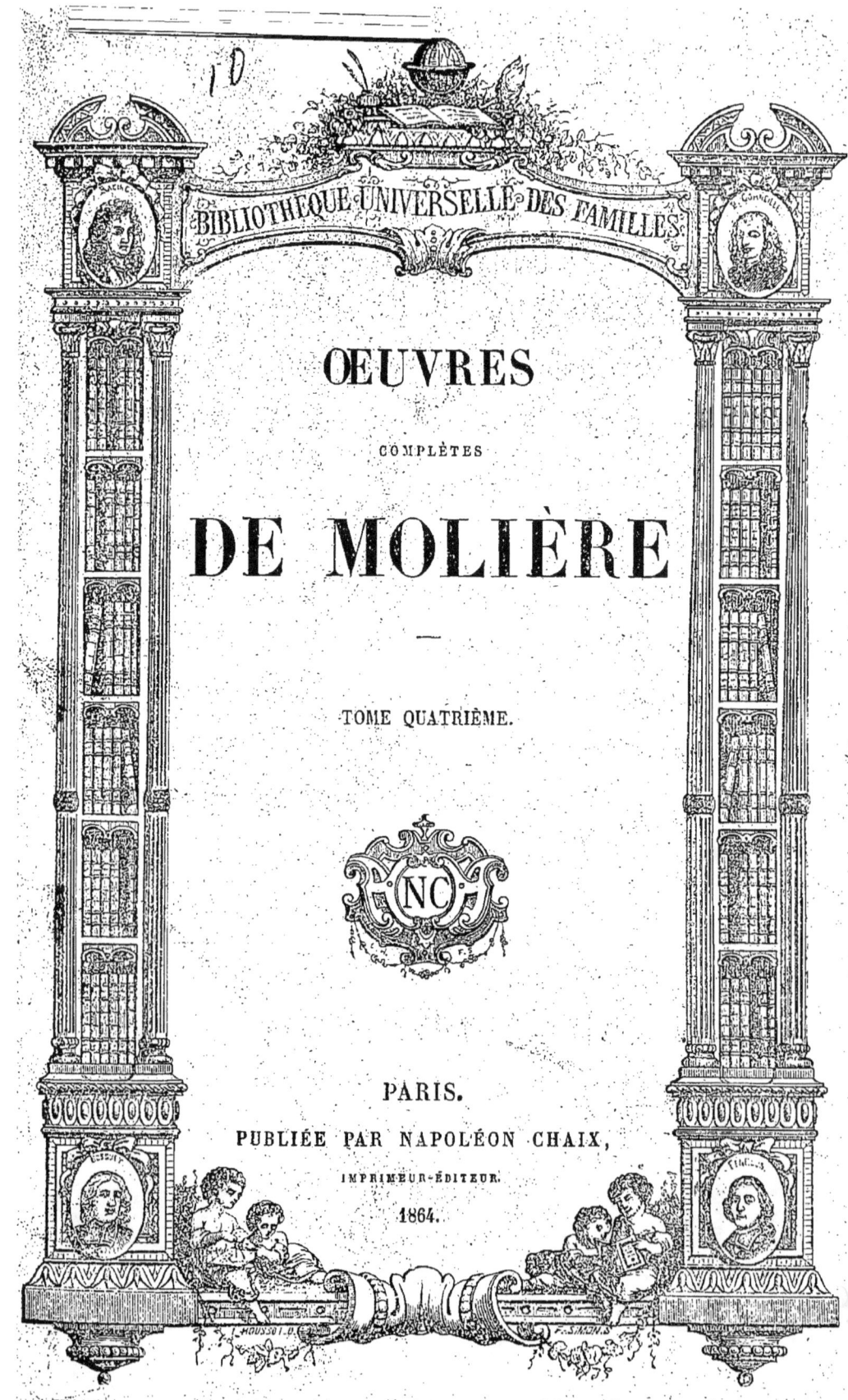

FORMANT

500 BEAUX VOLUMES IN-OCTAVO

CHOISIS PARMI

LES MEILLEURS OUVRAGES ANCIENS ET MODERNES

PUBLIÉE

PAR NAPOLÉON CHAIX.

COLLECTION NAPOLÉON CHAIX.

ŒUVRES

COMPLÈTES

DE MOLIÈRE

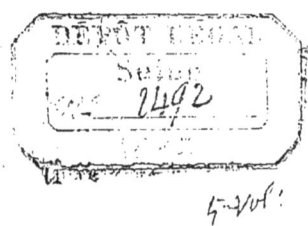

TOME QUATRIÈME.

PARIS

CHEZ NAPOLÉON CHAIX ET Cie,

IMPRIMEURS-ÉDITEURS.

1864.

©

GEORGE DANDIN

ou

LE MARI CONFONDU.

COMÉDIE EN TROIS ACTES.

18 juillet 1668.

FÊTE DE VERSAILLES.

DU 18 JUILLET 1668 [1].

Le roi ayant accordé la paix aux instances de ses alliés et aux vœux de toute l'Europe, et donné des marques d'une modération et d'une bonté sans exemple, même dans le plus fort de ses conquêtes, ne pensait plus qu'à s'appliquer aux affaires de son royaume, lorsque, pour réparer, en quelque sorte, ce que la cour avait perdu dans le carnaval, pendant son absence, il résolut de faire une fête dans les jardins de Versailles, où, parmi les plaisirs que l'on trouve dans un séjour si délicieux, l'esprit fût encore touché de ces beautés surprenantes et extraordinaires dont ce grand prince sait si bien assaisonner tous ses divertissements.

---

[1] André Félibien, historiographe des bâtiments et secrétaire de l'Académie d'architecture, est l'auteur de cette relation, imprimée à Paris en 1668 par Pierre le Petit, et en 1679, en un volume in-folio, par Mabre Cramoisy.

D'après les renseignements puisés dans les chroniques de cette époque, c'est Molière qui, aidé de Lully, devait fournir les divertissements de la fête du 18 juillet. C'est dans cette intention qu'il développa un des canevas de la comédie improvisée que la troupe avait dans son répertoire, il refit la *Jalousie du Barbouillé*, que nous publions à la fin de ses œuvres, et en composa *George Dandin* qui est resté au théâtre.

Pour cet effet, voulant donner la comédie ensuite d'une collation, et le souper, après la comédie, qui fût suivi d'un bal et d'un feu d'artifice, il jeta les yeux sur les personnes qu'il jugea les plus capables pour disposer toutes les choses propres à cela. Il leur marqua lui-même les endroits où la disposition du lieu pouvait, par sa beauté naturelle, contribuer davantage à leur décoration; et, parce que l'un des plus beaux ornements de cette maison est la quantité des eaux que l'art y a conduites, malgré la nature qui les lui avait refusées, Sa Majesté leur ordonna de s'en servir, le plus qu'ils pourraient, à l'embellissement de ces lieux, et même leur ouvrit les moyens de les employer, et d'en tirer les effets qu'elles peuvent faire.

Pour l'exécution de cette fête, le duc de Créquy, comme premier gentilhomme de la chambre, fut chargé de ce qui regardait la comédie; le maréchal de Bellefonds, comme premier maître d'hôtel du roi, prit soin de la collation, du souper, et de tout ce qui regardait le service des tables; et M. Colbert, comme surintendant des bâtiments, fit construire et embellir les divers lieux destinés à ce divertissement royal, et donna les ordres pour l'exécution des feux d'artifice.

Le sieur Vigarani eut ordre de dresser le théâtre pour la comédie; le sieur Gissey, d'accommoder un endroit pour le souper; et le sieur le Vau, premier architecte du roi, un autre pour le bal.

Le mercredi, dix-huitième jour de juillet, le roi étant parti de Saint-Germain, vint dîner à Versailles avec la reine, Mgr le dauphin, Monsieur et Madame. Le reste de la cour, étant arrivé incontinent après midi, trouva des officiers du roi qui faisaient les honneurs, et recevaient tout le monde dans les salles du château, où il y avait, en plusieurs endroits, des tables dressées, et de quoi se rafraîchir; les principales dames furent conduites dans des chambres particulières, pour se reposer.

Sur les 6 heures du soir, le roi, ayant commandé au marquis de Gesvres, capitaine de ses gardes, de faire ouvrir toutes les portes, afin qu'il n'y eût personne qui ne prît part au divertissement, sortit du château avec la reine et tout le reste de la cour, pour prendre le plaisir de la promenade.

Quand Leurs Majestés eurent fait le tour du grand parterre,

elles descendirent dans celui de gazon qui est du côté de la
Grotte, où, après avoir considéré les fontaines qui les embellissent, elles s'arrêtèrent particulièrement à regarder celle qui
est au bas du petit parc, du côté de la pompe. Dans le milieu
de son bassin, l'on voit un dragon de bronze, qui, percé d'une
flèche, semble vomir le sang par la gueule, en poussant en l'air
un bouillon d'eau qui retombe en pluie et couvre tout le bassin.

Autour de ce dragon, il y a quatre petits amours sur des
cygnes, qui font chacun un grand jet d'eau, et qui nagent vers
le bord comme pour se sauver. Deux de ces amours, qui sont en
face du dragon, se cachent le visage avec la main pour ne le pas
voir, et sur leur visage l'on aperçoit toutes les marques de la
crainte parfaitement exprimées; les deux autres, plus hardis,
parce que le monstre n'est pas tourné de leur côté, l'attaquent
de leurs armes. Entre ces amours, sont des dauphins de bronze,
dont la gueule ouverte pousse en l'air de gros bouillons d'eau.

Leurs Majestés allèrent ensuite chercher le frais dans ces bosquets si délicieux, où l'épaisseur des arbres empêche que le soleil ne se fasse sentir. Lorsqu'elles furent dans celui dont un
grand nombre d'agréables allées forme une espèce de labyrinthe,
elles arrivèrent, après plusieurs détours, dans un cabinet de
verdure pentagone, où aboutissent cinq allées. Au milieu de ce
cabinet, il y a une fontaine dont le bassin est bordé de gazon. De
ce bassin sortaient cinq tables en manière de buffets, chargées
de toutes les choses qui peuvent composer une collation magnifique.

L'une de ces tables représentait une montagne, où, dans plusieurs espèces de cavernes, on voyait diverses sortes de viandes
froides; l'autre était comme la face d'un palais bâti de massepains et pâtes sucrées. Il y en avait une chargée de pyramides
de confitures sèches; une autre, d'une infinité de vases remplis de
toutes sortes de liqueurs; et la dernière était composée de caramels. Toutes ces tables, dont les plans étaient ingénieusement
formés en divers compartiments, étaient couvertes d'une infinité
de choses délicates, et disposées d'une manière toute nouvelle;
leurs pieds et leurs dossiers étaient environnés de feuillages mêlés
de festons de fleurs, dont une partie était soutenue par des bacchantes. Il y avait, entre ces tables, une petite pelouse de mousse

verte, qui s'avançait dans le bassin, et sur laquelle on voyait, dans un grand vase, un oranger dont les fruits étaient confits; chacun de ces orangers avait à côté de lui deux autres arbres de différentes espèces, dont les fruits étaient pareillement confits.

Du milieu de ces tables s'élevait un jet d'eau de plus de 30 pieds de haut, dont la chute faisait un bruit très-agréable; de sorte qu'en voyant tous ces buffets d'une même hauteur, joints les uns aux autres par les branches d'arbres et les fleurs dont ils étaient revêtus, il semblait que ce fût une petite montagne, du haut de laquelle sortît une fontaine.

La palissade qui fait l'enceinte de ce cabinet était disposée d'une manière toute particulière; le jardinier, ayant employé son industrie à bien ployer les branches des arbres, et à les lier ensemble en diverses façons, en avait formé une espèce d'architecture. Dans le milieu du couronnement, on voyait un socle de verdure, sur lequel il y avait un dé qui portait un vase rempli de fleurs. Aux côtés du dé, et sur le même socle, étaient deux autres vases de fleurs; et, en cet endroit, le haut de la palissade, venant doucement à s'arrondir en forme de galbe, se terminait, aux deux extrémités, par deux autres vases aussi remplis de fleurs.

Au lieu de siéges de gazon, il y avait, tout autour du cabinet, des couches de melons, dont la quantité, la grosseur et la bonté étaient surprenantes pour la saison. Ces couches étaient faites d'une manière tout extraordinaire; et, à bien considérer la beauté de ce lieu, l'on aurait pu dire autrefois que les hommes n'auraient point eu de part à un si bel arrangement, mais que quelques divinités de ces bois auraient employé leurs soins pour l'embellir de la sorte.

Comme il y a cinq allées qui se terminent toutes dans ce cabinet, et qui forment une étoile, l'on trouvait ces allées ornées, de chaque côté, de vingt-six arcades de cyprès. Sous chaque arcade, et sur des siéges de gazon, il y avait de grands vases remplis de divers arbres chargés de leurs fruits. Dans la première de ces allées, il n'y avait que des orangers de Portugal. La seconde était toute de bigarreautiers et de cerisiers mêlés ensemble. La troisième était bordée d'abricotiers et de pêchers; la quatrième, de groseilliers de Hollande; et dans la cinquième, l'on ne voyait que des poiriers de différentes espèces. Tous ces arbres faisaient un agréable objet à la vue, à cause de leurs fruits, qui paraissaient encore davantage contre l'épaisseur du bois.

Au bout de ces cinq allées, il y a cinq grandes niches de verdure, que l'on voit toutes en face du milieu du cabinet. Ces niches étaient cintrées, et sur les pilastres des côtés s'élevaient deux rouleaux qui s'allaient joindre à un carré qui était au milieu. Dans ce carré, l'on voyait les chiffres du roi, composés de différentes fleurs; et des deux côtés pendaient des festons qui s'attachaient à l'extrémité des rouleaux. A côté de la niche, il y avait deux arcades aussi de verdure, avec leurs pilastres, d'un côté et d'autre; et tous ces pilastres étaient terminés par des vases remplis de fleurs.

Dans l'une de ces niches était la figure du dieu Pan, qui, ayant sur le visage toutes les marques de la joie, semblait prendre part à celle de toute l'assemblée. Le sculpteur l'avait disposé dans une action qui faisait connaître qu'il était mis là comme la divinité qui présidait dans ce lieu.

Dans les quatre autres niches il y avait quatre satyres, deux hommes et deux femmes, qui tous semblaient danser et témoigner le plaisir qu'ils ressentaient de se voir visiter par un si grand monarque, suivi d'une si belle cour. Toutes ces figures étaient dorées et faisaient un effet admirable contre le vert de ces palissades.

Après que Leurs Majestés eurent été quelque temps dans cet endroit si charmant, et que les dames eurent fait collation, le roi abandonna les tables au pillage des gens qui suivaient; et la destruction d'un arrangement si beau servit encore d'un divertissement agréable à toute la cour, par l'empressement et la confusion de ceux qui démolissaient ces châteaux de massepains et ces montagnes de confitures.

Au sortir de ce lieu, le roi rentrant dans une calèche, la reine dans sa chaise, et tout le reste de la cour dans leurs carrosses, poursuivirent leur promenade pour se rendre à la comédie, et, passant dans une grande allée de quatre rangs de tilleuls, firent le tour du bassin de la fontaine des Cygnes, qui termine l'allée Royale vis-à-vis du château. Ce bassin est un carré long finissant par deux demi-ronds. Sa longueur est de 60 toises, sur 40 de large. Dans son milieu, il y a une infinité de jets d'eau qui, réunis ensemble, font une gerbe d'une hauteur et d'une grosseur extraordinaires.

A côté de la grande allée Royale, il y en a deux autres qui en sont éloignées d'environ deux cents pas; celle qui est à droite en montant vers le château, s'appelle l'allée du Roi, et celle qui est à gauche, l'allée des Prés. Ces trois allées sont traversées par une autre qui se termine à deux grilles qui font la clôture du petit parc. Ces deux allées des côtés, et celle qui les traverse, ont 5 toises de large; mais, à l'endroit où elles se rencontrent, elles forment un grand espace qui a plus de 13 toises en carré. C'est dans cet endroit de l'allée du Roi que le sieur Vigarani avait disposé le lieu de la comédie. Le théâtre, qui avançait un peu dans le carré de la place, s'enfonçait de 10 toises dans l'allée qui monte vers le château, et laissait, pour la salle, un espace de 13 toises de face sur 9 de large.

L'exhaussement de ce salon était de 30 pieds jusques à la corniche, d'où les côtés du plafond s'élevaient encore de 8 pieds jusques au dernier enfoncement. Il était couvert de feuillée par dehors; et, par dedans, paré de riches tapisseries que le sieur du Metz, intendant des meubles de la couronne, avait pris soin de faire disposer de la manière la plus belle et la plus convenable pour la décoration de ce lieu. Du haut du plafond pendaient trente-deux chandeliers de cristal, portant chacun dix bougies de cire blanche. Autour de la salle étaient plusieurs siéges disposés en amphithéâtre, remplis de plus de douze cents personnes; et, dans le parterre, il y avait encore sur des bancs une plus grande quantité de monde. Cette salle était percée par deux grandes arcades, dont l'une était vis-à-vis du théâtre, et l'autre, du côté qui va vers la grande allée. L'ouverture du théâtre était de 36 pieds, et, de chaque côté, il y avait deux grandes colonnes torses, de bronze et de lapis, environnées de branches et de feuilles de vigne d'or; elles étaient posées sur des piédestaux de marbre, et portaient une grande corniche aussi de marbre, dans le milieu de laquelle on voyait les armes du roi sur un cartouche doré, accompagné de trophées; l'architecture était d'ordre ionique. Entre chaque colonne, il y avait une figure :

celle qui était à droite représentait la Paix, et celle qui était à gauche figurait la Victoire; pour montrer que Sa Majesté est toujours en état de faire que ses peuples jouissent d'une paix heureuse et pleine d'abondance, en établissant le repos dans l'Europe, ou d'une victoire glorieuse et remplie de joie, quand elle est obligée de prendre les armes pour soutenir ses droits.

Lorsque Leurs Majestés furent arrivées dans ce lieu, dont la grandeur et la magnificence surprirent toute la cour, et quand elles eurent pris leurs places sur le haut dais qui était au milieu du parterre, on leva la toile qui cachait la décoration du théâtre; et alors, les yeux se trouvant tout à fait trompés, l'on crut voir effectivement un jardin d'une beauté extraordinaire.

A l'entrée de ce jardin on découvrait deux palissades si ingénieusement moulées, qu'elles formaient un ordre d'architecture, dont la corniche était soutenue par quatre termes qui représentaient des satyres. La partie d'en bas de ces termes, et ce qu'on appelle gaîne, étaient de jaspe, et le reste de bronze doré. Ces satyres portaient sur leurs têtes des corbeilles pleines de fleurs; et, sur les piédestaux de marbre qui soutenaient ces mêmes termes, il y avait de grands vases dorés aussi remplis de fleurs.

Un peu plus loin, paraissaient deux terrasses revêtues de marbre blanc, qui environnaient un long canal. Au bord de ces terrasses, il y avait des masques dorés qui vomissaient de l'eau dans le canal; et, au-dessus de ces masques, on voyait des vases de bronze doré, d'où sortaient aussi autant de véritables jets d'eau.

On montait sur ces terrasses par trois degrés; et, sur la même ligne où étaient rangés les termes, il y avait, d'un côté et d'autre, une longue allée de grands arbres, entre lesquels paraissaient des cabinets d'une architecture rustique. Chaque cabinet couvrait un grand bassin de marbre, soutenu sur un piédestal de même matière, et de ces bassins sortaient autant de jets d'eau.

Le bout du canal le plus proche était bordé de douze jets d'eau, qui formaient autant de chandeliers; et, à l'autre extrémité, on voyait un superbe édifice en forme de dôme. Il était percé de trois grands portiques, au travers desquels on découvrait une grande étendue de pays.

D'abord l'on vit sur le théâtre une collation magnifique

d'oranges de Portugal, et de toutes sortes de fruits chargés à fond et en pyramides dans trente-six corbeilles, qui furent servies à toute la cour par le maréchal de Bellefonds, et par plusieurs seigneurs, pendant que le sieur de Launay, intendant des menus plaisirs et affaires de la chambre, donnait de tous côtés des imprimés qui contenaient le sujet de la comédie et du ballet.

Bien que la pièce qu'on représenta doive être considérée comme un impromptu, et un de ces ouvrages où la nécessité de satisfaire sur-le-champ aux volontés du roi ne donne pas toujours le loisir d'y apporter la dernière main et d'en former les derniers traits, néanmoins il est certain qu'elle est composée de parties si diversifiées et si agréables, qu'on peut dire qu'il n'en a guère paru sur le théâtre de plus capable de satisfaire tout ensemble l'oreille et les yeux des spectateurs. La prose dont on s'est servi est un langage très-propre pour l'action qu'on représente ; et les vers qui se chantent entre les actes de la comédie conviennent si bien au sujet, et expriment si tendrement les passions dont ceux qui les récitent doivent être émus, qu'il n'y a jamais rien eu de plus touchant. Quoiqu'il semble que ce soient deux comédies que l'on joue en même temps, dont l'une soit en prose et l'autre en vers, elles sont pourtant si bien unies à un même sujet, qu'elles ne sont qu'une même pièce et ne représentent qu'une seule action.

L'ouverture du théâtre se fait par quatre bergers [1] déguisés en valets de fêtes, qui, accompagnés de quatre autres bergers [2] qui jouent de la flûte, font une danse, où ils obligent d'entrer avec eux un riche paysan qu'ils rencontrent, et qui, mal satisfait de son mariage, n'a l'esprit rempli que de fâcheuses pensées : aussi l'on voit qu'il se retire bientôt de leur compagnie, où il n'a demeuré que par contrainte.

Climène [3] et Chloris [4], qui sont deux bergères amies, entendant

---

[1] Beauchamp, Saint-André, la Pierre, Favier.
[2] Descouteaux, Philbert, Jean et Martin Hottere.
[3] Mlle Hilaire.
[4] Mlle des Fronteaux.

le son des flûtes, viennent joindre leurs voix à ces instruments, et chantent[1] :

 L'autre jour, d'Annette
 J'entendis la voix,
 Qui, sur sa musette,
 Chantait dans nos bois :
Amour, que sous ton empire
On souffre de maux cuisants!
 Je le puis bien dire,
 Puisque je le sens.

 La jeune Lisette,
 Au même moment,
 Sur le ton d'Annette
 Reprit tendrement :
Amour, si, sous ton empire,
Je souffre des maux cuisants,
 C'est de n'oser dire
 Tout ce que je sens.

Tircis[2] et Philène[3], amants de ces deux bergères, les abordent pour les entretenir de leur passion, et font avec elles une scène en musique.

CHLORIS.
Laissez-nous en repos, Philène.
CLIMÈNE.
Tircis, ne viens point m'arrêter.
TIRCIS ET PHILÈNE.
 Ah! belle inhumaine,
 Daigne un moment m'écouter!

---

[1] Tous les vers de ces entrées de ballet ont été composés par Molière.
[2] Blondel.
[3] Gaye.

CLIMÈNE ET CHLORIS.

Mais que me veux-tu conter?

LES DEUX BERGERS.

Que d'une flamme immortelle
Mon cœur brûle sous tes lois.

LES DEUX BERGÈRES.

Ce n'est pas une nouvelle :
Tu me l'as dit mille fois.

PHILÈNE, à Chloris

Quoi! veux-tu, toute ma vie,
Que j'aime et n'obtienne rien?

CHLORIS.

Non : ce n'est pas mon envie.
N'aime plus; je le veux bien.

TIRCIS, à Climène.

Le ciel me force à l'hommage
Dont tous ces bois sont témoins.

CLIMÈNE.

C'est au ciel, puisqu'il t'engage,
A te payer de tes soins.

PHILÈNE, à Chloris.

C'est par ton mérite extrême,
Que tu captives mes vœux.

CHLORIS.

Si je mérite qu'on m'aime,
Je ne dois rien à tes feux.

LES DEUX BERGERS.

L'éclat de tes yeux me tue.

LES DEUX BERGÈRES.

Détourne de moi tes pas.

LES DEUX BERGERS.

Je me plais dans cette vue.

LES DEUX BERGÈRES.

Berger, ne t'en plains donc pas.

PHILÈNE.

Ah! belle Climène!

TIRCIS.

Ah! belle Chloris.

PHILÈNE, à Climène.

Rends-la pour moi plus humaine.

TIRCIS, à Chloris.

Dompte pour moi ses mépris.

CLIMÈNE, à Chloris.

Sois sensible à l'amour que te porte Philène.

CHLORIS, à Climène

Sois sensible à l'ardeur dont Tircis est épris.

CLIMÈNE, à Chloris

Si tu veux me donner ton exemple, bergère,
Peut-être je le recevrai.

CHLORIS, à Climène.

Si tu veux te résoudre à marcher la première,
Possible que je te suivrai.

CLIMÈNE, à Philène.

Adieu, berger.

CHLORIS, à Tircis.

Adieu, berger.

CLIMÈNE, à Philène.

Attends un favorable sort.

CHLORIS, à Tircis.

Attends un doux succès du mal qui te possède.

TIRCIS.

Je n'attends aucun remède.

PHILÈNE.

Et je n'attends que la mort.

TIRCIS ET PHILÈNE.

Puisqu'il nous faut languir en de tels déplaisirs,
Mettons fin, en mourant, à nos tristes soupirs.

Ces deux bergers se retirent, l'âme pleine de douleur et de désespoir ; et, ensuite de cette musique, commence le premier acte de la comédie en prose.

Le sujet est qu'un riche paysan, s'étant marié à la fille d'un gentilhomme de campagne, ne reçoit que du mépris de sa femme aussi bien que de son beau-père et de sa belle-mère, qui ne l'avaient pris pour leur gendre qu'à cause de ses grands biens.

Toute cette pièce est traitée de la même sorte que le sieur de Molière a de coutume de faire ses autres pièces de théâtre ; c'est-à-dire qu'il y représente avec des couleurs si naturelles le caractère des personnes qu'il introduit, qu'il ne se peut rien voir de plus ressemblant que ce qu'il a fait pour montrer la peine et les chagrins où se trouvent souvent ceux qui s'allient au-dessus de leur condition ; et, quand il dépeint l'humeur et la manière de faire de certains nobles campagnards, il ne forme point de traits qui n'expriment parfaitement leur véritable image. Sur la fin de l'acte, le paysan est interrompu par une bergère qui lui vient apprendre le désespoir des deux bergers : mais, comme il est agité d'autres inquiétudes, il la quitte en colère; et Chloris entre qui vient faire une plainte sur la mort de son amant :

Ah! mortelles douleurs!
Qu'ai-je plus à prétendre?
Coulez, coulez, mes pleurs;
Je n'en puis trop répandre.

Pourquoi faut-il qu'un tyrannique honneur
Tienne notre âme en esclave asservie?
Hélas! pour contenter sa barbare rigueur,
J'ai réduit mon amant à sortir de la vie.

Ah! mortelles douleurs!
Qu'ai-je plus à prétendre?
Coulez, coulez, mes pleurs;
Je n'en puis trop répandre.

Me puis-je pardonner, dans ce funeste sort,
Les sévères froideurs dont je m'étais armée?
Quoi donc, mon cher amant, je t'ai donné la mort!
Est-ce le prix, hélas! de m'avoir tant aimée?

    Ah! mortelles douleurs!
    Qu'ai-je plus à prétendre?
    Coulez, coulez, mes pleurs;
    Je n'en puis trop répandre.

Après cette plainte, commença le second acte de la comédie en prose. C'est une suite des déplaisirs du paysan marié, qui se trouve encore interrompu par la même bergère, qui vient lui dire que Tircis et Philène ne sont point morts; et lui montre six bateliers[1] qui les ont sauvés. Le paysan, importuné de tous ces avis, se retire, et quitte la place aux bateliers, qui, ravis de la récompense qu'ils ont reçue, dansent avec leurs crocs, et se jouent ensemble; après quoi se récite le troisième acte de la comédie en prose.

Dans ce dernier acte, l'on voit le paysan dans le comble de la douleur, par les mauvais traitements de sa femme. Enfin, un de ses amis lui conseille de noyer dans le vin toutes ses inquiétudes, et l'emmène pour joindre sa troupe, voyant venir toute la foule des bergers amoureux, qui commence à célébrer, par des chants et des danses, le pouvoir de l'Amour.

Ici la décoration du théâtre se trouve changée en un instant, et l'on ne peut comprendre comment tant de véritables jets d'eau ne paraissent plus, ni par quel artifice, au lieu de ces cabinets et de ces allées, on ne découvre sur le théâtre que de grandes roches entremêlées d'arbres, où l'on voit plusieurs bergers qui chantent et qui jouent de toutes sortes d'instruments. Chloris commence, la première, à joindre sa voix au son des flûtes et des musettes.

---

[1] Joüan, Beauchamp, Chicanneau, Favier, Noblet, Mayeu.

CHLORIS.

Ici l'ombre des ormeaux
Donne un teint frais aux herbettes ;
Et les bords de ces ruisseaux
Brillent de mille fleurettes
Qui se mirent dans les eaux.
Prenez, bergers, vos musettes,
Ajustez vos chalumeaux,
Et mêlons nos chansonnettes
Au chant des petits oiseaux.

Le Zéphyr, entre ces eaux,
Fait mille courses secrètes ;
Et les rossignols nouveaux,
De leurs douces amourettes
Parlent aux tendres rameaux.
Prenez, bergers, vos musettes,
Ajustez vos chalumeaux,
Et mêlons nos chansonnettes
Au chant des petits oiseaux.

Pendant que la musique charme les oreilles, les yeux sont agréablement occupés à voir danser plusieurs bergers[1] et bergères[2], galamment vêtus. Et Climène chante :

Ah ! qu'il est doux, belle Sylvie,
Ah ! qu'il est doux de s'enflammer !
Il faut retrancher de la vie
Ce qu'on en passe sans aimer.

CHLORIS.
Ah ! les beaux jours qu'Amour nous donne,

---

[1] Chicanneau, Saint-André, la Pierre, Favier.
[2] Bonard, Arnald, Noblet, Foignard.

Lorsque sa flamme unit les cœurs!
Est-il ni gloire ni couronne
Qui vaille ses moindres douceurs?
TIRCIS.
Qu'avec peu de raison on se plaint d'un martyre
Que suivent de si doux plaisirs!
PHILÈNE.
Un moment de bonheur, dans l'amoureux empire,
Répare dix ans de soupirs.
TOUS ENSEMBLE.
Chantons tous de l'Amour le pouvoir adorable;
Chantons tous dans ces lieux
Ses attraits glorieux :
Il est le plus aimable
Et le plus grand des dieux.

A ces mots, l'on vit s'approcher, du fond du théâtre, un grand rocher couvert d'arbres, sur lequel était assise toute la troupe de Bacchus, composée de quarante satyres. L'un d'eux[1], s'avançant à la tête, chanta fièrement ces paroles :

Arrêtez : c'est trop entreprendre.
Un autre dieu, dont nous suivons les lois,
S'oppose à cet honneur qu'à l'Amour osent rendre
Vos musettes et vos voix :
A des titres si beaux Bacchus seul peut prétendre;
Et nous sommes ici pour défendre ses droits.
CHOEUR DE SATYRES.
Nous suivons de Bacchus le pouvoir adorable;
Nous suivons en tous lieux
Ses attraits glorieux :
Il est le plus aimable
Et le plus grand des dieux.

[1] D'Estival.

Plusieurs du parti de Bacchus mêlaient aussi leurs pas à la musique; et l'on vit un combat des danseurs et des chantres de Bacchus contre les danseurs et les chantres qui soutenaient le parti de l'Amour.

CHLORIS.

C'est le printemps qui rend l'âme
A nos champs semés de fleurs;
Mais c'est l'Amour et sa flamme
Qui font revivre nos cœurs.

UN SUIVANT DE BACCHUS [1].

Le soleil chasse les ombres
Dont le ciel est obscurci,
Et des âmes les plus sombres
Bacchus chasse le souci.

CHOEUR DE BACCHUS.

Bacchus est révéré sur la terre et sur l'onde.

CHOEUR DE L'AMOUR.

Et l'Amour est un dieu qu'on adore en tous lieux.

CHOEUR DE BACCHUS.

Bacchus à son pouvoir a soumis tout le monde.

CHOEUR DE L'AMOUR.

Et l'Amour a dompté les hommes et les dieux.

CHOEUR DE BACCHUS.

Rien peut-il égaler sa douceur sans seconde?

CHOEUR DE L'AMOUR.

Rien peut-il égaler ses charmes précieux?

CHOEUR DE BACCHUS.

Fi de l'Amour et de ses feux!

LE PARTI DE L'AMOUR.

Ah! quel plaisir d'aimer!

LE PARTI DE BACCHUS.

Ah! quel plaisir de boire!

---

[1] Gingan.

LE PARTI DE L'AMOUR.
A qui vit sans amour, la vie est sans appas.
LE PARTI DE BACCHUS.
C'est mourir, que de vivre et de ne boire pas.
LE PARTI DE L'AMOUR.
　　Aimables fers!
LE PARTI DE BACCHUS.
　　　　Douce victoire!
LE PARTI DE L'AMOUR.
Ah! quel plaisir d'aimer!
LE PARTI DE BACCHUS.
　　　　　Ah! quel plaisir de boire!
LES DEUX PARTIS.
Non, non, c'est un abus.
Le plus grand dieu de tous...
LE PARTI DE L'AMOUR.
　　　　C'est l'Amour.
LE PARTI DE BACCHUS.
　　　　　　　C'est Bacchus.

Un berger[1] arrive, qui se jette au milieu des deux partis pour les séparer, et leur chante ces vers :

C'est trop, c'est trop, bergers. Eh! pourquoi ces débats?
Souffrons qu'en un parti la raison nous assemble.
L'Amour a des douceurs, Bacchus a des appas :
Ce sont deux déités qui sont fort bien ensemble;
　　Ne les séparons pas.
LES DEUX CHOEURS.
　Mêlons donc leurs douceurs aimables,
　Mêlons nos voix dans ces lieux agréables,
Et faisons répéter aux échos d'alentour,
Qu'il n'est rien de plus doux que Bacchus et l'Amour.

[1] Le Gros.

Tous les danseurs se mêlent ensemble, et l'on voit parmi les bergers et les bergères quatre des suivants de Bacchus[1], avec des thyrses, et quatre bacchantes[2] avec des espèces de tambours de basque, qui représentent ces cribles qu'elles portaient anciennement aux fêtes de Bacchus. De ces thyrses, les suivants frappent sur les cribles des bacchantes et font différentes postures, pendant que les bergers et les bergères dansent plus sérieusement.

On peut dire que, dans cet ouvrage, le sieur de Lulli a trouvé le secret de satisfaire et de charmer tout le monde; car jamais il n'y a rien eu de si beau et de mieux inventé. Si l'on regarde les danses, il n'y a point de pas qui ne marque l'action que les danseurs doivent faire, et dont les gestes ne soient autant de paroles qui se fassent entendre. Si l'on regarde la musique, il n'y a rien qui n'exprime parfaitement toutes les passions et qui ne ravisse l'esprit des auditeurs. Mais ce qui n'a jamais été vu est cette harmonie de voix si agréable, cette symphonie d'instruments, cette belle union de différents chœurs, ces douces chansonnettes, ces dialogues si tendres et si amoureux, ces échos, et enfin cette conduite admirable dans toutes les parties, où, depuis les premiers récits, l'on a vu toujours que la musique s'est augmentée, et qu'enfin, après avoir commencé par une seule voix, elle a fini par un concert de plus de cent personnes qu'on a vues, toutes à la fois sur un même théâtre, joindre ensemble leurs instruments, leurs voix et leurs pas dans un accord et une cadence qui finit la pièce, en laissant tout le monde dans une admiration qu'on ne peut assez exprimer.

Cet agréable spectacle étant fini de la sorte, le roi et toute la cour sortirent par le portique du côté gauche du salon, et qui rend dans l'allée de traverse au bout de laquelle, à l'endroit où elle coupe l'allée des Prés, l'on aperçut de loin un édifice élevé de 50 pieds de haut. Sa figure était octogone, et sur le haut de la couverture s'élevait une espèce de dôme d'une grandeur et d'une hauteur si belle et si proportionnée, que le tout ensemble ressemblait beaucoup à ces beaux temples antiques

---

[1] Beauchamp, Dolivet, Chicanneau, Mayeu.
[2] Paysan, Manceau, le Roy, Pesan.

dont l'on voit encore quelques restes ; il était tout couvert de feuillages et rempli d'une infinité de lumières. A mesure qu'on s'en approchait, on y découvrait mille différentes beautés. Il était isolé, et l'on voyait dans les huit angles autant de pilastres qui servaient comme de pieds forts ou d'arcs-boutants élevés de 15 pieds de haut. Au-dessus de ces pilastres, il y avait de grands vases ornés de différentes façons, et remplis de lumières. Du haut de ces vases sortait une fontaine qui, retombant à l'entour, les environnait comme d'une cloche de cristal ; ce qui faisait un effet d'autant plus admirable qu'on voyait un feu éclairer agréablement au milieu de l'eau.

Cet édifice était percé de huit portes. Au-devant de celle par où l'on entrait, et sur deux piédestaux de verdure, étaient deux grandes figures dorées qui représentaient deux faunes jouant chacun d'un instrument. Au-dessus de ces portes on voyait comme une espèce de frise ornée de huit grands bas-reliefs, représentant, par des figures assises, les quatre saisons de l'année et les quatre parties du jour. A côté des premières, il y avait des doubles L ; et, à côté des autres, des fleurs de lis. Elles étaient toutes enchâssées parmi le feuillage, et faites avec un artifice de lumière si beau et si surprenant qu'il semblait que toutes ces figures, ces L et ces fleurs de lis fussent d'un métal lumineux et transparent.

Le tour du dôme était aussi orné de huit bas-reliefs éclairés de la même sorte ; mais au lieu de figures, c'étaient des trophées disposés en différentes manières. Sur les angles du principal édifice et du dôme, il y avait de grosses boules de verdure qui en terminaient les extrémités.

Si l'on fut surpris en voyant par dehors la beauté de ce lieu, on le fut encore davantage en voyant le dedans. Il était presque impossible de ne se pas persuader que ce ne fût un enchantement, tant il y paraissait de choses qu'on croirait ne se pouvoir faire que par magie ! Sa grandeur était de 8 toises de diamètre. Au milieu, il y avait un grand rocher, et, autour du rocher, une table de figure octogone, chargée de soixante-quatre couverts. Ce rocher était percé en quatre endroits. Il semblait que la nature eût fait choix de tout ce qu'elle a de plus beau et de plus riche pour la composition de cet ouvrage, et qu'elle eût elle-même pris plaisir d'en faire son chef-d'œuvre, tant les ouvriers avaient bien su cacher l'artifice dont ils s'étaient servis pour l'imiter !

Sur la cime du rocher était le cheval Pégase ; il semblait, en se cabrant, faire sortir de l'eau qu'on voyait couler doucement de dessous ses pieds, mais qui aussitôt tombait avec abondance et formait comme quatre fleuves. Cette eau, qui se précipitait avec violence et par gros bouillons parmi les pointes du rocher, le rendait tout blanc d'écume et ne s'y perdait que pour paraître ensuite plus belle et plus brillante ; car, ressortant avec impétuosité par des endroits cachés, elle faisait des chutes d'autant plus agréables qu'elles se séparaient en plusieurs petits ruisseaux parmi les cailloux et les coquilles. Il sortait, de tous les endroits les plus creux du rocher, mille gouttes d'eau qui, avec celle des cascades, venaient inonder une pelouse couverte de mousse et de divers coquillages qui en faisait l'entrée. C'était sur ce beau vert, et à l'entour de ces coquilles, que ces eaux, venant à se répandre, et à couler agréablement, faisaient une infinité de retours qui paraissaient autant de petites ondes d'argent, et, avec un murmure doux et agréable qui s'accordait au bruit des cascades, tombaient en cent différentes manières, dans huit canaux qui séparaient la table d'avec le rocher, et en recevaient toutes les eaux. Ces canaux étaient revêtus de carreaux de porcelaine et de mousse, au bord desquels il y avait de grands vases à l'antique, émaillés d'or et d'azur, qui, jetant l'eau par trois différents endroits, remplissaient trois grandes coupes de cristal qui se dégorgeaient encore dans ces mêmes canaux.

Au-dessous du cheval Pégase, et vis-à-vis de la porte par où l'on entrait, on voyait la figure d'Apollon assise, tenant dans sa main une lyre ; les neuf Muses étaient au-dessous de lui qui tenaient aussi divers instruments. Dans les quatre coins du rocher et au-dessous de la chute de ces fleuves, il y avait quatre figures couchées qui en représentaient les divinités.

De quelque côté qu'on regardât ce rocher, l'on y voyait toujours différents effets d'eau ; et les lumières dont il était éclairé étaient si bien disposées, qu'il n'y en avait point qui ne contribuassent à faire paraître toutes les figures qui étaient d'argent, et à faire briller davantage les divers éclats de l'eau et les différentes couleurs des pierres et des cristaux dont il était composé. Il y avait même des lumières si industrieusement cachées dans les cavités de ce rocher, qu'elles n'étaient point aperçues, mais qui cependant le faisaient voir partout et donnaient un lustre et un éclat merveilleux à toutes les gouttes d'eau qui tombaient.

Des huit portes dont ce salon était percé, il y en avait quatre au droit des quatre grandes allées, et quatre autres qui étaient vis-à-vis des petites allées qui sont dans les angles de cette place. A côté de chaque porte, il y avait quatre grandes niches percées à jour, et remplies d'un grand pied d'argent; au-dessus était un grand vase de même matière qui portait une girandole de cristal, allumée de dix bougies de cire blanche. Dans les huit angles qui forment la figure de ce lieu, il y avait un corps solide taillé rustiquement, et dont le fond verdâtre brillait en façon de cristal ou d'eau congelée. Contre ce corps étaient quatre coquilles de marbre les unes au-dessous des autres et dans des distances fort proportionnées; la plus haute était la moins grande, et celles de dessous augmentaient toujours de grandeur, pour mieux recevoir l'eau qui tombait des unes dans les autres. On avait mis sur la coquille la plus élevée une girandole de cristal, allumée de dix bougies, et de cette coquille sortait de l'eau en forme de nappe, qui, tombant dans la seconde coquille, se répandait dans une troisième, où l'eau d'un masque posé au-dessus venant à se rendre la remplissait encore davantage. Cette troisième coquille était portée par deux dauphins, dont les écailles étaient de couleur de nacre; ces deux dauphins jetaient de l'eau dans la quatrième coquille, où tombait aussi en nappe l'eau de la coquille qui était au-dessus; et toutes ces eaux venaient enfin à se rendre dans un bassin de marbre, aux deux extrémités duquel étaient deux grands vases remplis d'orangers.

Le plafond de ce lieu n'était pas cintré en forme de voûte; il s'élevait, jusques à l'ouverture du dôme, par huit pans qui représentaient un compartiment de menuiserie artistement taillé de feuillages dorés. Dans ces compartiments, qui paraissaient percés, l'on avait peint des branches d'arbres au naturel, pour avoir plus d'union avec la feuillée dont le corps de cet édifice était composé. Le haut du dôme était aussi un compartiment d'une riche broderie d'or et d'argent sur un fond vert.

Outre vingt-cinq lustres de cristal, chacun de dix bougies, qui éclairaient ce lieu et qui tombaient du haut de la voûte, il y en avait encore d'autres au milieu des huit portes, qui étaient attachés avec de grandes écharpes de gaze d'argent entre des festons de fleurs nouées avec de pareilles écharpes enrichies d'une frange de même.

Sur la grande corniche qui régnait tout autour de ce salon, étaient rangés soixante-quatre vases de porcelaine remplis de diverses fleurs; et, entre ces vases, on avait mis soixante-quatre boules de cristal de diverses couleurs et d'un pied de diamètre, soutenues sur des pieds d'argent; elles paraissaient comme autant de pierres précieuses, et étaient éclairées d'une manière si ingénieuse, que la lumière, passant au travers, et se trouvant chargée des différentes couleurs de ces cristaux, se répandait par tout le haut du plafond, où elle faisait des effets si admirables qu'il semblait que ce fussent les couleurs mêmes d'un véritable arc-en-ciel. De cette corniche et du tour que formait l'ouverture du dôme, pendaient plusieurs festons de toutes sortes de fleurs, attachés avec de grandes écharpes de gaze d'argent, dont les bouts, tombant entre chaque feston, paraissaient avec beaucoup d'éclat et de grâce sur tout le corps de cette architecture, qui était de feuillage, et dont l'on avait si bien su former différentes sortes de verdure, que la diversité des arbres qu'on y avait employés et que l'on avait su accommoder les uns auprès des autres, ne faisait pas une des moindres beautés de la composition de cet agréable édifice.

Au-delà du portique, qui était vis-à-vis de celui par où l'on entrait, on avait dressé un buffet d'une beauté et d'une richesse tout extraordinaires. Il était enfoncé de 18 pieds dans l'allée, et l'on y montait par trois grands degrés en forme d'estrade. Il y avait, des deux côtés de ce buffet, deux manières d'ailes élevées d'environ 10 pieds de haut, dont le dessous servait pour passer ceux qui portaient les viandes. Sur le milieu de chacune de ces ailes était un socle de verdure, qui portait un grand guéridon d'argent, chargé d'une girandole aussi d'argent, allumée de bougies de cire blanche, et, à côté de ces guéridons, plusieurs grands vases d'argent; contre ce socle était attachée une grande plaque d'argent à trois branches, portant chacune un flambeau de cire blanche.

Sur la table du buffet, il y avait quatre degrés de 2 pieds de large et de 3 ou 4 pieds de haut, qui s'élevaient jusques à un plafond de feuillée de 25 pieds d'exhaussement. Sur ce buffet et sur ces degrés, l'on voyait, dans une disposition agréable, vingt-quatre bassins d'argent d'une grandeur extrême et d'un ouvrage merveilleux : ils étaient séparés les uns des autres par autant de grands vases, de cassolettes et de girandoles d'argent d'une pareille beauté. Il y avait sur la table vingt-quatre grands pots d'argent, remplis de toutes sortes de fleurs, avec la nef du roi, la vaisselle et les verres destinés pour son service. Au-devant de la table, on voyait une grande cuvette d'argent en forme de coquille, et, aux deux bouts du buffet, quatre guéridons d'argent de 6 pieds de haut, sur lesquels étaient des girandoles d'argent, allumées de dix bougies de cire blanche.

Dans les deux autres arcades qui étaient à côté de celle-ci, étaient deux autres buffets, moins hauts et moins larges que celui du milieu; chaque table avait deux degrés, sur lesquels étaient dressés quatre grands bassins d'argent, qui accompagnaient un grand vase chargé d'une girandole allumée de dix bougies; et, entre ces bassins et ce vase, il y avait plusieurs figures d'argent. Aux deux bouts du buffet, l'on voyait deux grandes plaques, portant chacune trois flambeaux de cire blanche, au-dessus du dossier, un guéridon d'argent, chargé de plusieurs bougies, et, à côté, plusieurs grands vases d'un prix et d'une pesanteur extraordinaires, outre six grands bassins qui servaient de fond. Devant chaque table, il y avait une grande cuvette d'argent, pesant mille marcs; et ces tables, qui étaient comme deux crédences pour accompagner le grand buffet du roi, étaient destinées pour le service des dames.

Au-delà de l'arcade qui servait d'entrée du côté de l'allée qui descend vers les grilles du grand parc, était un enfoncement de 18 toises de long, qui formait un avant-salon.

Ce lieu était terminé d'un grand portique de verdure, au-delà duquel il y avait une grande salle, bornée par les deux côtés des palissades de l'allée, et, par l'autre bout, d'un autre portique de feuillage. Dans cette salle l'on avait dressé quatre grandes tentes très-magnifiques, sous lesquelles étaient huit tables accompagnées de leurs buffets chargés de bassins, de verres et de lumières, disposés dans un ordre tout à fait singulier.

Lorsque le roi fut entré dans le salon octogone, et que toute la cour, surprise de la beauté et de la disposition si extraordinaire de ce lieu, en eut bien considéré toutes les parties, Sa Majesté se mit à table, le dos tourné du côté par où elle était entrée; et, lorsque Monsieur eut aussi pris sa place, les dames qui étaient nommées par Sa Majesté pour y souper prirent les leurs, selon qu'elles se rencontrèrent, sans garder aucun rang. Celles qui eurent cet honneur furent :

Mlles d'Angoulême,
Mme Aubry de Courcy,
Mme de Saint-Arbre,
Mme de Broglio,
Mme de Bailleul,
Mme de Bonnelle,
Mme Bignon,
Mme de Bordeaux,
Mlle Borelle,
Mme de Brissac,
Mme de Coulange,
Mme la maréchale de Clérambaut,
Mme la maréchale de Castelnau,
Mme de Comminge,
Mme la marquise de Castelnau,
Mlle d'Elbeuf,
Mme la maréchale d'Albret, et mademoiselle sa fille,
Mme la maréchale d'Estrées,
Mme la maréchale de la Ferté,
Mme de la Fayette,
Mme la comtesse de Fiesque,
Mme de Fontenay-Hotman,
Mme de Fieubet,
Mme la maréchale de Grancey, et mesdemoiselles ses deux filles,
Mme des Hameaux,
Mme la maréchale de l'Hôpital,
Mme la lieutenante civile,

Mme la comtesse de Louvigny,
Mlle de Manicham,
Mme de Meckelbourg,
Mme la Grande Maréchale,
Mme de Marré,
Mme de Nemours,
Mme de Richelieu,
Mme la duchesse de Richemont,
Mlle de Tresmes,
Mme Tambonneau,
Mme de la Trousse,
Mme la présidente Tubœuf,
Mme la duchesse de la Vallière,
Mme la marquise de la Vallière,
Mme de Vilacerf.
Mme la duchesse de Wirtemberg, et madame sa fille,
Mme de Valavoire.

Comme la somptuosité de ce festin passe tout ce qu'on en pourrait dire, tant par l'abondance et la délicatesse des viandes qui y furent servies que par le bel ordre que le maréchal de Bellefonds et le sieur de Valentiné, contrôleur général de la maison du roi, y apportèrent, je n'entreprendrai pas d'en faire le détail; je dirai seulement que le pied du rocher était revêtu, parmi les coquilles et la mousse, de quantité de pâtes, de confitures de conserves, d'herbages et de fruits sucrés, qui semblaient être crûs parmi les pierres, et en faire partie. Il y avait sur les huit angles qui marquent la figure du rocher et de la table, huit pyramides de fleurs, dont chacune était composée de treize porcelaines remplies de différents mets. Il y eut cinq services, chacun de cinquante-six plats; les plats du dessert étaient chargés de seize porcelaines en pyramide, où tout ce qu'il y a de plus exquis et de plus rare dans la saison y paraissait à l'œil et au goût d'une manière qui secondait bien ce que l'on avait fait dans cet agréable lieu pour charmer la vue.

Dans une allée assez proche de là, et sous une tente, était la table de la reine, où mangeaient Madame, Mademoiselle, Mme la Princesse, Mme la princesse de Carignan. Mgr le Dauphin soupa au château, dans son appartement.

Le roi était servi par M. le Duc; et Monsieur, par le sieur de Valentiné. Les sieurs Grotteau, contrôleur de la bouche, Gaut et Chamois, contrôleurs d'office, mettaient les viandes sur la table.

Le maréchal de Bellefonds servait la reine; et le sieur Courtet, contrôleur d'office, servait Madame; le sieur de la Grange, aussi contrôleur d'office, mettait sur table; les Cent-Suisses de la garde portaient les viandes, et les pages et valets de pied du roi, de la reine, de Monsieur et de Madame, servaient les tables de Leurs Majestés.

Dans le même temps que l'on portait sur ces deux tables, il y en avait huit autres que l'on servait de la même manière, qui étaient dressées sous les quatre tentes dont j'ai parlé; et ces tables avaient leurs maîtres d'hôtel, qui faisaient porter les viandes par les gardes-suisses.

La première était celle

De Mme la comtesse de Soissons, de .	20 couverts.
De Mme la princesse de Bade, de . .	20 couverts.
De Mme la duchesse de Créquy, de. .	20 couverts.
De Mme la maréchale de la Mothe, de	20 couverts.
De Mme de Montausier, de.	40 couverts.
De Mme la maréchale de Bellefonds, de	65 couverts.
De Mme la maréchale d'Humières, de	20 couverts.
De Mme de Béthune, de.	20 couverts.

Il y en avait encore trois autres dans une petite allée à côté de celle que tenait Mme la maréchale de Bellefonds, de quinze à seize couverts chacune, dont les maîtres d'hôtel du roi avaient le soin.

Quantité d'autres tables se servaient de la desserte de la reine, et des autres, pour les femmes de la reine et pour d'autres personnes.

Dans la Grotte, proche du château, il y eut trois tables pour les ambassadeurs, qui furent servies en même temps, de vingt-deux couverts chacuns.

Il y avait encore, en plusieurs endroits, des tables dressées, où l'on donnait à manger à tout le monde; et l'on peut dire que l'abondance des viandes, des vins et des liqueurs, la beauté et l'excellence des fruits et des confitures, et une infinité d'autres choses délicatement apprêtées, faisaient bien voir que la magnificence du roi se répandait de tous côtés.

Le roi s'étant levé de table pour donner un nouveau divertissement aux dames, et passant par le portique où l'allée monte vers le château, les conduisit dans la salle du bal.

A deux cents pas de l'endroit où l'on avait soupé, et dans une traverse d'allées, qui forme un espace d'une vaste grandeur, l'on avait dressé un édifice d'une figure octogone, haut de plus de 9 toises, et large de 10. Toute la cour marcha le long de l'allée, sans s'apercevoir du lieu où elle était; mais, comme elle eut fait plus de la moitié du chemin, il y eut une palissade de verdure, qui, s'ouvrant tout d'un coup de part et d'autre, laissa voir, au travers d'un grand portique, un salon rempli d'une infinité de lumières, et une longue allée au delà, dont l'extraordinaire beauté surprit tout le monde.

Ce bâtiment n'était pas tout de feuillages, comme celui où l'on avait soupé; il représentait une superbe salle, revêtue de marbre et de porphyre, et ornée seulement, en quelques endroits, de verdure et de festons. Un grand portique de 16 pieds de large et de 32 de haut servait d'entrée à ce riche salon; il avançait environ 3 toises dans l'allée, et cette avance servait encore de vestibule, et faisait symétrie aux autres enfoncements qui se rencontraient dans les huit côtés. Du milieu du portique pendaient de grands festons de fleurs, attachés de part et d'autre. Aux deux côtés de l'entrée, et sur deux piédestaux, on voyait des termes représentant des satyres, qui étaient là comme les gardes de ce beau lieu. A la hauteur de 8 pieds, ce salon était ouvert par les six côtés, entre la porte par où l'on entrait, et l'allée du milieu; ces ouvertures formaient six grandes arcades, qui servaient de tribunes, où l'on avait dressé plusieurs siéges en forme d'amphithéâtres pour asseoir plus de six-vingts personnes dans chacune. Ces enfoncements étaient ornés de feuillage, qui venant se terminer contre les pilastres et le haut des arcades, y montraient assez que ce bel endroit était paré comme à un jour de fête, puisque l'on y mêlait des feuilles et des fleurs pour l'orner; car les impostes et les clefs des arcades étaient marquées par des festons et des ceintures de fleurs.

Du côté droit, dans l'arcade du milieu, et au haut de l'enfoncement, était une grotte de rocaille, où, dans un large bassin travaillé rustiquement, l'on voyait Arion porté sur un dauphin, et tenant une lyre ; il y avait à côté de lui deux tritons : c'était dans ce lieu que les musiciens étaient placés. A l'opposite, on avait mis tous les joueurs d'instruments ; l'enfoncement de l'arcade où ils étaient formait aussi une grotte où l'on voyait Orphée sur un rocher, qui semblait joindre sa voix à celles de deux nymphes assises auprès de lui. Dans le fond des quatre autres arcades, il y avait d'autres grottes, où par la gueule de certains monstres sortait de l'eau qui tombait dans des bassins rustiques, d'où elle s'échappait entre des pierres, et dégouttait lentement parmi la mousse et les rocailles.

Contre les huit pilastres qui formaient ces arcades, et sur des piédestaux de marbre, l'on avait posé huit grandes figures de femmes, qui tenaient dans leurs mains divers instruments, dont elles semblaient se servir pour contribuer au divertissement du bal.

Dans le milieu des piédestaux il y avait des masques de bronze doré, qui jetaient de l'eau dans un bassin. Au bas de chaque piédestal, et des deux côtés du même bassin, s'élevaient deux jets d'eau, qui formaient deux chandeliers. Tout autour de ce salon régnait un siége de marbre, sur lequel, d'espace en espace, étaient plusieurs vases remplis d'orangers.

Dans l'arcade qui était vis-à-vis de l'entrée, et qui servait d'ouverture à une grande allée de verdure, l'on voyait encore, sur deux piédestaux, deux figures qui représentaient Flore et Pomone. De ces piédestaux, il en sortait de l'eau comme de ceux du salon.

Le haut de ce salon s'élevait au-dessus de la corniche, par huit pans, jusqu'à la hauteur de 12 pieds ; puis, formant un plafond de figure octogone, laissait, dans le milieu, une ouverture de pareille forme, dont l'enfoncement était de 5 à 6 pieds. Dans ces huit pans, étaient huit grands soleils d'or, soutenus de huit figures qui représentaient les douze mois de l'année, avec les signes du zodiaque : le fond était d'azur, semé de fleurs de lis d'or ; et le reste enrichi de roses et d'autres ornements d'or, d'où pendaient trente-deux lustres, portant chacun douze bougies.

Outre toutes ces lumières, qui faisaient le plus beau jour du monde, il y avait dans les six tribunes vingt-quatre plaques, dont chacune portait neuf bougies ; et aux deux côtés des huit pilastres, au-dessus des figures, sortaient de la feuillée de grands fleurons d'argent, en forme de branches d'arbres, qui soutenaient treize chandeliers disposés en pyramides. Aux deux côtés de la porte, et dans l'endroit qui servait comme de vestibule, il y avait six grandes plaques en ovale, enrichies des chiffres du roi ; chacune de ces plaques portait seize chandeliers allumés de seize bougies.

L'allée qui aboutit au milieu de ce salon avait plus de 20 pieds de large ; elle était toute de feuillée de part et d'autre, et paraissait découverte par le haut ; par les côtés, elle semblait accompagnée de huit cabinets, où, à chaque encoignure, l'on voyait, sur des piédestaux de marbre, des termes qui représentaient des satyres : à l'endroit où étaient ces termes, les cabinets se fermaient en berceau.

Au bout de l'allée, il y avait une grotte de rocaille, où l'art était si heureusement joint à la nature, que, parmi les figures qui l'ornaient, on y voyait cette belle négligence, et cet arrangement rustique qui donne un si grand plaisir à la vue.

Au haut, et dans le lieu le plus enfoncé de la grotte, on découvrait une espèce de masque de bronze doré, représentant la tête d'un monstre marin. Deux tritons argentés ouvraient les deux côtés de la gueule de ce masque, duquel s'élevait, en forme d'aigrette, un gros bouillon d'eau, dont la chute, augmentant celle qui tombait de sa gueule, extraordinairement grande, faisait une nappe qui se répandait dans un grand bassin, d'où ces deux tritons semblaient sortir.

De ce bassin se formait une autre grande nappe, accompagnée de deux gros jets d'eau, que deux animaux, d'une figure monstrueuse, vomissaient en se regardant l'un l'autre. Ces deux animaux, qui ne paraissaient qu'à demi hors de la roche, étaient aussi de bronze doré. De cette quantité d'eau qu'ils jetaient, et de celle de ce bassin qui tombait dans un autre beaucoup plus grand, il se formait une troisième nappe, qui, couvrant tout le bas du rocher, et se déchirant inégalement contre les pierres d'en bas, aisait paraître des éclats si beaux et si extraordinaires, qu'on ne les peut bien exprimer.

Cette abondance d'eau, qui, comme un agréable torrent, se précipitait de la sorte par différentes chutes, semblait couvrir le rocher de plusieurs voiles d'argent, qui n'empêchaient pas qu'on ne vît la disposition des pierres et des coquillages, dont les couleurs paraissaient encore avec plus de beauté parmi la mousse mouillée, et au travers de l'eau qui tombait en bas, où elle formait de gros bouillons d'écume.

De ce dernier endroit, où toute cette eau finissait sa chute dans un carré qui était au pied de la grotte, elle se divisait en deux canaux, qui, bordant les deux côtés de l'allée, venaient se terminer dans un grand bassin, dont la figure était d'un carré long, augmenté, par les quatre côtés, de quatre demi-ronds, lequel séparait l'allée d'avec le salon : mais cette eau ne coulait pas sans faire paraître mille beaux effets; car, vis-à-vis des huit cabinets, il y avait dans chaque canal deux jets d'eau qui formaient de chaque côté seize lances de 12 à 15 pieds de haut; et, d'espace en espace, l'eau de ces canaux, venant à tomber, faisait des cascades qui composaient autant de petites nappes argentées, dont la longueur de chaque canal était agréablement interrompue.

Ces canaux étaient bordés de gazon de part et d'autre. Du côté des cabinets, et entre les termes qui en marquaient les encoignures, il y avait, dans de grands vases, des orangers chargés de fleurs et de fruits; et le milieu de l'allée était d'un sable jaune qui partageait les deux lisières de gazon.

Dans le bassin qui séparait l'allée d'avec le salon, il y avait un groupe de quatre dauphins dans des coquilles de bronze doré, posées sur un petit rocher : ces quatre dauphins ne formaient qu'une seule tête, qui était renversée, et qui, ouvrant la gueule en haut, poussait un jet d'eau d'une grosseur extraordinaire. Après que cette eau, qui s'élevait de plus de 30 pieds de haut, avait frappé la feuillée avec violence, elle retombait dans le bassin en mille petites boules de cristal.

Aux deux côtés de ce bassin, il y avait quatre grandes plaques en ovale, chargées chacune de quinze bougies; mais, comme toutes les autres lumières qui éclairaient cette allée étaient cachées derrière les pilastres et les termes qui marquaient les cabinets, l'on ne voyait qu'un jour universel qui se répandait si agréablement dans tout ce lieu, et en découvrait les parties avec tant de beauté, que tout le monde préférait cette clarté à des plus beaux jours. Il n'y avait point de jet d'eau qui ne fît paraître mille brillants ; et l'on reconnaissait principalement, dans ce lieu et dans la grotte où le roi avait soupé, une distribution d'eau si belle et si extraordinaire, que jamais il ne s'est rien vu de pareil. Le sieur Joly, qui en avait eu la conduite, les avait si bien ménagées, que, produisant toutes des effets différents, il y avait encore une union et un certain accord qui faisait paraître partout une agréable beauté, la chute des unes servant, en plusieurs endroits, à donner plus d'éclat à la chute des autres. Les jets d'eau, qui s'élevaient de 15 pieds sur le devant des deux canaux, venaient peu à peu à diminuer de hauteur et de force, à mesure qu'ils s'éloignaient de la vue ; de sorte que, s'accordant avec la belle manière dont l'on avait disposé l'allée, il semblait que cette allée, qui n'avait guère plus de 15 toises de long, en eût quatre fois davantage, tant toutes choses y étaient bien conduites.

Pendant que, dans un séjour si charmant, Leurs Majestés et toute la cour prenaient le divertissement du bal, à la vue de ces beaux objets et au bruit de ces eaux qui n'interrompaient qu'agréablement le son des instruments, l'on préparait ailleurs d'autres spectacles dont personne ne s'était aperçu, et qui devaient surprendre tout le monde. Le sieur Gissey, outre le soin qu'il avait pris du lieu où le roi avait soupé, et des dessins de tous les habits de la comédie, se trouvant encore chargé des illuminations qu'on devait mettre au château et en plusieurs endroits du parc, travaillait à mettre toutes ces choses en ordre, pour faire que ce beau divertissement eût une fin aussi heureuse et aussi agréable que le succès en avait été favorable jusques alors ; ce qui arriva en effet par les soins qu'il y prit. Car, en un moment, toutes les choses furent si bien ordonnées, que, quand Leurs Majestés sortirent du bal, elles aperçurent le tour du Fer-à-Cheval et le château tout en feu, mais d'un feu si beau et si agréable, que cet élément, qui ne paraît guère dans l'obscurité de la nuit sans donner de la crainte et de la frayeur, ne causait que du plaisir et de l'admiration. Deux cents vases de 4 pieds de haut, de plusieurs façons, et ornés de différentes manières, entouraient ce grand espace qui enferme les parterres de gazon, et qui forme le Fer-à-Cheval. Au bas des degrés qui sont au milieu, on voyait quatre figures représentant quatre Fleuves ; et au dessus, sur quatre piédestaux qui sont aux extrémités des rampes, quatre autres figures qui représentaient les quatre parties du monde. Sur les angles du Fer-à-Cheval, et entre les vases, il y avait trente-huit candélabres ou chandeliers antiques de 6 pieds de haut ; et ces vases, ces candélabres et ces figures, étant éclairés de la même sorte que celles qui avaient paru dans la frise du salon où l'on avait soupé, faisaient un spectacle merveilleux. Mais la cour étant arrivée au haut du Fer-à-Cheval, et découvrant encore mieux tout le château, ce fut alors que tout le monde demeura dans une surprise qui ne se peut connaître qu'en la ressentant.

Il était orné de quarante-cinq figures. Dans le milieu de la porte du château, il y en avait une qui représentait Janus ; et, des deux côtés, dans les quatorze fenêtres d'en bas, l'on voyait différents trophées de guerre. A l'étage d'en haut, il y avait quinze figures qui représentaient diverses vertus, et au dessus, un soleil avec des lyres, et d'autres instruments ayant rapport à Apollon, qui paraissaient en quinze différents endroits Toutes ces figures étaient de diverses couleurs, mais si brillantes et si belles, que l'on ne pouvait dire si c'étaient différents métaux allumés, ou des pierres de plusieurs couleurs qui fussent éclairées par un artifice inconnu. Les balustrades qui environnent le fossé du château étaient illuminées de la même sorte ; et dans les endroits où, durant le jour, on avait vu des vases remplis d'orangers et de fleurs, l'on y voyait cent vases de diverses formes, allumés de diverses couleurs.

De si merveilleux objets arrêtaient la vue de tout le monde, lorsqu'un bruit qui s'éleva vers la grande allée fit qu'on se tourna de ce côté-là. Aussitôt on la vit éclairée, d'un bout à l'autre, de soixante-douze termes, faits de la même manière que les figures qui étaient au château, et qui la bordaient des deux côtés. De ces termes il partit, en un moment, un si grand nombre de fusées, que les unes, se croisant sur l'allée, faisaient une espèce de berceau, et les autres s'élevant tout droit, et laissant jusques en terre une grosse trace de lumière, formaient comme une haute palissade de feu. Dans le temps que ces fusées montaient jusques au ciel, et qu'elles remplissaient l'air de mille clartés plus brillantes que les étoiles, l'on voyait, tout au bas de l'allée, le grand bassin d'eau, qui paraissait une mer de flamme et de lumière, dans laquelle une infinité de feux plus rouges et plus vifs semblaient se jouer au milieu d'une clarté plus blanche et plus claire.

A de si beaux effets, se joignit le bruit de plus de cinq cents boîtes, qui, étant dans le grand parc, et fort éloignées, semblaient être l'écho de ces grands éclats dont les grosses fusées faisaient retentir l'air, lorsqu'elles étaient en haut.

Cette grande allée ne fut guère en cet état, que les trois bassins des fontaines qui sont dans le parterre de gazon, au bas du Fer-à-Cheval, parurent trois sources de lumières. Mille feux sortaient du milieu de l'eau, qui, comme furieux et s'échappant d'un lieu où ils auraient été retenus par force, se répandaient de tous côtés sur les bords du parterre. Une infinité d'autres feux sortant de la gueule des lézards, des crocodiles, des grenouilles et des autres animaux de bronze qui sont sur les bords des fontaines, semblaient aller secourir les premiers, et, se jetant dans l'eau, sous la figure de plusieurs serpents, tantôt séparément, tantôt joints ensemble par gros pelotons, lui faisaient une rude guerre. Dans ces combats, accompagnés de bruits épouvantables, et d'un embrasement qu'on ne peut représenter, ces deux éléments étaient si étroitement mêlés ensemble, qu'il était impossible de les distinguer. Mille fusées qui s'élevaient en l'air paraissaient comme des jets d'eau enflammés, et l'eau qui bouillonnait de toutes parts ressemblait à des flots de feu et à des flammes agitées.

Bien que tout le monde sût que l'on préparait des feux d'artifice, néanmoins, en quelque lieu qu'on allât durant le jour, l'on n'y voyait nulle disposition; de sorte que, dans le temps que chacun était en peine du lieu où ils devaient paraître, l'on s'en trouva tout à coup environné; car non-seulement ils partaient de ces bassins de fontaines, mais encore des grandes allées qui environnent le parterre; et, en voyant sortir de terre mille flammes qui s'élevaient de tous côtés, l'on ne savait s'il y avait des canaux qui fournissaient, cette nuit-là, autant de feux, comme, pendant le jour, on avait vu des jets d'eau qui rafraîchissaient ce beau parterre. Cette surprise causa un agréable désordre parmi tout le monde, qui, ne sachant où se retirer, se cachait dans l'épaisseur des bocages et se jetait contre terre.

Ce spectacle ne dura qu'autant de temps qu'il en faut pour imprimer dans l'esprit une belle image de ce que l'eau et le feu peuvent faire quand ils se rencontrent ensemble et qu'ils se font la guerre; et chacun, croyant que la fête se terminerait par un artifice si merveilleux, retournait vers le château, quand, du côté du grand étang, l'on vit tout d'un coup le ciel rempli d'éclairs, et l'air d'un bruit qui semblait faire trembler la terre. Chacun se rangea vers la Grotte pour voir cette nouveauté, et aussitôt il sortit de la tour de la pompe qui élève toutes les eaux une infinité de grosses fusées qui remplirent tous les environs de feu et de lumière. A quelque hauteur qu'elles montassent, elles laissaient attachée à la tour une grosse queue, qui ne s'en séparait point que la fusée n'eût rempli l'air d'une infinité d'étoiles qu'elle y allait répandre. Tout le haut de cette tour semblait être embrasé; et, de moment en moment, elle vomissait une infinité de feux, dont les uns s'élevaient jusques au ciel, et les autres, ne montant pas si haut, semblaient se jouer par mille mouvements agréables qu'ils faisaient. Il y en avait même qui, marquant les chiffres du roi par leurs tours et retours, traçaient dans l'air de doubles L, toutes brillantes d'une lumière très-vive et très-pure. Enfin, après que de cette tour il fut sorti, à plusieurs fois, une si grande quantité de fusées, que jamais on n'a rien vu de semblable, toutes ces lumières s'éteignirent; et, comme si elles eussent obligé les étoiles du ciel à se retirer, l'on s'aperçut que, de ce côté là, la plus grande partie ne se voyait plus, mais que le jour, jaloux des avantages d'une si belle nuit, commençait à paraître.

Leurs Majestés prirent aussitôt le chemin de Saint-Germain avec toute la cour, et il n'y eut que Mgr le Dauphin qui demeura dans le château.

Ainsi finit cette grande fête, de laquelle, si l'on remarque bien toutes les circonstances, on verra qu'elle a surpassé, en quelque façon, ce qui a jamais été fait de plus mémorable. Car, soit que l'on regarde comme en si peu de temps l'on a dressé des lieux d'une grandeur extraordinaire pour la comédie, pour le souper et pour le bal, soit que l'on considère les divers ornements dont on les a embellis, le nombre des lumières dont on les a éclairés, la quantité d'eau qu'il a fallu conduire, et la distribution qui en a été faite, la somptuosité des repas où l'on a vu une quantité de toutes sortes de viandes qui n'est pas concevable, et, enfin, toutes les choses nécessaires à la magnificence de ces spectacles, et à la conduite de tant de différents ouvriers, on avouera qu'il ne s'est jamais rien fait de plus surprenant, et qui ait causé plus d'admiration.

Mais, comme il n'y a que le roi qui puisse, en si peu de temps, mettre de grandes armées sur pied, et faire des conquêtes avec cette rapidité que l'on a vue, et dont toute la terre a été épouvantée, lorsque, dans le milieu de l'hiver, il triomphait de ses ennemis, et faisait ouvrir les portes de toutes les villes par où il passait : aussi n'appartient-il qu'à ce grand prince de mettre ensemble, avec la même promptitude, autant de musiciens, de danseurs et de joueurs d'instruments, et tant de différentes beautés. Un capitaine romain disait autrefois qu'il n'était pas moins d'un grand homme de savoir bien disposer un festin agréable à ses amis, que de ranger une armée redoutable à ses ennemis : ainsi l'on voit que Sa Majesté fait toutes ses actions avec une grandeur égale, et que, soit dans la paix, soit dans la guerre, elle est partout inimitable.

Quelque image que j'aie tâché de faire de cette belle fête, j'avoue qu'elle n'est que très-imparfaite, et l'on ne doit pas croire que l'idée qu'on s'en formera sur ce que j'en ai écrit, approche, en aucune façon, de la vérité. L'on donnera au public les figures des principales décorations ; mais ni les paroles, ni les figures ne sauraient bien représenter tout ce qui servit de divertissement dans ce grand jour de réjouissance.

PERSONNAGES.

GEORGE DANDIN, riche paysan, mari d'Angélique.
ANGÉLIQUE, femme de George Dandin, et fille de M. de Sotenville.
MONSIEUR DE SOTENVILLE, gentilhomme campagnard, père d'Angélique.
MADAME DE SOTENVILLE.
CLITANDRE, amoureux d'Angélique.
CLAUDINE, suivante d'Angélique.
LUBIN, paysan, servant Clitandre.
COLIN, valet de George Dandin.

Noms des acteurs qui ont joué d'original dans *George Dandin*.

GEORGE DANDIN.	Molière.
ANGÉLIQUE.	Mlle Molière.
MONSIEUR DE SOTENVILLE.	Du Croisy.
MADAME DE SOTENVILLE.	Hubert.
CLITANDRE.	La Grange.
CLAUDINE.	Mlle Debrie.
LUBIN.	La Thorillière.

La scène est devant la maison de George Dandin.

GEORGE DANDIN

ou

LE MARI CONFONDU.

ACTE PREMIER.

SCÈNE I.

GEORGE DANDIN, seul.

Ah! qu'une femme demoiselle[1] est une étrange affaire! et que mon mariage est une leçon bien parlante à tous les paysans qui veulent s'élever au-dessus de leur condition, et s'allier, comme j'ai fait, à la maison d'un gentilhomme! La noblesse, de soi, est bonne; c'est une chose considérable, assurément : mais elle est accompagnée de tant de mauvaises circonstances, qu'il est très-bon de ne s'y point frotter. Je suis devenu là-dessus savant à mes dépens, et connais le style des nobles, lorsqu'ils nous font, nous autres, entrer dans leur famille. L'alliance qu'ils font est petite avec nos personnes : c'est notre bien seul qu'ils épousent; et

---

[1] Le titre de demoiselle (*domicella*) s'appliquait encore, du temps de Molière, aux femmes mariées, filles de parents nobles.

j'aurais bien mieux fait, tout riche que je suis, de m'allier en bonne et franche paysannerie, que de prendre une femme qui se tient au-dessus de moi, s'offense de porter mon nom, et pense qu'avec tout mon bien je n'ai pas assez acheté la qualité de son mari. George Dandin, George Dandin, vous avez fait une sottise, la plus grande du monde. Ma maison m'est effroyable maintenant, et je n'y rentre point sans y trouver quelque chagrin.

SCÈNE II.

GEORGE DANDIN, LUBIN.

GEORGE DANDIN, à part, voyant sortir Lubin de chez lui.
Que diantre ce drôle-là vient-il faire chez moi?

LUBIN, à part, apercevant George Dandin.
Voilà un homme qui me regarde.

GEORGE DANDIN, à part.
Il ne me connaît pas.

LUBIN, à part.
Il se doute de quelque chose.

GEORGE DANDIN, à part.
Ouais! il a grand'peine à saluer.

LUBIN, à part.
J'ai peur qu'il n'aille dire qu'il m'a vu sortir de là dedans.

GEORGE DANDIN.
Bonjour.

LUBIN.
Serviteur.

GEORGE DANDIN.
Vous n'êtes pas d'ici, que je crois.

LUBIN.

Non : je n'y suis venu que pour voir la fête de demain.

GEORGE DANDIN.

Hé! dites-moi un peu, s'il vous plaît : vous venez de là dedans?

LUBIN.

Chut!

GEORGE DANDIN.

Comment?

LUBIN.

Paix!

GEORGE DANDIN.

Quoi donc?

LUBIN.

Motus! il ne faut pas dire que vous m'ayez vu sortir de là.

GEORGE DANDIN.

Pourquoi?

LUBIN.

Mon Dieu! parce...

GEORGE DANDIN.

Mais encore?

LUBIN.

Doucement. J'ai peur qu'on ne nous écoute.

GEORGE DANDIN.

Point, point.

LUBIN.

C'est que je viens de parler à la maîtresse du logis, de la part d'un certain monsieur qui lui fait les doux yeux; et il ne faut pas qu'on sache cela. Entendez-vous?

GEORGE DANDIN.

Oui.

LUBIN.

Voilà la raison. On m'a enchargé de prendre garde que

personne ne me vit; et je vous prie, au moins, de ne pas dire que vous m'ayez vu.

GEORGE DANDIN.

Je n'ai garde.

LUBIN.

Je suis bien aise de faire les choses secrètement, comme on m'a recommandé.

GEORGE DANDIN.

C'est bien fait.

LUBIN.

Le mari, à ce qu'ils disent, est un jaloux qui ne veut pas qu'on fasse l'amour à sa femme; et il ferait le diable à quatre, si cela venait à ses oreilles. Vous comprenez bien?

GEORGE DANDIN.

Fort bien.

LUBIN.

Il ne faut pas qu'il sache rien de tout ceci.

GEORGE DANDIN.

Sans doute.

LUBIN.

On le veut tromper tout doucement. Vous entendez bien?

GEORGE DANDIN.

Le mieux du monde.

LUBIN.

Si vous alliez dire que vous m'avez vu sortir de chez lui, vous gâteriez toute l'affaire. Vous comprenez bien?

GEORGE DANDIN.

Assurément. Hé! comment nommez-vous celui qui vous a envoyé là dedans?

LUBIN.

C'est le seigneur de notre pays, monsieur le vicomte de... chose... Foin! je ne me souviens jamais comment diantre ils baragouinent ce nom-là. Monsieur Cli... Clitandre.

GEORGE DANDIN.

Est-ce ce jeune courtisan qui demeure?...

LUBIN.

Oui, auprès de ces arbres.

GEORGE DANDIN, à part.

C'est pour cela que depuis peu ce damoiseau poli s'est venu loger contre moi. J'avais bon nez, sans doute; et son voisinage déjà m'avait donné quelque soupçon.

LUBIN.

Testigué! c'est le plus honnête homme que vous ayez jamais vu. Il m'a donné trois pièces d'or pour aller dire seulement à la femme qu'il est amoureux d'elle, et qu'il souhaite fort l'honneur de pouvoir lui parler. Voyez s'il y a là une grande fatigue, pour me payer si bien; et ce qu'est, au prix de cela, une journée de travail, où je ne gagne que dix sous!

GEORGE DANDIN.

Hé bien! avez-vous fait votre message?

LUBIN.

Oui. J'ai trouvé là dedans une certaine Claudine, qui, tout du premier coup, a compris ce que je voulais, et qui m'a fait parler à sa maîtresse.

GEORGE DANDIN, à part.

Ah! coquine de servante!

LUBIN.

Morguenne! cette Claudine-là est tout à fait jolie : elle a gagné mon amitié, et il ne tiendra qu'à elle que nous ne soyons mariés ensemble.

GEORGE DANDIN.

Mais quelle réponse a faite la maîtresse à ce monsieur le courtisan?

LUBIN.

Elle m'a dit de lui dire... attendez, je ne sais si je me souviendrai bien de tout cela; qu'elle lui est tout à fait obligée de l'affection qu'il a pour elle, et qu'à cause de son mari, qui est fantasque, il garde d'en rien faire paraître, et qu'il faudra songer à chercher quelque invention pour se pouvoir entretenir tous deux.

GEORGE DANDIN, à part.

Ah! pendarde de femme!

LUBIN.

Testiguenne! cela sera drôle; car le mari ne se doutera point de la manigance : voilà ce qui est de bon. Et il aura un pied de nez avec sa jalousie. Est-ce pas?

GEORGE DANDIN.

Cela est vrai.

LUBIN.

Adieu. Bouche cousue au moins. Gardez bien le secret, afin que le mari ne le sache pas.

GEORGE DANDIN.

Oui, oui.

LUBIN.

Pour moi, je vais faire semblant de rien. Je suis un fin matois, et l'on ne dirait pas que j'y touche.

SCÈNE III.

GEORGE DANDIN, seul.

Hé bien! George Dandin, vous voyez de quel air votre femme vous traite. Voilà ce que c'est d'avoir voulu épouser une demoiselle. L'on vous accommode de toutes pièces, sans que vous puissiez vous venger; et la gentilhommerie vous tient les bras liés. L'égalité de condition laisse du moins à l'honneur d'un mari liberté de ressentiment; et, si c'était une paysanne, vous auriez maintenant toutes vos coudées franches à vous en faire la justice à bons coups de bâton. Mais vous avez voulu tâter de la noblesse, et il vous ennuyait d'être maître chez vous. Ah! j'enrage de tout mon cœur, et je me donnerais volontiers des soufflets. Quoi! écouter impudemment l'amour d'un damoiseau, et y promettre en même temps de la correspondance[1]! Morbleu! je ne veux point laisser passer une occasion de la sorte. Il me faut, de ce pas, aller faire mes plaintes au père et à la mère, et les rendre témoins, à telle fin que de raison, des sujets de chagrin et de ressentiment que leur fille me donne. Mais les voici l'un et l'autre fort à propos.

SCÈNE IV.

MONSIEUR DE SOTENVILLE,
MADAME DE SOTENVILLE, GEORGE DANDIN.

MONSIEUR DE SOTENVILLE.
Qu'est-ce, mon gendre? vous me paraissez tout troublé.
GEORGE DANDIN.
Aussi en ai-je du sujet, et...
MADAME DE SOTENVILLE.
Mon Dieu! notre gendre, que vous avez peu de civilité, de ne pas saluer les gens quand vous les approchez!
GEORGE DANDIN.
Ma foi! ma belle-mère, c'est que j'ai d'autres choses en tête, et...
MADAME DE SOTENVILLE.
Encore! est-il possible, notre gendre, que vous sachiez si peu votre monde, et qu'il n'y ait pas moyen de vous instruire de la manière qu'il faut vivre parmi les personnes de qualité?

---

[1] C'est-à-dire, du retour.

GEORGE DANDIN.

Comment?

MADAME DE SOTENVILLE.

Ne vous déferez-vous jamais, avec moi, de la familiarité de ce mot de ma belle-mère, et ne sauriez-vous vous accoutumer à me dire madame?

GEORGE DANDIN.

Parbleu! si vous m'appelez votre gendre, il me semble que je puis vous appeler ma belle-mère.

MADAME DE SOTENVILLE.

Il y a fort à dire, et les choses ne sont pas égales. Apprenez, s'il vous plaît, que ce n'est pas à vous à vous servir de ce mot-là avec une personne de ma condition; que tout notre gendre que vous soyez, il y a grande différence de vous à nous, et que vous devez vous connaître.

MONSIEUR DE SOTENVILLE.

C'en est assez, mamour : laissons cela.

MADAME DE SOTENVILLE.

Mon Dieu! monsieur de Sotenville, vous avez des indulgences qui n'appartiennent qu'à vous, et vous ne savez pas vous faire rendre par les gens ce qui vous est dû.

MONSIEUR DE SOTENVILLE.

Corbleu! pardonnez-moi : on ne peut point me faire de leçons là-dessus; et j'ai su montrer en ma vie, par vingt actions de vigueur, que je ne suis point homme à démordre jamais d'une partie de mes prétentions. Mais il suffit de lui avoir donné un petit avertissement. Sachons un peu, mon gendre, ce que vous avez dans l'esprit.

GEORGE DANDIN.

Puisqu'il faut donc parler catégoriquement, je vous dirai, monsieur de Sotenville, que j'ai lieu de...

MONSIEUR DE SOTENVILLE.

Doucement, mon gendre. Apprenez qu'il n'est pas respectueux d'appeler les gens par leur nom, et qu'à ceux qui

sont au-dessus de nous il faut dire monsieur tout court.
GEORGE DANDIN.
Hé bien! monsieur tout court, et non plus monsieur de Sotenville, j'ai à vous dire que ma femme me donne...
MONSIEUR DE SOTENVILLE.
Tout beau! Apprenez aussi que vous ne devez pas dire ma femme quand vous parlez de notre fille.
GEORGE DANDIN.
J'enrage. Comment! ma femme n'est pas ma femme?
MADAME DE SOTENVILLE.
Oui, notre gendre, elle est votre femme : mais il ne vous est pas permis de l'appeler ainsi; et c'est tout ce que vous pourriez faire, si vous aviez épousé une de vos pareilles.
GEORGE DANDIN, à part.
Ah! George Dandin, où t'es-tu fourré? (Haut.) Hé! de grâce, mettez, pour un moment, votre gentilhommerie à côté, et souffrez que je vous parle maintenant comme je pourrai. (A part.) Au diantre soit la tyrannie de toutes ces histoires-là! (A monsieur de Sotenville.) Je vous dis que je suis mal satisfait de mon mariage.
MONSIEUR DE SOTENVILLE.
Et la raison, mon gendre?
MADAME DE SOTENVILLE.
Quoi! parler ainsi d'une chose dont vous avez tiré de si grands avantages?
GEORGE DANDIN.
Et quels avantages, madame, puisque madame y a? L'aventure n'a pas été mauvaise pour vous, car, sans moi, vos affaires, avec votre permission, étaient fort délabrées, et mon argent a servi à reboucher d'assez bons trous; mais moi, de quoi y ai-je profité, je vous prie, que d'un allongement de nom, et, au lieu de George Dandin, d'avoir reçu par vous le titre de monsieur de la Dandinière?

MONSIEUR DE SOTENVILLE.

Ne comptez-vous pour rien, mon gendre, l'avantage d'être allié à la maison de Sotenville?

MADAME DE SOTENVILLE.

Et à celle de la Prudoterie, dont j'ai l'honneur d'être issue; maison où le ventre anoblit, et qui, par ce beau privilége, rendra vos enfants gentilshommes?

GEORGE DANDIN.

Oui, voilà qui est bien, mes enfants seront gentilshommes; mais je serai cocu, moi, si l'on n'y met ordre.

MONSIEUR DE SOTENVILLE.

Que veut dire cela, mon gendre?

GEORGE DANDIN.

Cela veut dire que votre fille ne vit pas comme il faut qu'une femme vive, et qu'elle fait des choses qui sont contre l'honneur.

MADAME DE SOTENVILLE.

Tout beau! Prenez garde à ce que vous dites. Ma fille est d'une race trop pleine de vertu, pour se porter jamais à faire aucune chose dont l'honnêteté soit blessée; et, de la maison de la Prudoterie, il y a plus de trois cents ans qu'on n'a pas remarqué qu'il y ait eu de femme, Dieu merci, qui ait fait parler d'elle.

MONSIEUR DE SOTENVILLE.

Corbleu! dans la maison de Sotenville on n'a jamais vu de coquette; et la bravoure n'y est pas plus héréditaire aux mâles, que la chasteté aux femelles.

MADAME DE SOTENVILLE.

Nous avons eu une Jacqueline de la Prudoterie qui ne voulut jamais être la maîtresse d'un duc et pair, gouverneur de notre province.

MONSIEUR DE SOTENVILLE.

Il y a une Mathurine de Sotenville qui refusa vingt mille écus d'un favori du roi, qui ne demandait seulement que la faveur de lui parler.

GEORGE DANDIN.

Oh bien! votre fille n'est pas si difficile que cela; et elle s'est apprivoisée depuis qu'elle est chez moi.

MONSIEUR DE SOTENVILLE.

Expliquez-vous, mon gendre. Nous ne sommes point gens à la supporter dans de mauvaises actions, et nous serons les premiers, sa mère et moi, à vous en faire la justice.

MADAME DE SOTENVILLE.

Nous n'entendons point raillerie sur les matières de l'honneur, et nous l'avons élevée dans toute la sévérité possible.

GEORGE DANDIN.

Tout ce que je vous puis dire, c'est qu'il y a ici un certain courtisan que vous avez vu, qui est amoureux d'elle à ma barbe, et qui lui a fait faire des protestations d'amour qu'elle a très-humainement écoutées.

MADAME DE SOTENVILLE.

Jour de Dieu! je l'étranglerais de mes propres mains, s'il fallait qu'elle forlignât[1] de l'honnêteté de sa mère.

MONSIEUR DE SOTENVILLE.

Corbleu! je lui passerais mon épée au travers du corps, à elle et au galant, si elle avait forfait à son honneur.

GEORGE DANDIN.

Je vous ai dit ce qui se passe, pour vous faire mes plaintes, et je vous demande raison de cette affaire-là.

MONSIEUR DE SOTENVILLE.

Ne vous tourmentez point : je vous la ferai de tous deux : et je suis homme pour serrer le bouton à qui que ce puisse être. Mais êtes-vous bien sûr aussi de ce que vous nous dites?

GEORGE DANDIN.

Très-sûr.

---

[1] *Forligner*, vieux mot qui signifie sortir, s'écarter de la ligne.

MONSIEUR DE SOTENVILLE.

Prenez bien garde, au moins; car, entre gentilshommes, ce sont des choses chatouilleuses, et il n'est pas question d'aller faire ici un pas de clerc.

GEORGE DANDIN.

Je ne vous ai rien dit, vous dis-je, qui ne soit véritable.

MONSIEUR DE SOTENVILLE.

Mamour, allez-vous-en parler à votre fille, tandis qu'avec mon gendre j'irai parler à l'homme.

MADAME DE SOTENVILLE.

Se pourrait-il, mon fils, qu'elle s'oubliât de la sorte, après le sage exemple que vous savez vous-même que je lui ai donné !

MONSIEUR DE SOTENVILLE.

Nous allons éclaircir l'affaire. Suivez-moi, mon gendre, et ne vous mettez pas en peine. Vous verrez de quel bois nous nous chauffons, lorsqu'on s'attaque à ceux qui nous peuvent appartenir.

GEORGE DANDIN.

Le voici qui vient vers nous.

SCÈNE V.

MONSIEUR DE SOTENVILLE, CLITANDRE, GEORGE DANDIN.

MONSIEUR DE SOTENVILLE.

Monsieur, suis-je connu de vous?

CLITANDRE.

Non pas, que je sache, monsieur.

MONSIEUR DE SOTENVILLE.

Je m'appelle le baron de Sotenville.

CLITANDRE.

Je m'en réjouis fort.

MONSIEUR DE SOTENVILLE.

Mon nom est connu à la cour; et j'eus l'honneur, dans ma jeunesse, de me signaler des premiers à l'arrière-ban de Nancy[1].

CLITANDRE.

A la bonne heure.

MONSIEUR DE SOTENVILLE.

Monsieur, mon père, Jean-Gilles de Sotenville, eut la gloire d'assister en personne au grand siége de Montauban.

CLITANDRE.

J'en suis ravi.

MONSIEUR DE SOTENVILLE.

Et j'ai eu un aïeul, Bertrand de Sotenville, qui fut si considéré en son temps, que d'avoir permission de vendre tout son bien pour le voyage d'outre-mer.

CLITANDRE.

Je le veux croire.

MONSIEUR DE SOTENVILLE.

Il m'a été rapporté, monsieur, que vous aimez et poursuivez une jeune personne, qui est ma fille, pour laquelle je m'intéresse, (Montrant George Dandin.) et pour l'homme que vous voyez, qui a l'honneur d'être mon gendre.

CLITANDRE.

Qui? moi?

MONSIEUR DE SOTENVILLE.

Oui, et je suis bien aise de vous parler, pour tirer de vous, s'il vous plaît, un éclaircissement de cette affaire.

CLITANDRE.

Voilà une étrange médisance! Qui vous a dit cela, monsieur?

---

[1] Appel sous les armes de toute la noblesse d'un pays.

MONSIEUR DE SOTENVILLE.

Quelqu'un qui croit le bien savoir.

CLITANDRE.

Ce quelqu'un là en a menti. Je suis honnête homme. Me croyez-vous capable, monsieur, d'une action aussi lâche que celle-là? Moi, aimer une jeune et belle personne qui a l'honneur d'être la fille de M. le baron de Sotenville! Je vous révère trop pour cela, et suis trop votre serviteur. Quiconque vous l'a dit est un sot.

MONSIEUR DE SOTENVILLE.

Allons, mon gendre.

GEORGE DANDIN.

Quoi?

CLITANDRE.

C'est un coquin et un maraud.

MONSIEUR DE SOTENVILLE, à George Dandin.

Répondez.

GEORGE DANDIN.

Répondez vous-même.

CLITANDRE.

Si je savais qui ce peut être, je lui donnerais, en votre présence, de l'épée dans le ventre.

MONSIEUR DE SOTENVILLE, à George Dandin.

Soutenez donc la chose.

GEORGE DANDIN.

Elle est toute soutenue. Cela est vrai.

CLITANDRE.

Est-ce votre gendre, monsieur, qui?...

MONSIEUR DE SOTENVILLE.

Oui, c'est lui-même qui s'en est plaint à moi.

CLITANDRE.

Certes, il peut remercier l'avantage qu'il a de vous appartenir; et, sans cela, je lui apprendrais bien à tenir de pareils discours d'une personne comme moi.

SCÈNE VI.

MONSIEUR et MADAME DE SOTENVILLE, ANGÉLIQUE, CLITANDRE, GEORGE DANDIN, CLAUDINE.

MADAME DE SOTENVILLE.

Pour ce qui est de cela, la jalousie est une étrange chose! J'amène ici ma fille pour éclaircir l'affaire en présence de tout le monde.

CLITANDRE, à Angélique.

Est-ce donc vous, madame, qui avez dit à votre mari que je suis amoureux de vous?

ANGÉLIQUE.

Moi? Et comment lui aurais-je dit? Est-ce que cela est? Je voudrais bien le voir, vraiment, que vous fussiez amoureux de moi. Jouez-vous-y, je vous en prie; vous trouverez à qui parler; c'est une chose que je vous conseille de faire. Ayez recours, pour voir, à tous les détours des amants : essayez un peu, par plaisir, à m'envoyer des ambassades, à m'écrire secrètement de petits billets doux, à épier les moments que mon mari n'y sera pas, ou le temps que je sortirai, pour me parler de votre amour; vous n'avez qu'à y venir, je vous promets que vous serez reçu comme il faut.

CLITANDRE.

Hé! la, la, madame, tout doucement. Il n'est pas nécessaire de me faire tant de leçons, et de vous tant scandaliser. Qui vous dit que je songe à vous aimer?

ANGÉLIQUE.

Que sais-je, moi, ce qu'on me vient conter ici?

CLITANDRE.

On dira ce que l'on voudra; mais vous savez si je vous ai parlé d'amour, lorsque je vous ai rencontrée.

ANGÉLIQUE.

Vous n'aviez qu'à le faire, vous auriez été bien venu !

CLITANDRE.

Je vous assure qu'avec moi vous n'avez rien à craindre, que je ne suis point homme à donner du chagrin aux belles; et que je vous respecte trop, et vous, et messieurs vos parents, pour avoir la pensée d'être amoureux de vous.

MADAME DE SOTENVILLE, à George Dandin.

Hé bien ! vous le voyez.

MONSIEUR DE SOTENVILLE.

Vous voilà satisfait, mon gendre. Que dites-vous à cela?

GEORGE DANDIN.

Je dis que ce sont là des contes à dormir debout ; que je sais bien ce que je sais, et que tantôt, puisqu'il faut parler net, elle a reçu une ambassade de sa part.

ANGÉLIQUE.

Moi? j'ai reçu une ambassade?

CLITANDRE.

J'ai envoyé une ambassade?

ANGÉLIQUE.

Claudine?

CLITANDRE, à Claudine.

Est-il vrai?

CLAUDINE.

Par ma foi, voilà une étrange fausseté!

GEORGE DANDIN.

Taisez-vous, carogne que vous êtes. Je sais de vos nouvelles, et c'est vous qui tantôt avez introduit le courrier.

CLAUDINE.

Qui? moi?

GEORGE DANDIN.

Oui, vous. Ne faites point tant la sucrée.

CLAUDINE.

Hélas ! que le monde aujourd'hui est rempli de méchanceté, de m'aller soupçonner ainsi, moi, qui suis l'innocence même!

GEORGE DANDIN.

Taisez-vous, bonne pièce. Vous faites la sournoise, mais je vous connais il y a longtemps, et vous êtes une dessalée[1].

CLAUDINE, à Angélique.

Madame, est-ce que?...

GEORGE DANDIN.

Taisez-vous, vous dis-je; vous pourriez bien porter la folle enchère de tous les autres, et vous n'avez point de père gentilhomme.

ANGÉLIQUE.

C'est une imposture si grande, et qui me touche si fort au cœur, que je ne puis pas même avoir la force d'y répondre. Cela est bien horrible, d'être accusée par un mari, lorsqu'on ne lui fait rien qui ne soit à faire! Hélas! si je suis blâmable de quelque chose, c'est d'en user trop bien avec lui.

CLAUDINE.

Assurément.

ANGÉLIQUE.

Tout mon malheur est de le trop considérer; et plût au ciel que je fusse capable de souffrir, comme il dit, les galanteries de quelqu'un! je ne serais pas tant à plaindre. Adieu; je me retire, et je ne puis plus endurer qu'on m'outrage de cette sorte.

---

[1] *Dessalée* se disait d'une femme rusée, adroite, de mœurs équivoques.

SCÈNE VII.

MONSIEUR ET MADAME DE SOTENVILLE, CLITANDRE, GEORGE DANDIN, CLAUDINE.

MADAME DE SOTENVILLE, à George Dandin.

Allez, vous ne méritez pas l'honnête femme qu'on vous a donnée.

CLAUDINE.

Par ma foi; il mériterait qu'elle lui fît dire vrai : et, si j'étais en sa place, je n'y marchanderais pas. (A Clitandre.) Oui, monsieur, vous devez, pour le punir, faire l'amour à ma maîtresse. Poussez, c'est moi qui vous le dis, ce sera fort bien employé; et je m'offre à vous y servir, puisqu'il m'en a déjà taxée. (Claudine sort.)

MONSIEUR DE SOTENVILLE.

Vous méritez, mon gendre, qu'on vous dise ces choses-là, et votre procédé met tout le monde contre vous.

MADAME DE SOTENVILLE.

Allez, songez à mieux traiter une demoiselle bien née : et prenez garde désormais à ne plus faire de pareilles bévues.

GEORGE DANDIN, à part.

J'enrage de bon cœur d'avoir tort, lorsque j'ai raison.

SCÈNE VIII.

MONSIEUR DE SOTENVILLE, CLITANDRE, GEORGE DANDIN.

CLITANDRE, à monsieur de Sotenville.

Monsieur, vous voyez comme j'ai été faussement accusé : vous êtes homme qui savez les maximes du point d'honneur, et je vous demande raison de l'affront qui m'a été fait.

MONSIEUR DE SOTENVILLE.

Cela est juste, et c'est l'ordre des procédés. Allons, mon gendre, faites satisfaction à monsieur.

GEORGE DANDIN.

Comment! satisfaction?

MONSIEUR DE SOTENVILLE.

Oui, cela se doit dans les règles, pour l'avoir à tort accusé.

GEORGE DANDIN.

C'est une chose, moi, dont je ne demeure pas d'accord, de l'avoir à tort accusé; et je sais bien ce que j'en pense.

MONSIEUR DE SOTENVILLE.

Il n'importe. Quelque pensée qui vous puisse rester, il a nié : c'est satisfaire les personnes, et l'on n'a nul droit de se plaindre de tout homme qui se dédit.

GEORGE DANDIN.

Si bien donc que si je le trouvais couché avec ma femme, il en serait quitte pour se dédire?

MONSIEUR DE SOTENVILLE.

Point de raisonnement. Faites-lui les excuses que je vous dis.

GEORGE DANDIN.

Moi! je lui ferai encore des excuses après...

MONSIEUR DE SOTENVILLE.

Allons, vous dis-je, il n'y a rien à balancer; et vous n'avez que faire d'avoir peur d'en trop faire, puisque c'est moi qui vous conduis.

GEORGE DANDIN.

Je ne saurais...

MONSIEUR DE SOTENVILLE.

Corbleu! mon gendre, ne m'échauffez pas la bile. Je me mettrais avec lui contre vous. Allons, laissez-vous gouverner par moi.

GEORGE DANDIN, à part.

Ah! George Dandin!

MONSIEUR DE SOTENVILLE.

Votre bonnet à la main, le premier; monsieur est gentilhomme, et vous ne l'êtes pas.

GEORGE DANDIN, à part, le bonnet à la main.

J'enrage!

MONSIEUR DE SOTENVILLE.

Répétez après moi : Monsieur...

GEORGE DANDIN.

Monsieur...

MONSIEUR DE SOTENVILLE.

Je vous demande pardon... (Il voit que son gendre fait difficulté de lui obéir.) Ah!

GEORGE DANDIN.

Je vous demande pardon...

MONSIEUR DE SOTENVILLE.

Des mauvaises pensées que j'ai eues de vous.

GEORGE DANDIN.

Des mauvaises pensées que j'ai eues de vous.

MONSIEUR DE SOTENVILLE.

C'est que je n'avais pas l'honneur de vous connaître.

GEORGE DANDIN.

C'est que je n'avais pas l'honneur de vous connaître.

ACTE I. SCÈNE VIII.

MONSIEUR DE SOTENVILLE.

Et je vous prie de croire...

GEORGE DANDIN.

Et je vous prie de croire...

MONSIEUR DE SOTENVILLE.

Que je suis votre serviteur.

GEORGE DANDIN.

Voulez-vous que je sois serviteur d'un homme qui me veut faire cocu?

MONSIEUR DE SOTENVILLE, le menaçant encore.

Ah!

CLITANDRE.

Il suffit, monsieur.

MONSIEUR DE SOTENVILLE.

Non, je veux qu'il achève, et que tout aille dans les formes : Que je suis votre serviteur.

GEORGE DANDIN.

Que je suis votre serviteur.

CLITANDRE, à George Dandin.

Monsieur, je suis le vôtre de tout mon cœur; et je ne songe plus à ce qui s'est passé. (A monsieur de Sotenville.) Pour vous, monsieur, je vous donne le bonjour, et suis fâché du petit chagrin que vous avez eu.

MONSIEUR DE SOTENVILLE.

Je vous baise les mains; et, quand il vous plaira, je vous donnerai le divertissement de courre un lièvre.

CLITANDRE.

C'est trop de grâce que vous me faites. (Clitandre sort.)

MONSIEUR DE SOTENVILLE.

Voilà, mon gendre, comme il faut pousser les choses. Adieu. Sachez que vous êtes entré dans une famille qui vous donnera de l'appui, et ne souffrira point que l'on vous fasse aucun affront.

SCÈNE IX.

GEORGE DANDIN, seul.

Ah! que je... Vous l'avez voulu; vous l'avez voulu, George Dandin, vous l'avez voulu; cela vous sied fort bien, et vous voilà ajusté comme il faut : vous avez justement ce que vous méritez. Allons, il s'agit seulement de désabuser le père et la mère, et je pourrai trouver peut-être quelque moyen d'y réussir.

FIN DU PREMIER ACTE.

ACTE DEUXIÈME.

SCÈNE I.

CLAUDINE, LUBIN.

CLAUDINE.

Oui, j'ai bien deviné qu'il fallait que cela vînt de toi, et que tu l'eusses dit à quelqu'un qui l'ait rapporté à notre maître.

LUBIN.

Par ma foi, je n'en ai touché qu'un petit mot, en passant, à un homme, afin qu'il ne dît point qu'il m'avait vu sortir; et il faut que les gens, en ce pays-ci, soient de grands babillards!

CLAUDINE.

Vraiment, ce monsieur le vicomte a bien choisi son monde, que de te prendre pour son ambassadeur; et il s'est allé servir là d'un homme bien chanceux.

LUBIN.

Va, une autre fois je serai plus fin, et je prendrai mieux garde à moi.

CLAUDINE.

Oui, oui, il sera temps.

LUBIN.

Ne parlons plus de cela. Écoute.

CLAUDINE.

Que veux-tu que j'écoute?

LUBIN.

Tourne un peu ton visage devers moi.

CLAUDINE.

Hé bien! qu'est-ce?

LUBIN.

Claudine?

CLAUDINE.

Quoi?

LUBIN.

Hé! là! ne sais-tu pas bien ce que je veux dire?

CLAUDINE.

Non.

LUBIN.

Morgué! je t'aime.

CLAUDINE.

Tout de bon?

LUBIN.

Oui, le diable m'emporte! tu me peux croire, puisque j'en jure.

CLAUDINE.

A la bonne heure.

LUBIN.

Je me sens tout tribouiller le cœur quand je te regarde.

CLAUDINE.

Je m'en réjouis.

LUBIN.

Comment est-ce que tu fais pour être si jolie?

CLAUDINE.

Je fais comme font les autres.

LUBIN.

Vois-tu, il ne faut point tant de beurre pour faire un quarteron : si tu veux, tu seras ma femme, je serai ton mari, et nous serons tous deux mari et femme.

CLAUDINE.

Tu serais peut-être jaloux comme notre maître.

LUBIN.

Point.

CLAUDINE.

Pour moi, je hais les maris soupçonneux; et j'en veux un qui ne s'épouvante de rien, un si plein de confiance et si sûr de ma chasteté, qu'il me vît sans inquiétude au milieu de trente hommes.

LUBIN.

Hé bien! je serai tout comme cela.

CLAUDINE.

C'est la plus sotte chose du monde que de se défier d'une femme et de la tourmenter. La vérité de l'affaire est qu'on n'y gagne rien de bon : cela nous fait songer à mal; et ce sont souvent les maris qui, avec leurs vacarmes, se font eux-mêmes ce qu'ils sont.

LUBIN.

Hé bien! je te donnerai la liberté de faire tout ce qu'il te plaira.

CLAUDINE.

Voilà comme il faut faire pour n'être point trompé. Lorsqu'un mari se met à notre discrétion, nous ne prenons de liberté que ce qu'il nous en faut; et il en est comme avec ceux qui nous ouvrent leur bourse, et nous disent : Prenez. Nous en usons honnêtement, et nous nous contentons de la raison. Mais ceux qui nous chicanent, nous nous efforçons de les tondre, et nous ne les épargnons point.

LUBIN.

Va, je serai de ceux qui ouvrent leur bourse; et tu n'as qu'à te marier avec moi.

CLAUDINE.

Hé bien! bien, nous verrons.

LUBIN.

Viens donc ici, Claudine.

CLAUDINE.

Que veux-tu?

LUBIN.

Viens, te dis-je.

CLAUDINE.

Ah! doucement. Je n'aime pas les patineurs.

LUBIN.

Hé! un petit brin d'amitié.

CLAUDINE.

Laisse-moi là, te dis-je; je n'entends pas raillerie.

LUBIN.

Claudine.

CLAUDINE, repoussant Lubin.

Ahy!

LUBIN.

Ah! que tu es rude à pauvres gens! Fi! que cela est malhonnête de refuser les personnes! N'as-tu point de honte d'être belle, et de ne vouloir pas qu'on te caresse? Hé! là!

CLAUDINE.

Je te donnerai sur le nez.

LUBIN.

Oh! la farouche! la sauvage! Fi! pouah! la vilaine, qui est cruelle!

CLAUDINE.

Tu t'émancipes trop.

LUBIN.

Qu'est-ce que cela te coûterait de me laisser un peu faire?

CLAUDINE.

Il faut que tu te donnes patience.

LUBIN.

Un petit baiser seulement en rabattant sur notre mariage.

CLAUDINE.

Je suis votre servante.

LUBIN.

Claudine, je t'en prie, sur l'et-tant-moins [1].

CLAUDINE.

Hé! que nenni! J'y ai déjà été attrapée. Adieu. Va-t'en, et dis à monsieur le vicomte que j'aurai soin de rendre son billet.

LUBIN.

Adieu, beauté rude ânière [2].

CLAUDINE.

Le mot est amoureux.

LUBIN.

Adieu, rocher, caillou, pierre de taille, et tout ce qu'il y a de plus dur au monde.

CLAUDINE, seule.

Je vais remettre aux mains de ma maîtresse... Mais la voici avec son mari : éloignons-nous, et attendons qu'elle soit seule.

SCÈNE II.

GEORGE DANDIN, ANGÉLIQUE.

GEORGE DANDIN.

Non, non; on ne m'abuse pas avec tant de facilité, et je ne suis que trop certain que le rapport que l'on m'a fait est véritable. J'ai de meilleurs yeux qu'on ne pense, et votre galimatias ne m'a point tantôt ébloui.

---

[1] L'*et-tant-moins* est une locution de la pratique d'alors qui signifie donner en déduction.

[2] On écrirait aujourd'hui *rudânière*.

SCÈNE III.

CLITANDRE, ANGÉLIQUE, GEORGE DANDIN.

CLITANDRE, à part, dans le fond du théâtre.

Ah! la voilà; mais le mari est avec elle.

GEORGE DANDIN, sans voir Clitandre.

Au travers de toutes vos grimaces, j'ai vu la vérité de ce que l'on m'a dit, et le peu de respect que vous avez pour le nœud qui nous joint. (Clitandre et Angélique se saluent.) Mon Dieu! laissez là votre révérence; ce n'est pas de ces sortes de respect dont je vous parle, et vous n'avez que faire de vous moquer.

ANGÉLIQUE.

Moi, me moquer! en aucune façon.

GEORGE DANDIN.

Je sais votre pensée, et connais... (Clitandre et Angélique se resaluent.) Encore! Ah! ne raillons pas davantage. Je n'ignore pas qu'à cause de votre noblesse vous me tenez fort au-dessous de vous, et le respect que je vous veux dire ne regarde point ma personne; j'entends parler de celui que vous devez à des nœuds aussi vénérables que le sont ceux du mariage. (Angélique fait signe à Clitandre.) Il ne faut point lever les épaules, et je ne dis point de sottises.

ANGÉLIQUE.

Qui songe à lever les épaules?

GEORGE DANDIN.

Mon Dieu! nous voyons clair. Je vous dis, encore une fois, que le mariage est une chaîne à laquelle on doit porter toute sorte de respect, et que c'est fort mal fait à vous d'en user comme vous faites. (Angélique fait signe de la tête à Clitandre.) Oui,

oui, mal fait à vous ; et vous n'avez que faire de hocher la tête et de me faire la grimace.

ANGÉLIQUE.

Moi? je ne sais ce que vous voulez dire.

GEORGE DANDIN.

Je le sais fort bien, moi, et vos mépris me sont connus. Si je ne suis pas né noble, au moins suis-je d'une race où il n'y a point de reproche, et la famille des Dandins...

CLITANDRE, derrière Angélique, sans être aperçu de Dandin.

Un moment d'entretien.

GEORGE DANDIN, sans voir Clitandre.

Hé?

ANGÉLIQUE.

Quoi! je ne dis mot.

(George Dandin tourne autour de sa femme, et Clitandre se retire en faisant une grande révérence à George Dandin.)

SCÈNE IV.

GEORGE DANDIN, ANGÉLIQUE.

GEORGE DANDIN.

Le voilà qui vient rôder autour de vous.

ANGÉLIQUE.

Hé bien! est-ce ma faute? Que voulez-vous que j'y fasse?

GEORGE DANDIN.

Je veux que vous y fassiez ce que fait une femme qui ne veut plaire qu'à son mari. Quoi qu'on en puisse dire, les galants n'obsèdent jamais que quand on le veut bien. Il y a un certain air doucereux qui les attire, ainsi que le miel fait des mouches ; et les honnêtes femmes ont des manières qui les savent chasser d'abord.

ANGÉLIQUE.

Moi, les chasser! et par quelle raison? Je ne me scandalise point qu'on me trouve bien faite, et cela me fait du plaisir.

GEORGE DANDIN.

Oui! Mais quel personnage voulez-vous que joue un mari pendant cette galanterie?

ANGÉLIQUE.

Le personnage d'un honnête homme, qui est bien aise de voir sa femme considérée.

GEORGE DANDIN.

Je suis votre valet. Ce n'est pas là mon compte; et les Dandins ne sont point accoutumés à cette mode-là.

ANGÉLIQUE.

Oh! les Dandins s'y accoutumeront s'ils veulent; car, pour moi, je vous déclare que mon dessein n'est pas de renoncer au monde et de m'enterrer toute vive dans un mari. Comment! parce qu'un homme s'avise de nous épouser, il faut d'abord que toutes choses soient finies pour nous et que nous rompions tout commerce avec les vivants! C'est une chose merveilleuse que cette tyrannie de messieurs les maris; et je les trouve bons de vouloir qu'on soit morte à tous les divertissements et qu'on ne vive que pour eux. Je me moque de cela, et ne veux point mourir si jeune.

GEORGE DANDIN.

C'est ainsi que vous satisfaites aux engagements de la foi que vous m'avez donnée publiquement?

ANGÉLIQUE.

Moi? je ne vous l'ai point donnée de bon cœur, et vous me l'avez arrachée. M'avez-vous, avant le mariage, demandé mon consentement et si je voulais bien de vous? Vous n'avez consulté, pour cela, que mon père et ma mère; ce sont eux, proprement, qui vous ont épousé, et c'est pourquoi vous ferez bien de vous plaindre toujours à eux des torts que l'on pourra vous faire. Pour moi, qui ne vous ai point dit de vous marier avec moi, et que vous avez prise sans consulter mes sentiments, je prétends n'être point obligée à me soumettre en esclave à vos volontés; et je veux jouir, s'il vous plaît, de quelque nombre de beaux jours que m'offre la jeunesse, prendre les douces libertés que l'âge me permet, voir un peu le beau monde, et goûter le plaisir de m'ouïr dire des douceurs. Préparez-vous-y, pour votre punition, et rendez grâces au ciel de ce que je ne suis pas capable de quelque chose de pis.

GEORGE DANDIN.

Oui! c'est ainsi que vous le prenez? Je suis votre mari, et je vous dis que je n'entends pas cela.

ANGÉLIQUE.

Moi, je suis votre femme, et je vous dis que je l'entends.

GEORGE DANDIN, à part.

Il me prend des tentations d'accommoder tout son visage à la compote, et le mettre en état de ne plaire de sa vie aux diseurs de fleurettes. Ah! allons, George Dandin; je ne pourrais me retenir, et il vaut mieux quitter la place.

SCÈNE V.

ANGÉLIQUE, CLAUDINE.

CLAUDINE.

J'avais, madame, impatience qu'il s'en allât, pour vous rendre ce mot de la part que vous savez.

ANGÉLIQUE.

Voyons. (Elle lit bas.)

CLAUDINE, à part.

A ce que je puis remarquer, ce qu'on lui dit ne lui déplaît pas trop.

ANGÉLIQUE.

Ah! Claudine, que ce billet s'explique d'une façon galante! Que, dans tous leurs discours et dans toutes leurs actions, les gens de cour ont un air agréable! Et qu'est-ce que c'est, auprès d'eux, que nos gens de province?

CLAUDINE.

Je crois qu'après les avoir vus, les Dandins ne vous plaisent guère.

ANGÉLIQUE.

Demeure ici : je m'en vais faire la réponse.

CLAUDINE, seule.

Je n'ai pas besoin, que je pense, de lui recommander de la faire agréable. Mais voici...

SCÈNE VI.

CLITANDRE, LUBIN, CLAUDINE.

CLAUDINE.

Vraiment, monsieur, vous avez pris là un habile messager!

CLITANDRE.

Je n'ai pas osé envoyer de mes gens ; mais, ma pauvre Claudine, il faut que je te récompense des bons offices que je sais que tu m'as rendus. (Il fouille dans sa poche.)

CLAUDINE.

Hé! monsieur, il n'est pas nécessaire. Non, monsieur, vous n'avez que faire de vous donner cette peine-là, et je vous rends service parce que vous le méritez, et que je me sens au cœur de l'inclination pour vous.

CLITANDRE.

Je te suis obligé. (Il lui donne de l'argent.)

LUBIN, à Claudine.

Puisque nous serons mariés, donne-moi cela, que je le mette avec le mien.

CLAUDINE.

Je te le garde, aussi bien que le baiser.

CLITANDRE, à Claudine.

Dis-moi, as-tu rendu mon billet à ta belle maîtresse ?

CLAUDINE.

Oui. Elle est allée y répondre.

CLITANDRE.

Mais, Claudine, n'y a-t-il pas moyen que je la puisse entretenir ?

CLAUDINE.

Oui : venez avec moi, je vous ferai parler à elle.

CLITANDRE.

Mais le trouvera-t-elle bon ? et n'y a-t-il rien à risquer ?

CLAUDINE.

Non, non. Son mari n'est pas au logis ; et puis, ce n'est pas lui qu'elle a le plus à ménager, c'est son père et sa mère ; et, pourvu qu'ils soient prévenus, tout le reste n'est point à craindre.

CLITANDRE.

Je m'abandonne à ta conduite.

LUBIN, seul.

Testiguenne ! que j'aurai là une habile femme ! Elle a de l'esprit comme quatre.

SCÈNE VII.

GEORGE DANDIN, LUBIN.

GEORGE DANDIN, bas, à part.

Voici mon homme de tantôt. Plût au ciel qu'il pût se résoudre à vouloir rendre témoignage au père et à la mère de ce qu'ils ne veulent point croire !

LUBIN.

Ah! vous voilà, monsieur le babillard, à qui j'avais tant recommandé de ne point parler et qui me l'aviez tant promis! Vous êtes donc un causeur, et vous allez redire ce que l'on vous dit en secret?

GEORGE DANDIN.

Moi?

LUBIN.

Oui. Vous avez été tout rapporter au mari, et vous êtes cause qu'il a fait du vacarme. Je suis bien aise de savoir que vous avez de la langue, et cela m'apprendra à ne vous plus rien dire.

GEORGE DANDIN.

Écoute, mon ami.

LUBIN.

Si vous n'aviez point babillé, je vous aurais conté ce qui se passe à cette heure; mais, pour votre punition, vous ne saurez rien du tout.

GEORGE DANDIN.

Comment! qu'est-ce qui se passe?

LUBIN.

Rien, rien. Voilà ce que c'est d'avoir causé; vous n'en tâterez plus, et je vous laisse sur la bonne bouche.

GEORGE DANDIN.

Arrête un peu.

LUBIN.

Point.

GEORGE DANDIN.

Je ne te veux dire qu'un mot.

LUBIN.

Nennin, nennin. Vous avez envie de me tirer les vers du nez.

GEORGE DANDIN.

Non, ce n'est pas cela.

LUBIN.

Eh! quelque sot. Je vous vois venir.

GEORGE DANDIN.

C'est autre chose. Écoute.

LUBIN.

Point d'affaire. Vous voudriez que je vous disse que monsieur le vicomte vient de donner de l'argent à Claudine, et qu'elle l'a mené chez sa maîtresse. Mais je ne suis pas si bête.

GEORGE DANDIN.

De grâce...

LUBIN.

Non.

GEORGE DANDIN.

Je te donnerai...

LUBIN.

Tarare!

SCÈNE VIII.

GEORGE DANDIN, seul.

Je n'ai pu me servir, avec cet innocent, de la pensée que j'avais. Mais le nouvel avis qui lui est échappé ferait la même chose; et, si le galant est chez moi, ce serait pour avoir raison aux yeux du père et de la mère, et les convaincre pleinement de l'effronterie de leur fille. Le mal de tout ceci, c'est que je ne sais comment faire pour profiter d'un tel avis. Si je rentre chez moi, je ferai évader le drôle, et, quelque chose que je puisse voir moi-même de mon déshonneur, je n'en serai point cru à mon serment, et l'on me dira que je rêve. Si, d'autre part, je vais quérir beau-père et belle-mère, sans être sûr de trouver chez moi le galant, ce sera la même chose, et je retomberai dans l'inconvénient de tantôt. Pourrais-je point m'éclaircir doucement s'il y est encore? (Après avoir regardé par le trou de la serrure.) Ah! ciel! il n'en faut plus douter, et je viens de l'apercevoir par le trou de la porte. Le sort me donne ici de quoi confondre ma partie; et, pour achever l'aventure, il fait venir à point nommé les juges dont j'avais besoin.

SCÈNE IX.

MONSIEUR et MADAME DE SOTENVILLE, GEORGE DANDIN.

GEORGE DANDIN.

Enfin, vous ne m'avez pas voulu croire tantôt, et votre fille l'a emporté sur moi; mais j'ai en main de quoi vous faire voir comme elle m'accommode; et, Dieu merci, mon déshonneur est si clair maintenant, que vous n'en pourrez plus douter.

MONSIEUR DE SOTENVILLE.

Comment! mon gendre, vous en êtes encore là-dessus?

GEORGE DANDIN.

Oui, j'y suis; et jamais je n'eus tant de sujet d'y être.

MADAME DE SOTENVILLE.

Vous nous venez encore étourdir la tête?

GEORGE DANDIN.

Oui, madame; et l'on fait bien pis à la mienne.

MONSIEUR DE SOTENVILLE.

Ne vous lassez-vous point de vous rendre importun?

GEORGE DANDIN.

Non, mais je me lasse fort d'être pris pour dupe.

MADAME DE SOTENVILLE.

Ne voulez-vous point vous défaire de vos pensées extravagantes?

GEORGE DANDIN.

Non, madame; mais je voudrais bien me défaire d'une femme qui me déshonore.

MADAME DE SOTENVILLE.

Jour de Dieu ! notre gendre, apprenez à parler.

MONSIEUR DE SOTENVILLE.

Corbleu ! cherchez des termes moins offensants que ceux-là.

GEORGE DANDIN.

Marchand qui perd ne peut rire.

MADAME DE SOTENVILLE.

Souvenez-vous que vous avez épousé une demoiselle.

GEORGE DANDIN.

Je m'en souviens assez et ne m'en souviendrai que trop.

MONSIEUR DE SOTENVILLE.

Si vous vous en souvenez, songez donc à parler d'elle avec plus de respect.

GEORGE DANDIN.

Mais que ne songe-t-elle plutôt à me traiter plus honnêtement ? Quoi ! parce qu'elle est demoiselle, il faut qu'elle ait la liberté de me faire ce qui lui plaît, sans que j'ose souffler ?

MONSIEUR DE SOTENVILLE.

Qu'avez-vous donc et que pouvez-vous dire? N'avez-vous pas vu, ce matin, qu'elle s'est défendue de connaître celui dont vous m'étiez venu parler?

GEORGE DANDIN.

Oui. Mais vous, que pourrez-vous dire si je vous fais voir maintenant que le galant est avec elle?

MADAME DE SOTENVILLE.

Avec elle?

GEORGE DANDIN.

Oui, avec elle, et dans ma maison.

MONSIEUR DE SOTENVILLE.

Dans votre maison?

GEORGE DANDIN.
Oui, dans ma propre maison.

MADAME DE SOTENVILLE.
Si cela est, nous serons pour vous contre elle.

MONSIEUR DE SOTENVILLE.
Oui. L'honneur de notre famille nous est plus cher que toute chose, et si vous dites vrai, nous la renoncerons pour notre sang, et l'abandonnerons à votre colère.

GEORGE DANDIN.
Vous n'avez qu'à me suivre.

MADAME DE SOTENVILLE.
Gardez de vous tromper.

MONSIEUR DE SOTENVILLE.
N'allez pas faire comme tantôt.

GEORGE DANDIN.
Mon Dieu! vous allez voir. (Montrant Clitandre qui sort avec Angélique.) Tenez, ai-je menti?

SCÈNE X.

ANGÉLIQUE, CLITANDRE, CLAUDINE; MONSIEUR DE SOTENVILLE, MADAME DE SOTENVILLE, avec GEORGE DANDIN, dans le fond du théâtre.

ANGÉLIQUE, à Clitandre.
Adieu. J'ai peur qu'on ne vous surprenne ici, et j'ai quelques mesures à garder.

CLITANDRE.
Promettez-moi donc, madame, que je pourrai vous parler cette nuit.

ANGÉLIQUE.
J'y ferai mes efforts.

GEORGE DANDIN, à monsieur et à madame de Sotenville.

Approchons doucement par derrière, et tâchons de n'être point vus.

CLAUDINE, à Angélique.

Ah! madame, tout est perdu. Voilà votre père et votre mère, accompagnés de votre mari.

CLITANDRE.

Ah! ciel!

ANGÉLIQUE, bas à Clitandre et à Claudine.

Ne faites pas semblant de rien, et me laissez faire tous deux. (Haut, à Clitandre.) Quoi! vous osez en user de la sorte après l'affaire de tantôt? et c'est ainsi que vous dissimulez vos sentiments? On me vient rapporter que vous avez de l'amour pour moi, et que vous faites des desseins de me solliciter; j'en témoigne mon dépit, et m'explique à vous clairement en présence de tout le monde; vous niez hautement la chose, et me donnez parole de n'avoir aucune pensée de m'offenser; et cependant, le même jour, vous prenez la hardiesse de venir chez moi me rendre visite, de me dire que vous m'aimez, et de me faire cent sots contes pour me persuader de répondre à vos extravagances : comme si j'étais femme à violer la foi que j'ai donnée à un mari, et m'éloigner jamais de la vertu que mes parents m'ont enseignée! Si mon père savait cela, il vous apprendrait bien à tenter de ces entreprises! Mais une honnête femme n'aime point les éclats : je n'ai garde de lui en rien dire, (Elle fait signe à Claudine d'apporter un bâton.) et je veux vous montrer que, toute femme que je suis, j'ai assez de courage pour me venger moi-même des offenses que l'on me fait. L'action que vous avez faite n'est pas d'un gentilhomme, et ce n'est pas en gentilhomme aussi que je veux vous traiter.

(Angélique prend le bâton et le lève sur Clitandre qui se range de façon que les coups tombent sur George Dandin.)

CLITANDRE, criant comme s'il avait été frappé.

Ah! ah! ah! ah! ah! doucement. (Il s'enfuit.)

SCÈNE XI.

MONSIEUR ET MADAME DE SOTENVILLE, ANGÉLIQUE GEORGE DANDIN, CLAUDINE.

CLAUDINE.

Fort, madame! frappez comme il faut.

ANGÉLIQUE, faisant semblant de parler à Clitandre.

S'il vous demeure quelque chose sur le cœur, je suis pour vous répondre.

CLAUDINE.

Apprenez à qui vous vous jouez.

ANGÉLIQUE.

Ah! mon père, vous êtes là!

MONSIEUR DE SOTENVILLE.

Oui, ma fille; et je vois qu'en sagesse et en courage tu te montres un digne rejeton de la maison de Sotenville. Viens çà; approche-toi, que je t'embrasse.

MADAME DE SOTENVILLE.

Embrasse-moi aussi, ma fille. Las! je pleure de joie, et reconnais mon sang aux choses que tu viens de faire.

MONSIEUR DE SOTENVILLE.

Mon gendre, que vous devez être ravi! et que cette aventure est pour vous pleine de douceurs! Vous aviez un juste sujet de vous alarmer; mais vos soupçons se trouvent dissipés le plus avantageusement du monde.

MADAME DE SOTENVILLE.

Sans doute, notre gendre, et vous devez maintenant être le plus content des hommes.

CLAUDINE.

Assurément. Voilà une femme, celle-là! Vous êtes trop

heureux de l'avoir, et vous devriez baiser les pas où elle passe.

MONSIEUR DE SOTENVILLE.

GEORGE DANDIN, à part.

Euh, traîtresse!

MONSIEUR DE SOTENVILLE.

Qu'est-ce, mon gendre? Que ne remerciez-vous un peu votre femme de l'amitié que vous voyez qu'elle montre pour vous?

ANGÉLIQUE.

Non, non, mon père; il n'est pas nécessaire. Il ne m'a aucune obligation de ce qu'il vient de voir; et tout ce que j'en fais n'est que pour l'amour de moi-même.

MONSIEUR DE SOTENVILLE.

Où allez-vous, ma fille?

ANGÉLIQUE.

Je me retire, mon père, pour ne me voir point obligée à recevoir ses compliments.

CLAUDINE, à George Dandin.

Elle a raison d'être en colère. C'est une femme qui mérite d'être adorée, et vous ne la traitez pas comme vous devriez.

GEORGE DANDIN, à part.

Scélérate!

SCÈNE XII.

MONSIEUR et MADAME DE SOTENVILLE,
GEORGE DANDIN.

MONSIEUR DE SOTENVILLE.

C'est un petit ressentiment de l'affaire de tantôt, et cela se passera avec un peu de caresse que vous lui ferez. Adieu, mon gendre; vous voilà en état de ne vous plus inquiéter.

Allez-vous-en faire la paix ensemble, et tâchez de l'apaiser par des excuses de votre emportement.

MADAME DE SOTENVILLE.

Vous devez considérer que c'est une jeune fille élevée à la vertu, et qui n'est point accoutumée à se voir soupçonner d'aucune vilaine action. Adieu. Je suis ravie de voir vos désordres [1] finis, et des transports de joie que vous doit donner sa conduite.

SCÈNE XIII.

GEORGE DANDIN, seul.

Je ne dis mot, car je ne gagnerais rien à parler; et jamais il ne s'est rien vu d'égal à ma disgrâce. Oui, j'admire mon malheur, et la subtile adresse de ma carogne de femme pour se donner toujours raison, et me faire avoir tort. Est-il possible que toujours j'aurai du dessous avec elle! que les apparences toujours tourneront contre moi, et que je ne parviendrai point à convaincre mon effrontée! O ciel! seconde mes desseins, et m'accorde la grâce de faire voir aux gens que l'on me déshonore!

FIN DU DEUXIÈME ACTE.

[1] *Désordres* pour démêlés.

ACTE TROISIÈME.

SCÈNE 1.

CLITANDRE, LUBIN.

CLITANDRE.

La nuit est avancée, et j'ai peur qu'il ne soit trop tard. Je ne vois point à me conduire. Lubin !

LUBIN.

Monsieur.

CLITANDRE.

Est-ce par ici ?

LUBIN.

Je pense que oui. Morgué ! voilà une sotte nuit, d'être si noire que cela !

CLITANDRE.

Elle a tort, assurément ; mais si, d'un côté, elle nous empêche de voir, elle empêche, de l'autre, que nous ne soyons vus.

LUBIN.

Vous avez raison, elle n'a pas tant de tort. Je voudrais bien savoir, monsieur, vous qui êtes savant, pourquoi il ne fait point jour la nuit ?

CLITANDRE.

C'est une grande question, et qui est difficile. Tu es curieux, Lubin.

LUBIN.

Oui ; si j'avais étudié, j'aurais été songer à des choses où on n'a jamais songé.

CLITANDRE.

Je le crois. Tu as la mine d'avoir l'esprit subtil et pénétrant.

LUBIN.

Cela est vrai. Tenez, j'explique du latin, quoique jamais je ne l'aie appris; et voyant l'autre jour écrit sur une grande porte *collegium,* je devinai que cela voulait dire collége.

CLITANDRE.

Cela est admirable! Tu sais donc lire, Lubin?

LUBIN.

Oui, je sais lire la lettre moulée; mais je n'ai jamais su apprendre à lire l'écriture.

CLITANDRE.

Nous voici contre la maison. (Après avoir frappé dans ses mains.) C'est le signal que m'a donné Claudine.

LUBIN.

Par ma foi, c'est une fille qui vaut de l'argent; et je l'aime de tout mon cœur.

CLITANDRE.

Aussi t'ai-je amené avec moi pour l'entretenir.

LUBIN.

Monsieur, je vous suis...

CLITANDRE.

Chut! j'entends quelque bruit.

SCÈNE II.

ANGÉLIQUE, CLAUDINE, CLITANDRE, LUBIN.

ANGÉLIQUE.

Claudine?

CLAUDINE.

Hé bien?

ANGÉLIQUE.

Laisse la porte entr'ouverte.

CLAUDINE.

Voilà qui est fait.
(Scène de nuit. Les acteurs se cherchent les uns les autres dans l'obscurité.)

CLITANDRE, à Lubin.

Ce sont elles. St.

ANGÉLIQUE.

St.

LUBIN.

St.

CLAUDINE.

St.

CLITANDRE, à Claudine, qu'il prend pour Angélique.

Madame!

ANGÉLIQUE, à Lubin, qu'elle prend pour Clitandre.

Quoi?

LUBIN, à Angélique, qu'il prend pour Claudine.

Claudine?

CLAUDINE, à Clitandre, qu'elle prend pour Lubin.

Qu'est-ce?

CLITANDRE, à Claudine, croyant parler à Angélique.

Ah! madame, que j'ai de joie!

LUBIN, à Angélique, croyant parler à Claudine.

Claudine! ma pauvre Claudine!

CLAUDINE, à Clitandre.

Doucement, monsieur.

ANGÉLIQUE, à Lubin.

Tout beau, Lubin.

CLITANDRE.

Est-ce toi, Claudine?

CLAUDINE.

Oui.

LUBIN.

Est-ce vous, madame?

ANGÉLIQUE.

Oui.

CLAUDINE, à Clitandre.

Vous avez pris l'une pour l'autre.

LUBIN, à Angélique.

Ma foi, la nuit, on n'y voit goutte.

ANGÉLIQUE.

Est-ce pas vous, Clitandre?

CLITANDRE.

Oui, madame.

ANGÉLIQUE.

Mon mari ronfle comme il faut, et j'ai pris ce temps pour nous entretenir ici.

CLITANDRE.

Cherchons quelque lieu pour nous asseoir.

CLAUDINE.

C'est fort bien avisé.

(Angélique, Clitandre et Claudine vont s'asseoir au fond du théâtre sur un gazon au pied d'un arbre.)

LUBIN, cherchant Claudine.

Claudine! où est-ce que tu es?

SCÈNE III.

ANGÉLIQUE, CLITANDRE, CLAUDINE, assis au fond du théâtre; GEORGE DANDIN, à moitié déshabillé; LUBIN.

GEORGE DANDIN, à part.

J'ai entendu descendre ma femme, et je me suis vite habillé pour descendre après elle. Où peut-elle être allée? serait-elle sortie?

LUBIN. (Il prend George Dandin pour Claudine.)

Où es-tu donc, Claudine? Ah! te voilà. Par ma foi, ton maître est plaisamment attrapé; et je trouve ceci aussi drôle que les coups de bâton de tantôt, dont on m'a fait récit. Ta maîtresse dit qu'il ronfle, à cette heure, comme tous les diantres, et il ne sait pas que monsieur le vicomte et elle sont ensemble pendant qu'il dort. Je voudrais bien savoir quel songe il fait maintenant. Cela est tout à fait risible. De quoi s'avise-t-il, aussi, d'être jaloux de sa femme, et de vouloir qu'elle soit à lui tout seul? C'est un impertinent, et monsieur le vicomte lui fait trop d'honneur. Tu ne dis mot, Claudine? Allons, suivons-les; et me donne ta petite menotte, que je la baise. Ah! que cela est doux! Il me semble que je mange des confitures. (Comme il baise la main de Dandin, Dandin la lui pousse rudement au visage.) Tubleu! comme vous y allez! voilà une petite menotte qui est un peu bien rude.

GEORGE DANDIN.

Qui va là?

LUBIN.

Personne.

GEORGE DANDIN.

Il fuit, et me laisse informé de la nouvelle perfidie de

ma coquine. Allons, il faut que, sans tarder, j'envoie appeler son père et sa mère, et que cette aventure me serve à me faire séparer d'elle. Holà ! Colin ! Colin !

SCÈNE IV.

ANGÉLIQUE, CLITANDRE, CLAUDINE,
LUBIN, assis au fond du théâtre; GEORGE DANDIN, COLIN.

COLIN, à la fenêtre.

Monsieur.

GEORGE DANDIN.

Allons, vite ici-bas.

COLIN, en sautant par la fenêtre.

M'y voilà, on ne peut pas plus vite.

GEORGE DANDIN.

Tu es là ?

COLIN.

Oui, monsieur.

(Pendant que George Dandin va chercher Colin du côté où il a entendu sa voix, Colin passe de l'autre côté, et s'endort.)

GEORGE DANDIN, se tournant du côté où il croit qu'est Colin.

Doucement. Parlé bas. Écoute. Va-t'en chez mon beau-père et ma belle-mère, et dis que je les prie très-instamment de venir tout à l'heure ici. Entends-tu ? Hé ? Colin ! Colin !

COLIN, de l'autre côté, se réveillant.

Monsieur.

GEORGE DANDIN.

Où diable es-tu ?

COLIN.

Ici.

GEORGE DANDIN.

Peste soit du maroufle, qui s'éloigne de moi ! (Pendant que

George Dandin retourne du côté où il croit que Colin est resté, Colin à moitié endormi passe de l'autre côté, et se rendort. Je te dis que tu ailles de ce pas trouver mon beau-père et ma belle-mère, et leur dire que je les conjure de se rendre ici tout à l'heure. M'entends-tu bien? Réponds. Colin! Colin!

COLIN, *de l'autre côté, se réveillant.*

Monsieur.

GEORGE DANDIN.

Voilà un pendard qui me fera enrager. Viens-t'en à moi. *(Ils se cognent, et tombent tous deux.)* Ah! le traître! il m'a estropié! Où est-ce que tu es? Approche, que je te donne mille coups. Je pense qu'il me fuit.

COLIN.

Assurément.

GEORGE DANDIN.

Veux-tu venir?

COLIN.

Nenni, ma foi.

GEORGE DANDIN.

Viens, te dis-je.

COLIN.

Point. Vous me voulez battre.

GEORGE DANDIN.

Hé bien! non, je ne te ferai rien.

COLIN.

Assurément?

GEORGE DANDIN.

Oui. Approche. *(A Colin, qu'il tient par le bras.)* Bon. Tu es bien heureux de ce que j'ai besoin de toi. Va-t'en vite de ma part prier mon beau-père et ma belle-mère de se rendre ici le plus tôt qu'ils pourront, et leur dis que c'est pour une affaire de la dernière conséquence, et, s'ils faisaient quelque difficulté, à cause de l'heure, ne manque pas de les presser, et de leur bien faire entendre qu'il est très-important qu'ils viennent, en quelque état qu'ils soient. Tu m'entends bien maintenant?

COLIN.

Oui, monsieur.

GEORGE DANDIN.

Va vite; et reviens de même. *(Se croyant seul.)* Et moi, je vais rentrer dans ma maison, attendant que... Mais j'entends quelqu'un. Ne serait-ce point ma femme? Il faut que j'écoute, et me serve de l'obscurité qu'il fait.

(George Dandin se range près de la porte de sa maison.)

SCÈNE V.

ANGÉLIQUE, CLITANDRE, CLAUDINE, LUBIN, GEORGE DANDIN.

ANGÉLIQUE, à Clitandre.

Adieu. Il est temps de se retirer.

CLITANDRE.

Quoi! sitôt?

ANGÉLIQUE.

Nous nous sommes assez entretenus.

CLITANDRE.

Ah! madame, puis-je assez vous entretenir, et trouver, en si peu de temps, toutes les paroles dont j'ai besoin? Il me faudrait des journées entières pour me bien expliquer à vous de tout ce que je sens, et je ne vous ai pas dit encore la moindre partie de ce que j'ai à vous dire.

ANGÉLIQUE.

Nous en écouterons une autre fois davantage.

CLITANDRE.

Hélas! de quel coup me percez-vous l'âme, lorsque vous

parlez de vous retirer; et avec combien de chagrin m'allez-vous laisser maintenant!

ANGÉLIQUE.

Nous trouverons moyen de nous revoir.

CLITANDRE.

Oui. Mais je songe qu'en me quittant, vous allez trouver un mari. Cette pensée m'assassine, et les priviléges qu'ont les maris sont des choses cruelles pour un amant qui aime bien.

ANGÉLIQUE.

Serez-vous assez faible pour avoir cette inquiétude, et pensez-vous qu'on soit capable d'aimer de certains maris qu'il y a? On les prend parce qu'on ne s'en peut défendre, et que l'on dépend de parents qui n'ont des yeux que pour le bien; mais on sait leur rendre justice, et l'on se moque fort de les considérer au-delà de ce qu'ils méritent.

GEORGE DANDIN, à part.

Voilà nos carognes de femmes!

CLITANDRE.

Ah! qu'il faut avouer que celui qu'on vous a donné était peu digne de l'honneur qu'il a reçu; et que c'est une étrange chose que l'assemblage qu'on a fait d'une personne comme vous avec un homme comme lui!

GEORGE DANDIN, à part.

Pauvres maris! voilà comme on vous traite.

CLITANDRE.

Vous méritez, sans doute, une tout autre destinée, et le ciel ne vous a point faite pour être la femme d'un paysan.

GEORGE DANDIN.

Plût au ciel fût-elle la tienne! tu changerais bien de langage! Rentrons; c'en est assez.

(George Dandin rentre et ferme la porte en dedans.)

SCÈNE VI.

ANGÉLIQUE, CLITANDRE, CLAUDINE, LUBIN.

CLAUDINE.

Madame, si vous avez à dire du mal de votre mari, dépêchez vite, car il est tard.

CLITANDRE.

Ah! Claudine, que tu es cruelle!

ANGÉLIQUE, à Clitandre.

Elle a raison. Séparons-nous.

CLITANDRE.

Il faut donc s'y résoudre, puisque vous le voulez. Mais, au moins, je vous conjure de me plaindre un peu des méchants moments que je vais passer.

ANGÉLIQUE.

Adieu.

LUBIN.

Où es-tu, Claudine, que je te donne le bonsoir?

CLAUDINE.

Va, va, je le reçois de loin, et je t'en renvoie autant.

SCÈNE VII.

ANGÉLIQUE, CLAUDINE.

ANGÉLIQUE.

Rentrons sans faire de bruit.

CLAUDINE.

La porte s'est fermée.

ANGÉLIQUE.

J'ai le passe-partout.

CLAUDINE.

Ouvrez donc doucement.

ANGÉLIQUE.

On a fermé en dedans, et je ne sais comment nous ferons.

CLAUDINE.

Appelez le garçon qui couche là.

ANGÉLIQUE.

Colin! Colin! Colin!

SCÈNE VIII.

GEORGE DANDIN, ANGÉLIQUE, CLAUDINE.

GEORGE DANDIN, mettant la tête à la fenêtre.

Colin! Colin! Ah! je vous y prends donc, madame ma femme, et vous faites des escampativos[1] pendant que je dors! Je suis bien aise de cela, et de vous voir dehors à l'heure qu'il est.

ANGÉLIQUE.

Hé bien! quel grand mal est-ce qu'il y a à prendre le frais de la nuit?

GEORGE DANDIN.

Oui, oui. L'heure est bonne à prendre le frais. C'est bien plutôt le chaud, madame la coquine; et nous savons toute l'intrigue du rendez-vous et du damoiseau. Nous avons entendu votre galant entretien, et les beaux vers à ma louange que vous avez dits l'un et l'autre. Mais ma consolation, c'est que je vais être vengé, et que votre père et votre mère se-

---

[1] *Escampativos*, expression burlesque, qui vient du verbe escamper, ou de l'italien *scampare*, sortir à la dérobée.

ront convaincus maintenant de la justice de mes plaintes, et du déréglement de votre conduite. Je les ai envoyés querir, et ils vont être ici dans un moment.

ANGÉLIQUE, à part.

Ah ciel!

CLAUDINE.

Madame!

GEORGE DANDIN.

Voilà un coup, sans doute, où vous ne vous attendiez pas. C'est maintenant que je triomphe, et j'ai de quoi mettre à bas votre orgueil, et détruire vos artifices. Jusques ici vous avez joué mes accusations, ébloui vos parents, et plâtré vos malversations. J'ai eu beau voir et beau dire; et votre adresse toujours l'a emporté sur mon bon droit, et toujours vous avez trouvé moyen d'avoir raison. Mais à cette fois, Dieu merci, les choses vont être éclaircies, et votre effronterie sera pleinement confondue.

ANGÉLIQUE.

Hé! je vous prie, faites-moi ouvrir la porte.

GEORGE DANDIN.

Non, non : il faut attendre la venue de ceux que j'ai mandés, et je veux qu'ils vous trouvent dehors à la belle heure qu'il est. En attendant qu'ils viennent, songez, si vous voulez, à chercher dans votre tête quelque nouveau détour pour vous tirer de cette affaire; à inventer quelque moyen de rhabiller votre escapade; à trouver quelque belle ruse pour éluder ici les gens et paraître innocente, quelque prétexte spécieux de pèlerinage nocturne, ou d'amie en travail d'enfant que vous veniez de secourir.

ANGÉLIQUE.

Non. Mon intention n'est pas de vous rien déguiser. Je ne prétends point me défendre, ni vous nier les choses, puisque vous les savez.

GEORGE DANDIN.

C'est que vous voyez bien que tous les moyens vous en

sont fermés, et que, dans cette affaire, vous ne sauriez inventer d'excuse qu'il ne me soit facile de convaincre de fausseté.

ANGÉLIQUE.

Oui, je confesse que j'ai tort, et que vous avez sujet de vous plaindre. Mais je vous demande, par grâce, de ne m'exposer point maintenant à la mauvaise humeur de mes parents, et de me faire promptement ouvrir.

GEORGE DANDIN.

Je vous baise les mains.

ANGÉLIQUE.

Hé! mon pauvre petit mari! Je vous en conjure!

GEORGE DANDIN.

Ah! mon pauvre petit mari! Je suis votre petit mari maintenant, parce que vous vous sentez prise. Je suis bien aise de cela, et vous ne vous étiez jamais avisée de me dire de ces douceurs.

ANGÉLIQUE.

Tenez, je vous promets de ne vous plus donner aucun sujet de déplaisir, et de me...

GEORGE DANDIN.

Tout cela n'est rien. Je ne veux point perdre cette aventure; et il m'importe qu'on soit une fois éclairci à fond de vos déportements.

ANGÉLIQUE.

De grâce laissez-moi vous dire. Je vous demande un moment d'audience.

GEORGE DANDIN.

Hé bien! quoi?

ANGÉLIQUE.

Il est vrai que j'ai failli, je vous l'avoue encore une fois, et que votre ressentiment est juste; que j'ai pris le temps de sortir pendant que vous dormiez, et que cette sortie est un rendez-vous que j'avais donné à la personne que vous dites. Mais enfin ce sont des actions que vous devez pardonner à mon âge, des emportements de jeune personne qui n'a encore rien vu, et ne fait que d'entrer au monde; des libertés où l'on s'abandonne, sans y penser de mal, et qui sans doute, dans le fond, n'ont rien de...

GEORGE DANDIN.

Oui : vous le dites, et ce sont de ces choses qui ont besoin qu'on les croie pieusement.

ANGÉLIQUE.

Je ne veux point m'excuser, par là, d'être coupable envers vous, et je vous prie seulement d'oublier une offense dont je vous demande pardon de tout mon cœur, et de m'épargner, en cette rencontre, le déplaisir que me pourraient causer les reproches fâcheux de mon père et de ma mère. Si vous m'accordez généreusement la grâce que je vous demande, ce procédé obligeant, cette bonté que vous me ferez voir, me gagnera entièrement ; elle touchera tout à fait mon cœur, et y fera naître pour vous ce que tout le pouvoir de mes parents et les liens du mariage n'avaient pu y jeter. En un mot, elle sera cause que je renoncerai à toutes les galanteries, et n'aurai de l'attachement que pour vous. Oui, je vous donne ma parole que vous m'allez voir désormais la meilleure femme du monde, et que je vous témoignerai tant d'amitié, tant d'amitié, que vous en serez satisfait.

GEORGE DANDIN.

Ah! crocodile, qui flatte les gens pour les étrangler!

ANGÉLIQUE.

Accordez-moi cette faveur.

GEORGE DANDIN.

Point d'affaires. Je suis inexorable.

ANGÉLIQUE.

Montrez-vous généreux.

GEORGE DANDIN.

Non.

ANGÉLIQUE.

De grâce!

GEORGE DANDIN.

Point.

ANGÉLIQUE.

Je vous en conjure de tout mon cœur.

GEORGE DANDIN.

Non, non, non. Je veux qu'on soit détrompé de vous, et que votre confusion éclate.

ANGÉLIQUE.

Hé bien! si vous me réduisez au désespoir, je vous avertis qu'une femme, en cet état, est capable de tout, et que je ferai quelque chose ici dont vous vous repentirez.

GEORGE DANDIN.

Et que ferez-vous, s'il vous plaît?

ANGÉLIQUE.

Mon cœur se portera jusqu'aux extrêmes résolutions; et, de ce couteau que voici, je me tuerai sur la place.

GEORGE DANDIN.

Ah! ah! A la bonne heure.

ANGÉLIQUE.

Pas tant à la bonne heure pour vous que vous vous imaginez. On sait de tous côtés nos différends, et les chagrins perpétuels que vous concevez contre moi. Lorsqu'on me trouvera morte, il n'y aura personne qui mette en doute que ce ne soit vous qui m'aurez tuée; et mes parents ne sont pas gens, assurément, à laisser cette mort impunie, et ils en feront, sur votre personne, toute la punition que leur pourront offrir et les poursuites de la justice et la chaleur de leur ressentiment. C'est par là que je trouverai moyen de me venger de vous; et je ne suis pas la première qui ait su recourir à de pareilles vengeances; qui n'ait pas fait difficulté de se donner la mort, pour perdre ceux qui ont la cruauté de nous pousser à la dernière extrémité.

GEORGE DANDIN.

Je suis votre valet. On ne s'avise plus de se tuer soi-même, et la mode en est passée il y a longtemps.

ANGÉLIQUE.

C'est une chose dont vous pouvez vous tenir sûr, et, si vous persistez dans votre refus, si vous ne me faites ouvrir, je vous jure que, tout à l'heure, je vais vous faire voir jusques où peut aller la résolution d'une personne qu'on met au désespoir.

GEORGE DANDIN.

Bagatelles, bagatelles! C'est pour me faire peur.

ANGÉLIQUE.

Hé bien! puisqu'il le faut, voici qui nous contentera tous deux, et montrera si je me moque. (Après avoir fait semblant de se tuer.) Ah! c'en est fait. Fasse le ciel que ma mort soit vengée comme je le souhaite, et que celui qui en est cause reçoive un juste châtiment de la dureté qu'il a eue pour moi!

GEORGE DANDIN.

Ouais! serait-elle bien si malicieuse que de s'être tuée pour me faire pendre? Prenons un bout de chandelle pour aller voir.

SCÈNE IX.

ANGÉLIQUE, CLAUDINE.

ANGÉLIQUE, à Claudine.

St. Paix. Rangeons-nous chacune immédiatement contre un des côtés de la porte.

SCÈNE X.

ANGÉLIQUE ET CLAUDINE (Elles entrent dans la maison au moment que George Dandin en sort, et aussitôt elles ferment la porte en dedans.) GEORGE DANDIN. (Il sort avec un bout de chandelle, sans les apercevoir.)

GEORGE DANDIN.

La méchanceté d'une femme irait-elle bien jusque-là? (Seul, après avoir regardé partout.) Il n'y a personne! Hé! je m'en étais bien douté; et la pendarde s'est retirée, voyant qu'elle ne gagnait rien après moi, ni par prières, ni par menaces. Tant mieux! cela rendra ses affaires encore plus mauvaises, et le père et la mère, qui vont venir, en verront mieux son crime. (Après avoir été à la porte de sa maison, pour rentrer.) Ah! ah! la porte s'est fermée. Holà! ho! quelqu'un! qu'on m'ouvre promptement!

SCÈNE XI.

ANGÉLIQUE ET CLAUDINE, à la fenêtre; GEORGE DANDIN.

ANGÉLIQUE.

Comment! c'est toi? D'où viens-tu, bon pendard? Est-il l'heure de revenir chez soi, quand le jour est près de paraître? et cette manière de vie est-elle celle que doit suivre un honnête mari?

CLAUDINE.

Cela est-il beau d'aller ivrogner toute la nuit, et de laisser ainsi toute seule une pauvre jeune femme dans la maison?

GEORGE DANDIN.

Comment! vous avez...

ANGÉLIQUE.

Va, va, traître, je suis lasse de tes déportements, et je m'en veux plaindre, sans plus tarder, à mon père et à ma mère.

GEORGE DANDIN.

Quoi! c'est ainsi que vous osez...

SCÈNE XII.

MONSIEUR DE SOTENVILLE,
MADAME DE SOTENVILLE, COLIN; ANGÉLIQUE
ET CLAUDINE, à la fenêtre; GEORGE DANDIN.

(Monsieur et madame de Sotenville sont en habit de nuit, et conduits par Colin, qui porte une lanterne.)

ANGÉLIQUE, à monsieur et à madame de Sotenville.

Approchez, de grâce, et venez me faire raison de l'insolence la plus grande du monde, d'un mari à qui le vin et la jalousie ont troublé de telle sorte la cervelle, qu'il ne sait plus ni ce qu'il dit, ni ce qu'il fait, et vous a lui-même envoyé querir pour vous faire témoins de l'extravagance la plus étrange dont on ait jamais ouï parler. Le voilà qui revient, comme vous voyez, après s'être fait attendre toute la nuit, et, si vous voulez l'écouter, il vous dira qu'il a les plus grandes plaintes du monde à vous faire de moi; que, durant qu'il dormait, je me suis dérobée d'auprès de lui pour m'en aller courir, et cent autres contes de même nature qu'il est allé rêver.

GEORGE DANDIN, à part.

Voilà une méchante carogne!

CLAUDINE.

Oui, il nous a voulu faire accroire qu'il était dans la maison, et que nous en étions dehors, et c'est une folie qu'il n'y a pas moyen de lui ôter de la tête.

MONSIEUR DE SOTENVILLE.

Comment? Qu'est-ce à dire cela?

MADAME DE SOTENVILLE.

Voilà une furieuse impudence, que de nous envoyer querir!

GEORGE DANDIN.

Jamais...

ANGÉLIQUE.

Non, mon père, je ne puis plus souffrir un mari de la sorte. Ma patience est poussée à bout, et il vient de me dire cent paroles injurieuses.

MONSIEUR DE SOTENVILLE, à George Dandin.

Corbleu! vous êtes un malhonnête homme.

CLAUDINE.

C'est une conscience de voir une pauvre jeune femme traitée de la façon, et cela crie vengeance au ciel.

GEORGE DANDIN.

Peut-on?...

MONSIEUR DE SOTENVILLE.

Allez, vous devriez mourir de honte.

GEORGE DANDIN.

Laissez-moi vous dire deux mots.

ANGÉLIQUE.

Vous n'avez qu'à l'écouter : il va vous en conter de belles!

GEORGE DANDIN, à part.

Je désespère.

CLAUDINE.

Il a tant bu, que je ne pense pas qu'on puisse durer contre lui, et l'odeur du vin qu'il souffle est montée jusqu'à nous.

GEORGE DANDIN.

Monsieur mon beau-père, je vous conjure...

MONSIEUR DE SOTENVILLE.

Retirez-vous : vous puez le vin à pleine bouche.

GEORGE DANDIN.

Madame, je vous prie...

MADAME DE SOTENVILLE.

Fi! ne m'approchez pas : votre haleine est empestée.

GEORGE DANDIN, à monsieur de Sotenville.

Souffrez que je vous...

MONSIEUR DE SOTENVILLE.

Retirez-vous, vous dis-je, on ne peut vous souffrir.

GEORGE DANDIN, à madame de Sotenville.

Permettez, de grâce, que...

MADAME DE SOTENVILLE.

Pouah! vous m'engloutissez le cœur. Parlez de loin, si vous voulez.

GEORGE DANDIN.

Hé bien! oui, je parle de loin. Je vous jure que je n'ai bougé de chez moi, et que c'est elle qui est sortie.

ANGÉLIQUE.

Ne voilà pas ce que je vous ai dit?

CLAUDINE.

Vous voyez quelle apparence il y a.

MONSIEUR DE SOTENVILLE, à George Dandin.

Allez, vous vous moquez des gens. Descendez, ma fille, et venez ici.

SCÈNE XIII.

MONSIEUR et MADAME DE SOTENVILLE, GEORGE DANDIN, COLIN.

GEORGE DANDIN.

J'atteste le ciel que j'étais dans la maison, et que...

MONSIEUR DE SOTENVILLE.

Taisez-vous : c'est une extravagance qui n'est pas supportable.

GEORGE DANDIN.

Que la foudre m'écrase tout à l'heure, si...

MONSIEUR DE SOTENVILLE.

Ne nous rompez pas davantage la tête, et songez à demander pardon à votre femme.

GEORGE DANDIN.

Moi ! demander pardon ?

MONSIEUR DE SOTENVILLE.

Oui, pardon, et sur-le-champ.

GEORGE DANDIN.

Quoi ! je...

MONSIEUR DE SOTENVILLE.

Corbleu ! si vous me répliquez, je vous apprendrai ce que c'est que de vous jouer à nous.

GEORGE DANDIN.

Ah ! George Dandin !

SCÈNE XIV.

MONSIEUR et MADAME DE SOTENVILLE, ANGÉLIQUE, GEORGE DANDIN, CLAUDINE, COLIN.

MONSIEUR DE SOTENVILLE.

Allons, venez, ma fille, que votre mari vous demande pardon.

ANGÉLIQUE.

Moi ! lui pardonner tout ce qu'il m'a dit ! Non, non, mon père, il m'est impossible de m'y résoudre ; et je vous prie de me séparer d'un mari avec lequel je ne saurais plus vivre.

CLAUDINE.

Le moyen d'y résister ?

MONSIEUR DE SOTENVILLE.

Ma fille, de semblables séparations ne se font point sans

grand scandale; et vous devez vous montrer plus sage que lui, et patienter encore cette fois.

ANGÉLIQUE.

Comment patienter, après de telles indignités? Non, mon père, c'est une chose où je ne puis consentir.

MONSIEUR DE SOTENVILLE.

Il le faut, ma fille, et c'est moi qui vous le commande.

ANGÉLIQUE.

Ce mot me ferme la bouche; et vous avez sur moi une puissance absolue.

CLAUDINE.

Quelle douceur!

ANGÉLIQUE.

Il est fâcheux d'être contrainte d'oublier de telles injures; mais, quelque violence que je me fasse, c'est à moi de vous obéir.

CLAUDINE.

Pauvre mouton!

MONSIEUR DE SOTENVILLE, à Angélique.

Approchez.

ANGÉLIQUE.

Tout ce que vous me faites faire ne servira de rien, et vous verrez que ce sera dès demain à recommencer.

MONSIEUR DE SOTENVILLE.

Nous y donnerons ordre. (A George Dandin.) Allons, mettez-vous à genoux.

GEORGE DANDIN.

A genoux?

MONSIEUR DE SOTENVILLE.

Oui, à genoux, et sans tarder.

GEORGE DANDIN. Il se met à genoux, sa chandelle à la main. (A part.) O ciel! (A monsieur de Sotenville.) Que faut-il dire?

MONSIEUR DE SOTENVILLE.

Madame, je vous prie de me pardonner...

GEORGE DANDIN.

Madame, je vous prie de me pardonner...

MONSIEUR DE SOTENVILLE.

L'extravagance que j'ai faite...

GEORGE DANDIN.

L'extravagance que j'ai faite... (A part.) de vous épouser.

MONSIEUR DE SOTENVILLE.

Et je vous promets de mieux vivre à l'avenir.

GEORGE DANDIN.

Et je vous promets de mieux vivre à l'avenir.

MONSIEUR DE SOTENVILLE, à George Dandin.

Prenez-y garde, et sachez que c'est ici la dernière de vos impertinences que nous souffrirons.

MADAME DE SOTENVILLE.

Jour de Dieu! si vous y retournez, on vous apprendra le respect que vous devez à votre femme, et à ceux de qui elle sort.

MONSIEUR DE SOTENVILLE.

Voilà le jour qui va paraître. Adieu. (A George Dandin.) Rentrez chez vous, et songez bien à être sage. (A madame de Sotenville.) Et nous, mamour, allons nous mettre au lit.

SCÈNE XV.

GEORGE DANDIN, seul.

Ah! je le quitte maintenant, et je n'y vois plus de remède. Lorsqu'on a, comme moi, épousé une méchante femme, le meilleur parti qu'on puisse prendre, c'est de s'aller jeter dans l'eau, la tête la première.

FIN DE GEORGE DANDIN.

L'AVARE.

COMÉDIE EN CINQ ACTES.

9 septembre 1668.

PERSONNAGES.

HARPAGON, père de Cléante et d'Élise, et amoureux de Mariane.
CLÉANTE, fils d'Harpagon, amant de Mariane.
ÉLISE, fille d'Harpagon, amante de Valère.
VALÈRE, fils d'Anselme, et amant d'Élise.
MARIANE, amante de Cléante, et aimée d'Harpagon.
ANSELME, père de Valère et de Mariane.
FROSINE, femme d'intrigue.
MAITRE SIMON, courtier.
MAITRE JACQUES, cuisinier et cocher d'Harpagon.
LA FLÈCHE, valet de Cléante.
DAME CLAUDE, servante d'Harpagon.
BRINDAVOINE, } laquais d'Harpagon.
LA MERLUCHE, }
UN COMMISSAIRE ET SON CLERC.

Noms des acteurs qui ont joué d'original dans *l'Avare*.

HARPAGON.	Molière.
CLÉANTE.	La Grange.
ÉLISE.	Mlle Molière.
VALÈRE.	Du Croisy.
MARIANE.	Mlle Debrie.
FROSINE.	Madel. Béjart.
MAÎTRE JACQUES.	Hubert.
LA FLÈCHE.	Louis Béjart.

La scène est à Paris, dans la maison d'Harpagon.

L'AVARE.

ACTE PREMIER.

SCÈNE I.

VALÈRE, ÉLISE.

VALÈRE.

Hé quoi ! charmante Élise, vous devenez mélancolique, après les obligeantes assurances que vous avez eu la bonté de me donner de votre foi? Je vous vois soupirer, hélas! au milieu de ma joie ! Est-ce du regret, dites-moi, de m'avoir fait heureux? et vous repentez-vous de cet engagement où mes feux ont pu vous contraindre ?

ÉLISE.

Non, Valère, je ne puis pas me repentir de tout ce que je fais pour vous. Je m'y sens entraîner par une trop douce puissance, et je n'ai pas même la force de souhaiter que les choses ne fussent pas. Mais, à vous dire vrai, le succès me donne de l'inquiétude; et je crains fort de vous aimer un peu plus que je ne devrais.

VALÈRE.

Hé ! que pouvez-vous craindre, Élise, dans les bontés que vous avez pour moi?

ÉLISE.

Hélas! cent choses à la fois : l'emportement d'un père, les reproches d'une famille, les censures du monde; mais plus que tout, Valère, le changement de votre cœur, et cette froideur criminelle dont ceux de votre sexe payent le plus souvent les témoignages trop ardents d'une innocente amour.

VALÈRE.

Ah! ne me faites pas ce tort, de juger de moi par les autres! Soupçonnez-moi de tout, Élise, plutôt que de manquer à ce que je vous dois. Je vous aime trop pour cela, et mon amour pour vous durera autant que ma vie.

ÉLISE.

Ah! Valère, chacun tient les mêmes discours! Tous les hommes sont semblables par les paroles, et ce n'est que les actions qui les découvrent différents.

VALÈRE.

Puisque les seules actions font connaître ce que nous sommes, attendez donc, au moins, à juger de mon cœur par elles, et ne me cherchez point des crimes dans les injustes craintes d'une fâcheuse prévoyance. Ne m'assassinez point, je vous prie, par les sensibles coups d'un soupçon outrageux; et donnez-moi le temps de vous convaincre, par mille et mille preuves, de l'honnêteté de mes feux.

ÉLISE.

Hélas! qu'avec facilité on se laisse persuader par les personnes que l'on aime! Oui, Valère, je tiens votre cœur incapable de m'abuser. Je crois que vous m'aimez d'un véritable amour, et que vous me serez fidèle : je n'en veux point du tout douter, et je retranche mon chagrin aux appréhensions du blâme qu'on pourra me donner.

VALÈRE.

Mais pourquoi cette inquiétude?

ÉLISE.

Je n'aurais rien à craindre, si tout le monde vous voyait des yeux dont je vous vois ; et je trouve en votre personne de quoi avoir raison aux choses que je fais pour vous. Mon cœur, pour sa défense, a tout votre mérite, appuyé du secours d'une reconnaissance où le ciel m'engage envers vous. Je me représente, à toute heure, ce péril étonnant qui commença de nous offrir aux regards l'un de l'autre ; cette générosité surprenante qui vous fit risquer votre vie, pour dérober la mienne à la fureur des ondes ; ces soins pleins de tendresse que vous me fîtes éclater après m'avoir tirée de l'eau, et les hommages assidus de cet ardent amour que ni le temps ni les difficultés n'ont rebuté, et qui, vous faisant négliger et parents et patrie, arrête vos pas en ces lieux, y tient en ma faveur votre fortune déguisée, et vous a réduit, pour me voir, à vous revêtir de l'emploi de domestique de mon père. Tout cela fait chez moi, sans doute, un merveilleux effet ; et c'en est assez à mes yeux pour me justifier l'engagement où j'ai pu consentir ; mais ce n'est pas assez peut-être pour le justifier aux autres, et je ne suis pas sûre qu'on entre dans mes sentiments.

VALÈRE.

De tout ce que vous avez dit, ce n'est que par mon seul amour que je prétends, auprès de vous, mériter quelque chose ; et, quant aux scrupules que vous avez, votre père lui-même ne prend que trop de soins de vous justifier à tout le monde, et l'excès de son avarice, et la manière austère dont il vit avec ses enfants, pourraient autoriser des choses plus étranges. Pardonnez-moi, charmante Élise, si j'en parle ainsi devant vous. Vous savez que, sur ce chapitre, on n'en peut pas dire de bien. Mais enfin, si je puis, comme je l'espère, retrouver mes parents, nous n'aurons pas beaucoup de peine à nous le rendre favorable. J'en attends des nouvelles avec impatience, et j'en irai chercher moi-même, si elles tardent à venir.

ÉLISE.

Ah ! Valère, ne bougez d'ici, je vous prie; et songez seulement à vous bien mettre dans l'esprit de mon père.

VALÈRE.

Vous voyez comme je m'y prends, et les adroites complaisances qu'il m'a fallu mettre en usage pour m'introduire à son service; sous quel masque de sympathie et de rapports de sentiments je me déguise pour lui plaire, et quel personnage je joue tous les jours avec lui, afin d'acquérir sa tendresse. J'y fais des progrès admirables; et j'éprouve que, pour gagner les hommes, il n'est point de meilleure voie que de se parer à leurs yeux de leurs inclinations, que de donner dans leurs maximes, encenser leurs défauts, et applaudir à ce qu'ils font. On n'a que faire d'avoir peur de trop charger la complaisance, et la manière dont on les joue a beau être visible, les plus fins toujours sont de grandes dupes du côté de la flatterie; et il n'y a rien de si impertinent et de si ridicule qu'on ne fasse avaler, lorsqu'on l'assaisonne en louange. La sincérité souffre un peu au métier que je fais; mais, quand on a besoin des hommes, il faut bien s'ajuster à eux, et, puisqu'on ne saurait les gagner que par là, ce n'est pas la faute de ceux qui flattent, mais de ceux qui veulent être flattés.

ÉLISE.

Mais que ne tâchez-vous aussi à gagner l'appui de mon frère, en cas que la servante s'avisât de révéler notre secret ?

VALÈRE.

On ne peut pas ménager l'un et l'autre; et l'esprit du père et celui du fils sont des choses si opposées, qu'il est difficile d'accommoder ces deux confidences ensemble. Mais vous, de votre part, agissez auprès de votre frère, et servez-vous de l'amitié qui est entre vous deux, pour le jeter dans nos intérêts. Il vient. Je me retire. Prenez ce temps pour lui parler, et ne lui découvrez de notre affaire que ce que vous jugerez à propos.

ÉLISE.

Je ne sais si j'aurai la force de lui faire cette confidence.

SCÈNE II.

CLÉANTE, ÉLISE.

CLÉANTE.

Je suis bien aise de vous trouver seule, ma sœur; je brûlais de vous parler, pour m'ouvrir à vous d'un secret.

ÉLISE.

Me voilà prête à vous ouïr, mon frère. Qu'avez-vous à me dire?

CLÉANTE.

Bien des choses, ma sœur, enveloppées dans un mot. J'aime.

ÉLISE.

Vous aimez?

CLÉANTE.

Oui, j'aime. Mais avant que d'aller plus loin, je sais que je dépends d'un père, et que le nom de fils me soumet à ses volontés; que nous ne devons point engager notre foi sans le consentement de ceux dont nous tenons le jour; que le ciel les a faits les maîtres de nos vœux, et qu'il nous est enjoint de n'en disposer que par leur conduite; que, n'étant prévenus d'aucune folle ardeur, ils sont en état de se tromper bien moins que nous, et de voir beaucoup mieux ce qui nous est propre; qu'il en faut plutôt croire les lumières de leur prudence que l'aveuglement de notre passion; et que l'emportement de la jeunesse nous entraîne le plus souvent dans des précipices fâcheux. Je vous dis tout cela, ma sœur, afin que vous ne vous donniez pas la peine de me le dire : car, enfin, mon amour ne veut rien écouter, et je vous prie de ne me point faire de remontrances.

ÉLISE.

Vous êtes-vous engagé, mon frère, avec celle que vous aimez?

CLÉANTE.

Non ; mais j'y suis résolu, et je vous conjure encore une fois de ne me point apporter de raisons pour m'en dissuader.

ÉLISE.

Suis-je, mon frère, une si étrange personne ?

CLÉANTE.

Non, ma sœur, mais vous n'aimez pas. Vous ignorez la douce violence qu'un tendre amour fait sur nos cœurs ; et j'appréhende votre sagesse.

ÉLISE.

Hélas ! mon frère, ne parlons point de ma sagesse ; il n'est personne qui n'en manque, du moins une fois en sa vie ; et, si je vous ouvre mon cœur, peut-être serai-je à vos yeux bien moins sage que vous.

CLÉANTE.

Ah ! plût au ciel que votre âme, comme la mienne !...

ÉLISE.

Finissons auparavant votre affaire, et me dites qui est celle que vous aimez.

CLÉANTE.

Une jeune personne qui loge depuis peu en ces quartiers, et qui semble être faite pour donner de l'amour à tous ceux qui la voient. La nature, ma sœur, n'a rien formé de plus aimable, et je me sentis transporté dès le moment que je la vis. Elle se nomme Mariane, et vit sous la conduite d'une bonne femme de mère qui est presque toujours malade, et pour qui cette aimable fille a des sentiments d'amitié qui ne sont pas imaginables. Elle la sert, la plaint, et la console, avec une tendresse qui vous toucherait l'âme. Elle se prend d'un air le plus charmant du monde aux choses qu'elle fait; et l'on voit briller mille grâces en toutes ses actions, une douceur pleine d'attraits, une bonté tout engageante, une honnêteté adorable, une... Ah! ma sœur, je voudrais que vous l'eussiez vue.

ÉLISE.

J'en vois beaucoup, mon frère, dans les choses que vous me dites; et, pour comprendre ce qu'elle est, il suffit que vous l'aimez.

CLÉANTE.

J'ai découvert sous main qu'elles ne sont pas fort accommodées[1], et que leur discrète conduite a de la peine à tendre à tous leurs besoins le bien qu'elles peuvent avoir. Figurez-vous, ma sœur, quelle joie ce peut être que de relever la fortune d'une personne que l'on aime, que de donner adroitement quelques petits secours aux modestes nécessités d'une vertueuse famille; et concevez quel déplaisir ce m'est de voir que, par l'avarice d'un père, je sois dans l'impuissance de goûter cette joie, et de faire éclater à cette belle aucun témoignage de mon amour.

ÉLISE.

Oui, je conçois assez, mon frère, quel doit être votre chagrin.

CLÉANTE.

Ah! ma sœur, il est plus grand qu'on ne peut croire. Car, enfin, peut-on rien voir de plus cruel que cette rigoureuse épargne qu'on exerce sur nous? que cette sécheresse étrange où l'on nous fait languir? Et que nous servira d'avoir du bien, s'il ne nous vient que dans le temps que nous ne serons plus dans le bel âge d'en jouir, et si, pour m'entretenir même, il faut que maintenant je m'engage de tous côtés; si je suis réduit avec vous à chercher tous les jours

[1] Riches.

le secours des marchands, pour avoir moyen de porter des habits raisonnables ? Enfin, j'ai voulu vous parler pour m'aider à sonder mon père sur les sentiments où je suis ; et, si je l'y trouve contraire, j'ai résolu d'aller en d'autres lieux, avec cette aimable personne, jouir de la fortune que le ciel voudra nous offrir. Je fais chercher partout, pour ce dessein, de l'argent à emprunter ; et si vos affaires, ma sœur, sont semblables aux miennes, et qu'il faille que notre père s'oppose à nos désirs, nous le quitterons là tous deux, et nous affranchirons de cette tyrannie où nous tient depuis si longtemps son avarice insupportable.

ÉLISE.

Il est bien vrai que tous les jours il nous donne de plus en plus sujet de regretter la mort de notre mère, et que...

CLÉANTE.

J'entends sa voix ; éloignons-nous un peu pour nous achever notre confidence ; et nous joindrons après nos forces pour venir attaquer la dureté de son humeur.

SCÈNE III.

HARPAGON, LA FLÈCHE.

HARPAGON.

Hors d'ici tout à l'heure, et qu'on ne réplique pas. Allons, que l'on détale de chez moi, maître juré filou, vrai gibier de potence !

LA FLÈCHE, à part.

Je n'ai jamais rien vu de si méchant que ce maudit vieillard ; et je pense, sauf correction, qu'il a le diable au corps.

HARPAGON.

Tu murmures entre tes dents ?

ACTE I. SCÈNE III.

LA FLÈCHE.

Pourquoi me chassez-vous?

HARPAGON.

C'est bien à toi, pendard, à me demander des raisons ! Sors vite, que je ne t'assomme.

LA FLÈCHE.

Qu'est-ce que je vous ai fait?

HARPAGON.

Tu m'as fait que je veux que tu sortes.

LA FLÈCHE.

Mon maître, votre fils, m'a donné ordre de l'attendre.

HARPAGON.

Va-t'en l'attendre dans la rue, et ne sois point dans ma maison, planté tout droit comme un piquet, à observer ce qui se passe, et faire ton profit de tout. Je ne veux point avoir sans cesse devant moi un espion de mes affaires, un traître dont les yeux maudits assiégent toutes mes actions, dévorent ce que je possède, et furètent de tous côtés pour voir s'il n'y a rien à voler.

LA FLÈCHE.

Comment diantre voulez-vous qu'on fasse pour vous voler ? Êtes-vous un homme volable, quand vous renfermez toutes choses, et faites sentinelle jour et nuit?

HARPAGON.

Je veux renfermer ce que bon me semble, et faire sentinelle comme il me plaît. Ne voilà pas de mes mouchards, qui prennent garde à ce qu'on fait ? (Bas, à part.) Je tremble qu'il n'ait soupçonné quelque chose de mon argent. (Haut.) Ne serais-tu point homme à aller faire courir le bruit que j'ai chez moi de l'argent caché?

LA FLÈCHE.

Vous avez de l'argent caché?

HARPAGON.

Non, coquin, je ne dis pas cela. (A part.) J'enrage. (Haut.)

Je demande si, malicieusement, tu n'irais point faire courir le bruit que j'en ai.

LA FLÈCHE.

Hé! que nous importe que vous en ayez, ou que vous n'en ayez pas, si c'est pour nous la même chose?

HARPAGON.

Tu fais le raisonneur! Je te baillerai de ce raisonnement-ci par les oreilles. (Il lève la main pour lui donner un soufflet.) Sors d'ici, encore une fois.

LA FLÈCHE.

Hé bien! je sors.

HARPAGON.

Attends. Ne m'emportes-tu rien?

LA FLÈCHE.

Que vous emporterais-je?

HARPAGON.

Viens çà, que je voie. Montre-moi tes mains.

LA FLÈCHE.

Les voilà.

HARPAGON.

Les autres.

LA FLÈCHE.

Les autres?

HARPAGON.

Oui.

LA FLÈCHE.

Les voilà.

HARPAGON, montrant les chausses de la Flèche.

N'as-tu rien mis ici dedans?

LA FLÈCHE.

Voyez vous-même.

HARPAGON. Il tâte le bas des chausses de la Flèche.

Ces grands hauts-de-chausses sont propres à devenir les recéleurs des choses qu'on dérobe; et je voudrais qu'on en eût fait pendre quelqu'un.

LA FLÈCHE, à part.

Ah! qu'un homme comme cela mériterait bien ce qu'il craint! et que j'aurais de joie à le voler!

HARPAGON.

Euh?

LA FLÈCHE.

Quoi?

HARPAGON.

Qu'est-ce que tu parles de voler?

LA FLÈCHE.

Je dis que vous fouillez bien partout, pour voir si je vous ai volé.

HARPAGON.

C'est ce que je veux faire.

(Harpagon fouille dans les poches de la Flèche.)

LA FLÈCHE, à part.

La peste soit de l'avarice et des avaricieux!

HARPAGON.

Comment? que dis-tu?

LA FLÈCHE.

Ce que je dis?

HARPAGON.

Oui. Qu'est-ce que tu dis d'avarice et d'avaricieux?

LA FLÈCHE.

Je dis que la peste soit de l'avarice et des avaricieux.

HARPAGON.

De qui veux-tu parler?

LA FLÈCHE.

Des avaricieux.

HARPAGON.

Et qui sont-ils, ces avaricieux?

LA FLÈCHE.

Des vilains et des ladres.

HARPAGON.

Mais qui est-ce que tu entends par là?

LA FLÈCHE.

De quoi vous mettez-vous en peine?

HARPAGON.

Je me mets en peine de ce qu'il faut.

LA FLÈCHE.

Est-ce que vous croyez que je veux parler de vous?

HARPAGON.

Je crois ce que je crois; mais je veux que tu me dises à qui tu parles quand tu dis cela.

LA FLÈCHE.

Je parle... je parle à mon bonnet.

HARPAGON.

Et moi je pourrais bien parler à ta barrette [1].

LA FLÈCHE.

M'empêcherez-vous de maudire les avaricieux?

HARPAGON.

Non; mais je t'empêcherai de jaser et d'être insolent. Tais-toi.

LA FLÈCHE.

Je ne nomme personne.

HARPAGON.

Je te rosserai, si tu parles.

LA FLÈCHE.

Qui se sent morveux, qu'il se mouche.

HARPAGON.

Te tairas-tu?

LA FLÈCHE.

Oui, malgré moi.

HARPAGON.

Ha! ha!

LA FLÈCHE, montrant à Harpagon une des poches de son justaucorps.

Tenez, voilà encore une poche. Êtes-vous satisfait?

---

[1] *Barrette*, le devant du chapeau. — Parler à la barrette, expression vulgaire qui signifiait parler vertement à quelqu'un, devient, dans la bouche d'Harpagon, une menace de voies de fait.

HARPAGON.

Allons, rends-le moi sans te fouiller.

LA FLÈCHE.

Quoi?

HARPAGON.

Ce que tu m'as pris.

LA FLÈCHE.

Je ne vous ai rien pris du tout.

HARPAGON.

Assurément?

LA FLÈCHE.

Assurément.

HARPAGON.

Adieu. Va-t'en à tous les diables.

LA FLÈCHE, à part.

Me voilà fort bien congédié.

HARPAGON.

Je te le mets sur ta conscience, au moins.

SCÈNE IV.

HARPAGON, seul.

Voilà un pendard de valet qui m'incommode fort, et je ne me plais point à voir ce chien de boiteux-là. Certes, ce n'est pas une petite peine que de garder chez soi une grande somme d'argent; et bien heureux qui a tout son fait bien placé, et ne conserve seulement que ce qu'il faut pour sa dépense! On n'est pas peu embarrassé à inventer, dans toute une maison, une cache fidèle; car, pour moi, les coffres-forts me sont suspects, et je ne veux jamais m'y fier. Je les tiens justement une franche amorce à voleurs, et c'est toujours la première chose que l'on va attaquer.

SCÈNE V.

HARPAGON; ÉLISE ET CLÉANTE, parlant ensemble, et restant dans le fond du théâtre.

HARPAGON, se croyant seul.

Cependant, je ne sais si j'aurai bien fait d'avoir enterré, dans mon jardin, dix mille écus qu'on me rendit hier. Dix mille écus en or chez soi est une somme assez... (A part, apercevant Élise et Cléante.) O ciel! je me serai trahi moi-même! la chaleur m'aura emporté, et je crois que j'ai parlé haut, en raisonnant tout seul. (A Cléante et à Élise.) Qu'est-ce?

CLÉANTE.

Rien, mon père.

HARPAGON.

Y a-t-il longtemps que vous êtes là?

ÉLISE.

Nous ne venons que d'arriver.

HARPAGON.

Vous avez entendu...

CLÉANTE.

Quoi, mon père?

HARPAGON.

Là...

ÉLISE.

Quoi?

HARPAGON.

Ce que je viens de dire?

CLÉANTE.

Non.

HARPAGON.

Si fait, si fait.

ÉLISE.

Pardonnez-moi.

HARPAGON.

Je vois bien que vous en avez ouï quelques mots. C'est que je m'entretenais en moi-même de la peine qu'il y a aujourd'hui à trouver de l'argent, et je disais qu'il est bien heureux qui peut avoir dix mille écus chez soi.

CLÉANTE.

Nous feignions à vous aborder, de peur de vous interrompre.

HARPAGON.

Je suis bien aise de vous dire cela, afin que vous n'alliez pas prendre les choses de travers, et vous imaginer que je dise que c'est moi qui ai dix mille écus.

CLÉANTE.

Nous n'entrons point dans vos affaires.

HARPAGON.

Plût à Dieu que je les eusse, dix mille écus!

CLÉANTE.

Je ne crois pas...

HARPAGON.

Ce serait une bonne affaire pour moi.

ÉLISE.

Ce sont des choses...

HARPAGON.

J'en aurais bon besoin.

CLÉANTE.

Je pense que...

HARPAGON.

Cela m'accommoderait fort.

ÉLISE.

Vous êtes...

HARPAGON.

Et je ne me plaindrais pas, comme je fais, que le temps est misérable.

CLÉANTE.

Mon Dieu! mon père, vous n'avez pas lieu de vous plaindre, et l'on sait que vous avez assez de bien.

HARPAGON.

Comment, j'ai assez de bien! Ceux qui le disent en ont menti. Il n'y a rien de plus faux, et ce sont des coquins qui font courir tous ces bruits-là.

ÉLISE.

Ne vous mettez point en colère.

HARPAGON.

Cela est étrange, que mes propres enfants me trahissent, et deviennent mes ennemis!

CLÉANTE.

Est-ce être votre ennemi que de dire que vous avez du bien?

HARPAGON.

Oui. De pareils discours, et les dépenses que vous faites, seront cause qu'un de ces jours on viendra chez moi me couper la gorge, dans la pensée que je suis tout cousu de pistoles.

CLÉANTE.

Quelle grande dépense est-ce que je fais?

HARPAGON.

Quelle? Est-il rien de plus scandaleux que ce somptueux équipage que vous promenez par la ville? Je querellais hier votre sœur; mais c'est encore pis. Voilà qui crie vengeance au ciel; et, à vous prendre depuis les pieds jusqu'à la tête, il y aurait là de quoi faire une bonne constitution[1]. Je vous l'ai dit vingt fois, mon fils, toutes vos manières me déplaisent fort; vous donnez furieusement dans le marquis, et, pour aller ainsi vêtu, il faut bien que vous me dérobiez.

CLÉANTE.

Hé! comment vous dérober?

---

[1] *Constitution*, dans le sens de rente.

HARPAGON.

Que sais-je? Où pouvez-vous donc prendre de quoi entretenir l'état que vous portez?

CLÉANTE.

Moi, mon père? c'est que je joue; et, comme je suis fort heureux, je mets sur moi tout l'argent que je gagne.

HARPAGON.

C'est fort mal fait. Si vous êtes heureux au jeu, vous en devriez profiter, et mettre à honnête intérêt l'argent que vous gagnez, afin de le trouver un jour. Je voudrais bien savoir, sans parler du reste, à quoi servent tous ces rubans dont vous voilà lardé depuis les pieds jusqu'à la tête, et si une demi-douzaine d'aiguillettes ne suffit pas pour attacher un haut-de-chausses. Il est bien nécessaire d'employer de l'argent à des perruques, lorsque l'on peut porter des cheveux de son cru, qui ne coûtent rien! Je vais gager qu'en perruques et rubans il y a du moins vingt pistoles; et vingt pistoles rapportent par année dix-huit livres six sous huit deniers, à ne les placer qu'au denier douze[1].

CLÉANTE.

Vous avez raison.

HARPAGON.

Laissons cela, et parlons d'autre affaire. (Apercevant Cléante et Élise qui se font des signes.) Euh! (Bas, à part.) Je crois qu'ils se font signe l'un à l'autre de me voler ma bourse. (Haut.) Que veulent dire ces gestes-là?

ÉLISE.

Nous marchandons, mon frère et moi, à qui parlera le premier; et nous avons tous deux quelque chose à vous dire.

HARPAGON.

Et moi j'ai quelque chose aussi à vous dire à tous deux.

---

[1] Placer au denier douze, c'était donner à rente de l'argent pour l'intérêt annuel d'un douzième, placer à un peu plus de huit pour cent.

CLÉANTE.

C'est de mariage, mon père, que nous désirons vous parler.

HARPAGON.

Et c'est de mariage aussi que je veux vous entretenir.

ÉLISE.

Ah! mon père!

HARPAGON.

Pourquoi ce cri? Est-ce le mot, ma fille, ou la chose qui vous fait peur?

CLÉANTE.

Le mariage peut nous faire peur à tous deux, de la façon que vous pouvez l'entendre; et nous craignons que nos sentiments ne soient pas d'accord avec votre choix.

HARPAGON.

Un peu de patience, ne vous alarmez point. Je sais ce qu'il faut à tous deux, et vous n'aurez, ni l'un ni l'autre, aucun lieu de vous plaindre de tout ce que je prétends faire. Et, pour commencer par un bout, (A Cléante.) avez-vous vu, dites-moi, une jeune personne appelée Mariane, qui ne loge pas loin d'ici?

CLÉANTE.

Oui, mon père.

HARPAGON.

Et vous?

ÉLISE.

J'en ai ouï parler.

HARPAGON.

Comment, mon fils, trouvez-vous cette fille?

CLÉANTE.

Une fort charmante personne.

HARPAGON.

Sa physionomie?

CLÉANTE.

Tout honnête et pleine d'esprit.

HARPAGON.

Son air et sa manière?

CLÉANTE.

Admirables, sans doute.

HARPAGON.

Ne croyez-vous pas qu'une fille comme cela mériterait assez que l'on songeât à elle?

CLÉANTE.

Oui, mon père.

HARPAGON.

Que ce serait un parti souhaitable?

CLÉANTE.

Très-souhaitable.

HARPAGON.

Qu'elle a toute la mine de faire un bon ménage?

CLÉANTE.

Sans doute.

HARPAGON.

Et qu'un mari aurait satisfaction avec elle?

CLÉANTE.

Assurément.

HARPAGON.

Il y a une petite difficulté : c'est que j'ai peur qu'il n'y ait pas avec elle tout le bien qu'on pourrait prétendre.

CLÉANTE.

Ah! mon père, le bien n'est pas considérable[1], lorsqu'il est question d'épouser une honnête personne.

HARPAGON.

Pardonnez-moi, pardonnez-moi. Mais ce qu'il y a à dire, c'est que, si l'on n'y trouve pas tout le bien qu'on souhaite, on peut tâcher de regagner cela sur autre chose.

CLÉANTE.

Cela s'entend.

HARPAGON.

Enfin, je suis bien aise de vous voir dans mes sentiments :

---

[1] Le bien n'est pas à considérer.

car son maintien honnête et sa douceur m'ont gagné l'âme, et je suis résolu de l'épouser, pourvu que j'y trouve quelque bien.

CLÉANTE.

Euh?

HARPAGON.

Comment?

CLÉANTE.

Vous êtes résolu, dites-vous...

HARPAGON.

D'épouser Mariane.

CLÉANTE.

Qui, vous? vous?

HARPAGON.

Oui, moi, moi, moi. Que veut dire cela?

CLÉANTE.

Il m'a pris tout à coup un éblouissement, et je me retire d'ici.

HARPAGON.

Cela ne sera rien. Allez vite boire dans la cuisine un grand verre d'eau claire.

SCÈNE VI.

HARPAGON, ÉLISE.

HARPAGON.

Voilà de mes damoiseaux flouets[1], qui n'ont non plus de vigueur que des poules. C'est là, ma fille, ce que j'ai résolu pour moi. Quant à ton frère, je lui destine une certaine

---

[1] Fluet, délicat.

veuve dont, ce matin, on m'est venu parler; et, pour toi, je te donne au seigneur Anselme.

ÉLISE.

Au seigneur Anselme?

HARPAGON.

Oui, un homme mûr, prudent et sage, qui n'a pas plus de cinquante ans, et dont on vante les grands biens.

ÉLISE. Elle fait la révérence.

Je ne veux point me marier, mon père, s'il vous plaît.

HARPAGON. Il contrefait sa révérence.

Et moi, ma petite fille, ma mie, je veux que vous vous mariiez, s'il vous plaît.

ÉLISE, faisant encore la révérence.

Je vous demande pardon, mon père.

HARPAGON, contrefaisant Élise.

Je vous demande pardon, ma fille.

ÉLISE.

Je suis très-humble servante au seigneur Anselme; mais, (Faisant encore la révérence.) avec votre permission, je ne l'épouserai point.

HARPAGON.

Je suis votre très-humble valet; mais, (Contrefaisant Élise.) avec votre permission, vous l'épouserez dès ce soir.

ÉLISE.

Dès ce soir?

HARPAGON.

Dès ce soir.

ÉLISE, faisant encore la révérence.

Cela ne sera pas, mon père...

HARPAGON, contrefaisant encore Élise.

Cela sera, ma fille.

ÉLISE.

Non.

HARPAGON.

Si.

ÉLISE.

Non, vous dis-je.

HARPAGON.

Si, vous dis-je.

ÉLISE.

C'est une chose où vous ne me réduirez point.

HARPAGON.

C'est une chose où je te réduirai.

ÉLISE.

Je me tuerai plutôt que d'épouser un tel mari.

HARPAGON.

Tu ne te tueras point, et tu l'épouseras. Mais voyez quelle audace! A-t-on jamais vu une fille parler de la sorte à son père?

ÉLISE.

Mais a-t-on jamais vu un père marier sa fille de la sorte?

HARPAGON.

C'est un parti où il n'y a rien à redire; et je gage que tout le monde approuvera mon choix.

ÉLISE.

Et moi, je gage qu'il ne saurait être approuvé d'aucune personne raisonnable.

HARPAGON, apercevant Valère de loin.

Voilà Valère. Veux-tu qu'entre nous deux nous le fassions juge de cette affaire?

ÉLISE.

J'y consens.

HARPAGON

Te rendras-tu à son jugement?

ÉLISE.

Oui, j'en passerai par ce qu'il dira.

HARPAGON.

Voilà qui est fait.

SCÈNE VII.

VALÈRE, HARPAGON, ÉLISE.

HARPAGON.

Ici, Valère. Nous t'avons élu pour nous dire qui a raison de ma fille ou de moi.

VALÈRE.

C'est vous, monsieur, sans contredit.

HARPAGON.

Sais-tu bien de quoi nous parlons?

VALÈRE.

Non. Mais vous ne sauriez avoir tort, et vous êtes toute raison.

HARPAGON.

Je veux, ce soir, lui donner pour époux un homme aussi riche que sage; et la coquine me dit au nez qu'elle se moque de le prendre. Que dis-tu de cela?

VALÈRE.

Ce que j'en dis?

HARPAGON.

Oui.

VALÈRE.

Hé! hé!

HARPAGON.

Quoi?

VALÈRE.

Je dis que, dans le fond, je suis de votre sentiment, et vous ne pouvez pas que vous n'ayez raison. Mais aussi n'at-elle pas tort tout à fait, et...

HARPAGON.

Comment? le seigneur Anselme est un parti considérable;

c'est un gentilhomme qui est noble, doux, posé, sage et fort accommodé, et auquel il ne reste aucun enfant de son premier mariage. Saurait-elle mieux rencontrer?

VALÈRE.

Cela est vrai. Mais elle pourrait vous dire que c'est un peu précipiter les choses, et qu'il faudrait au moins quelque temps pour voir si son inclination pourrait s'accommoder avec...

HARPAGON.

C'est une occasion qu'il faut prendre vite aux cheveux. Je trouve ici un avantage qu'ailleurs je ne trouverais pas, et il s'engage à la prendre sans dot.

VALÈRE.

Sans dot?

HARPAGON.

Oui.

VALÈRE.

Ah! je ne dis plus rien. Voyez-vous? voilà une raison tout à fait convaincante; il se faut rendre à cela.

HARPAGON.

C'est pour moi une épargne considérable.

VALÈRE.

Assurément; cela ne reçoit point de contradiction. Il est vrai que votre fille vous peut représenter que le mariage est une plus grande affaire qu'on ne peut croire, qu'il y va d'être heureux ou malheureux toute sa vie; et qu'un engagement qui doit durer jusqu'à la mort ne se doit jamais faire qu'avec de grandes précautions.

HARPAGON.

Sans dot!

VALÈRE.

Vous avez raison: voilà qui décide tout; cela s'entend. Il y a des gens qui pourraient vous dire qu'en de telles occasions, l'inclination d'une fille est une chose, sans doute, où l'on doit avoir de l'égard; et que cette grande inégalité d'âge, d'humeur et de sentiments, rend un mariage sujet à des accidents très-fâcheux.

HARPAGON.

Sans dot!

VALÈRE.

Ah! il n'y a pas de réplique à cela; on le sait bien. Qui diantre peut aller là-contre? Ce n'est pas qu'il n'y ait quantité de pères qui aimeraient mieux ménager la satisfaction de leurs filles, que l'argent qu'ils pourraient donner; qui ne les voudraient point sacrifier à l'intérêt, et chercheraient plus que toute autre chose à mettre dans un mariage cette douce conformité qui, sans cesse, y maintient l'honneur, la tranquillité et la joie; et que...

HARPAGON.

Sans dot!

VALÈRE.

Il est vrai; cela ferme la bouche à tout. Sans dot! Le moyen de résister à une raison comme celle-là!

HARPAGON, à part, regardant du côté du jardin.

Ouais! il me semble que j'entends un chien qui aboie. N'est-ce point qu'on en voudrait à mon argent? (A Valère.) Ne bougez; je reviens tout à l'heure.

SCÈNE VIII.

ÉLISE, VALÈRE.

ÉLISE.

Vous moquez-vous, Valère, de lui parler comme vous faites?

VALÈRE.

C'est pour ne point l'aigrir, et pour en venir mieux à bout. Heurter de front ses sentiments est le moyen de tout gâter; et il y a de certains esprits qu'il ne faut prendre qu'en biaisant; des tempéraments ennemis de toute résistance; des naturels rétifs, que la vérité fait cabrer, qui toujours se roidissent contre le droit chemin de la raison, et qu'on ne mène qu'en tournant où l'on veut les conduire. Faites semblant de consentir à ce qu'il veut; vous en viendrez mieux à vos fins; et...

ÉLISE.

Mais ce mariage, Valère!

VALÈRE.

On cherchera des biais pour le rompre.

ÉLISE.

Mais quelle invention trouver, s'il se doit conclure ce soir?

VALÈRE.

Il faut demander un délai, et feindre quelque maladie.

ÉLISE.

Mais on découvrira la feinte, si l'on appelle des médecins.

VALÈRE.

Vous moquez-vous? Y connaissent-ils quelque chose? Allez, allez, vous pourrez avec eux avoir quel mal il vous plaira; ils vous trouveront des raisons pour vous dire d'où cela vient.

SCÈNE IX.

HARPAGON, ÉLISE, VALÈRE.

HARPAGON, à part, dans le fond du théâtre.

Ce n'est rien, Dieu merci.

VALÈRE, sans voir Harpagon.

Enfin notre dernier recours, c'est que la fuite nous peut mettre à couvert de tout; et si votre amour, belle Élise, est capable d'une fermeté... (Il aperçoit Harpagon.) Oui, il faut qu'une fille obéisse à son père. Il ne faut point qu'elle regarde comme un mari est fait; et, lorsque la grande raison de *sans dot* s'y rencontre, elle doit être prête à prendre tout ce qu'on lui donne.

HARPAGON.

Bon. Voilà bien parlé, cela!

VALÈRE.

Monsieur, je vous demande pardon si je m'emporte un peu, et prends la hardiesse de lui parler comme je fais.

HARPAGON.

Comment! j'en suis ravi, et je veux que tu prennes sur elle un pouvoir absolu. (A Élise.) Oui, tu as beau fuir, je lui donne l'autorité que le ciel me donne sur toi, et j'entends que tu fasses tout ce qu'il te dira.

VALÈRE, à Élise.

Après cela, résistez à mes remontrances.

SCÈNE X.

HARPAGON, VALÈRE.

VALÈRE.

Monsieur, je vais la suivre, pour lui continuer les leçons que je lui faisais.

HARPAGON.

Oui, tu m'obligeras. Certes...

VALÈRE.

Il est bon de lui tenir un peu la bride haute.

HARPAGON.

Cela est vrai. Il faut...

VALÈRE.

Ne vous mettez pas en peine. Je crois que j'en viendrai à bout.

HARPAGON.

Fais, fais. Je m'en vais faire un petit tour en ville, et reviens tout à l'heure.

VALÈRE, adressant la parole à Élise, en s'en allant du côté par où elle est sortie.

Oui, l'argent est plus précieux que toutes les choses du monde, et vous devez rendre grâces au ciel de l'honnête homme de père qu'il vous a donné. Il sait ce que c'est que de vivre. Lorsqu'on s'offre de prendre une fille sans dot, on ne doit point regarder plus avant. Tout est renfermé là dedans; et *sans dot* tient lieu de beauté, de jeunesse, de naissance, d'honneur, de sagesse et de probité.

HARPAGON.

Ah! le brave garçon! Voilà parler comme un oracle. Heureux qui peut avoir un domestique de la sorte!

FIN DU PREMIER ACTE.

ACTE DEUXIÈME.

SCÈNE I.

CLÉANTE, LA FLÈCHE.

CLÉANTE.

Ah! traître que tu es, où t'es-tu donc allé fourrer? Ne t'avais-je pas donné ordre...

LA FLÈCHE.

Oui, monsieur, et je m'étais rendu ici pour vous attendre de pied ferme; mais monsieur votre père, le plus malgracieux des hommes, m'a chassé dehors malgré moi, et j'ai couru risque d'être battu.

CLÉANTE.

Comment va notre affaire? Les choses pressent plus que jamais; et depuis que je t'ai vu, j'ai découvert que mon père est mon rival.

LA FLÈCHE.

Votre père amoureux?

CLÉANTE.

Oui, et j'ai eu toutes les peines du monde à lui cacher le trouble où cette nouvelle m'a mis.

LA FLÈCHE.

Lui, se mêler d'aimer! De quoi diable s'avise-t-il? Se

moque-t-il du monde? Et l'amour a-t-il été fait pour des gens bâtis comme lui?

CLÉANTE.

Il a fallu, pour mes péchés, que cette passion lui soit venue en tête.

LA FLÈCHE.

Mais par quelle raison lui faire un mystère de votre amour?

CLÉANTE.

Pour lui donner moins de soupçon, et me conserver, au besoin, des ouvertures plus aisées pour détourner ce mariage. Quelle réponse t'a-t-on faite?

LA FLÈCHE.

Ma foi, monsieur, ceux qui empruntent sont bien malheureux, et il faut essuyer d'étranges choses lorsqu'on en est réduit à passer, comme vous, par les mains des fesse-matthieux.

CLÉANTE.

L'affaire ne se fera point?

LA FLÈCHE.

Pardonnez-moi. Notre maître Simon, le courtier qu'on nous a donné, homme agissant et plein de zèle, dit qu'il a fait rage pour vous; et il assure que votre seule physionomie lui a gagné le cœur.

CLÉANTE.

J'aurai les quinze mille francs que je demande?

LA FLÈCHE.

Oui, mais à quelques petites conditions qu'il faudra que vous acceptiez, si vous avez dessein que les choses se fassent.

CLÉANTE.

T'a-t-il fait parler à celui qui doit prêter l'argent?

LA FLÈCHE.

Ah! vraiment, cela ne va pas de la sorte. Il apporte encore plus de soin à se cacher que vous, et ce sont des mystères bien plus grands que vous ne pensez. On ne veut point du tout dire son nom ; et l'on doit aujourd'hui l'aboucher avec vous dans une maison empruntée, pour être instruit, par votre bouche, de votre bien et de votre famille ; et je ne doute point que le seul nom de votre père ne rende les choses faciles.

CLÉANTE.

Et principalement notre mère étant morte, dont on ne peut m'ôter le bien.

LA FLÈCHE.

Voici quelques articles qu'il a dictés lui-même à notre entremetteur, pour vous être montrés avant que de rien faire.

« Supposé que le prêteur voie toutes ses sûretés, et que
» l'emprunteur soit majeur, et d'une famille où le bien soit
» ample, solide, assuré, clair, et net de tout embarras, on
» fera une bonne et exacte obligation par-devant un notaire,
» le plus honnête homme qu'il se pourra, et qui, pour cet
» effet, sera choisi par le prêteur, auquel il importe le plus
» que l'acte soit dûment dressé. »

CLÉANTE.

Il n'y a rien à dire à cela.

LA FLÈCHE.

« Le prêteur, pour ne charger sa conscience d'aucun
» scrupule, prétend ne donner son argent qu'au denier dix-
» huit[1]. »

CLÉANTE.

Au denier dix-huit? Parbleu! voilà qui est honnête. Il n'y a pas lieu de se plaindre.

LA FLÈCHE.

Cela est vrai.

« Mais, comme ledit prêteur n'a pas chez lui la somme
» dont il est question, et que, pour faire plaisir à l'emprun-

---

1. C'est-à-dire un denier d'intérêt pour dix-huit prêtés; ce qui équivaut à un peu plus de cinq et demi pour cent.

» teur, il est contraint lui-même de l'emprunter d'un autre
» sur le pied du denier cinq[1], il conviendra que ledit pre-
» mier emprunteur paye cet intérêt, sans préjudice du reste,
» attendu que ce n'est que pour l'obliger que ledit prêteur
» s'engage à cet emprunt. »

CLÉANTE.

Comment diable! quel Juif, quel Arabe est-ce là? C'est plus qu'au denier quatre[2].

LA FLÈCHE.

Il est vrai, c'est ce que j'ai dit. Vous avez à voir là-dessus.

CLÉANTE.

Que veux-tu que je voie? J'ai besoin d'argent, et il faut bien que je consente à tout.

LA FLÈCHE.

C'est la réponse que j'ai faite.

CLÉANTE.

Il y a encore quelque chose?

LA FLÈCHE.

Ce n'est plus qu'un petit article.

« Des quinze mille francs qu'on demande, le prêteur
» ne pourra compter en argent que douze mille livres; et,
» pour les mille écus restants, il faudra que l'emprunteur
» prenne les hardes, nippes, bijoux dont s'ensuit le mé-
» moire, et que ledit prêteur a mis, de bonne foi, au plus
» modique prix qu'il lui a été possible. »

CLÉANTE.

Que veut dire cela?

LA FLÈCHE.

Écoutez le mémoire.

« Premièrement, un lit de quatre pieds, à bandes de
» point de Hongrie appliquées fort proprement sur un
» drap de couleur d'olive, avec six chaises et la courte-

---

[1] A vingt pour cent.
[2] A vingt-cinq pour cent.

» pointe de même : le tout bien conditionné, et doublé
» d'un petit taffetas changeant rouge et bleu.

» Plus, un pavillon à queue, d'une bonne serge d'Au-
» male rose sèche, avec le mollet et les franges de soie. »

CLÉANTE.

Que veut-il que je fasse de cela?

LA FLÈCHE.

Attendez.

« Plus, une tenture de tapisserie des amours de Gom-
» baud et de Macée.

» Plus, une grande table de bois de noyer, à douze
» colonnes ou piliers tournés, qui se tire par les deux
» bouts, et garnie, par le dessous, de ses six escabelles.

CLÉANTE.

Qu'ai-je affaire, morbleu...?

LA FLÈCHE.

Donnez-vous patience.

« Plus, trois gros mousquets tout garnis de nacre de
» perle, avec les fourchettes assortissantes.

» Plus, un fourneau de brique, avec deux cornues et trois
» récipients, fort utiles à ceux qui sont curieux de distil-
» ler. »

CLÉANTE.

J'enrage.

LA FLÈCHE.

Doucement.

» Plus un luth de Bologne, garni de toutes ses cordes, ou
» peu s'en faut.

» Plus, un trou-madame, et un damier, avec un jeu de
» l'oie renouvelé des Grecs, fort propres à passer le temps
» lorsque l'on n'a que faire.

» Plus, une peau de lézard, de trois pieds et demi, rem-
» plie de foin : curiosité agréable pour pendre au plancher
» d'une chambre.

» Le tout, ci-dessus mentionné, valant loyalement plus
» de quatre mille cinq cents livres, et rabaissé à la valeur de
» mille écus, par la discrétion du prêteur. »

CLÉANTE.

Que la peste l'étouffe avec sa discrétion, le traître, le bourreau qu'il est! A-t-on jamais parlé d'une usure semblable? Et n'est-il pas content du furieux intérêt qu'il exige, sans vouloir encore m'obliger à prendre pour trois mille livres les vieux rogatons qu'il ramasse? Je n'aurai pas deux cents écus de tout cela, et cependant il faut bien me résoudre à consentir à ce qu'il veut; car il est en état de me faire tout accepter, et il me tient, le scélérat, le poignard sur la gorge.

LA FLÈCHE.

Je vous vois, monsieur, ne vous en déplaise, dans le grand chemin justement que tenait Panurge pour se ruiner, prenant argent d'avance, achetant cher, vendant à bon marché, et mangeant son blé en herbe.

CLÉANTE.

Que veux-tu que j'y fasse? Voilà où les jeunes gens sont réduits par la maudite avarice des pères; et on s'étonne, après cela, que les fils souhaitent qu'ils meurent!

LA FLÈCHE.

Il faut convenir que le vôtre animerait contre sa vilanie le plus posé homme du monde. Je n'ai pas, Dieu merci, les inclinations fort patibulaires; et, parmi mes confrères que je vois se mêler de beaucoup de petits commerces, je sais tirer adroitement mon épingle du jeu, et me démêler prudemment de toutes les galanteries qui sentent tant soit peu l'échelle; mais, à vous dire vrai, il me donnerait, par ses procédés, des tentations de le voler, et je croirais, en le volant, faire une action méritoire.

CLÉANTE.

Donne-moi un peu ce mémoire, que je le voie encore.

SCÈNE II.

HARPAGON, MAITRE SIMON; CLÉANTE et
LA FLÈCHE, dans le fond du théâtre.

MAITRE SIMON.

Oui, monsieur, c'est un jeune homme qui a besoin d'argent; ses affaires le pressent d'en trouver, et il en passera par tout ce que vous en prescrirez.

HARPAGON.

Mais croyez-vous, maître Simon, qu'il n'y ait rien à péricliter? et savez-vous le nom, les biens et la famille de celui pour qui vous parlez?

MAITRE SIMON.

Non. Je ne puis pas bien vous en instruire à fond, et ce n'est que par aventure que l'on m'a adressé à lui; mais vous serez de toutes choses éclairci par lui-même, et son homme m'a assuré que vous serez content, quand vous le connaîtrez. Tout ce que je saurais vous dire, c'est que sa famille est fort riche, qu'il n'a plus de mère déjà, et qu'il s'obligera, si vous voulez, que son père mourra avant qu'il soit huit mois.

HARPAGON.

C'est quelque chose que cela. La charité, maître Simon, nous oblige à faire plaisir aux personnes, lorsque nous le pouvons.

MAITRE SIMON.

Cela s'entend.

LA FLÈCHE, bas, à Cléante, reconnaissant maître Simon.

Que veut dire ceci? Notre maître Simon qui parle à votre père.

CLÉANTE, bas, à la Flèche.

Lui aurait-on appris qui je suis? et serais-tu pour me trahir?

MAITRE SIMON, à Cléante et à la Flèche.

Ah! ah! vous êtes bien pressés! Qui vous a dit que c'était céans? (A Harpagon.) Ce n'est pas moi, monsieur, au moins, qui leur ai découvert votre nom et votre logis; mais, à mon avis, il n'y a pas grand mal à cela. Ce sont des personnes discrètes, et vous pouvez ici vous expliquer ensemble.

HARPAGON.

Comment?

MAITRE SIMON, montrant Cléante.

Monsieur est la personne qui veut vous emprunter les quinze mille livres dont je vous ai parlé.

HARPAGON.

Comment, pendard! c'est toi qui t'abandonnes à ces coupables extrémités?

CLÉANTE.

Comment, mon père! c'est vous qui vous portez à ces honteuses actions?

(Maître Simon s'enfuit, et la Flèche va se cacher.)

SCÈNE III.

HARPAGON, CLÉANTE.

HARPAGON.

C'est toi qui te veux ruiner par des emprunts si condamnables?

CLÉANTE.

C'est vous qui cherchez à vous enrichir par des usures si criminelles?

HARPAGON.

Oses-tu bien, après cela, paraître devant moi?

CLÉANTE.

Osez-vous bien, après cela, vous présenter aux yeux du monde?

HARPAGON.

N'as-tu point de honte, dis-moi, d'en venir à ces débauches-là? de te précipiter dans des dépenses effroyables? et de faire une honteuse dissipation du bien que tes parents t'ont amassé avec tant de sueurs?

CLÉANTE.

Ne rougissez-vous point de déshonorer votre condition par les commerces que vous faites? de sacrifier gloire et réputation au désir insatiable d'entasser écu sur écu? et de renchérir, en fait d'intérêts, sur les plus infâmes subtilités qu'aient jamais inventées les plus célèbres usuriers?

HARPAGON.

Ote-toi de mes yeux, coquin; ôte-toi de mes yeux!

CLÉANTE.

Qui est plus criminel, à votre avis, ou celui qui achète un argent dont il a besoin, ou bien celui qui vole un argent dont il n'a que faire?

HARPAGON.

Retire-toi, te dis-je, et ne m'échauffe pas les oreilles. (Seul.) Je ne suis pas fâché de cette aventure, et ce m'est un avis de tenir l'œil plus que jamais sur toutes ses actions.

SCÈNE IV.

FROSINE, HARPAGON.

FROSINE.

Monsieur...

HARPAGON.

Attendez un moment. Je vais revenir vous parler. (A part.) Il est à propos que je fasse un petit tour à mon argent.

SCÈNE V.

LA FLÈCHE, FROSINE.

LA FLÈCHE, sans voir Frosine.

L'aventure est tout à fait drôle! Il faut bien qu'il ait quelque part un ample magasin de hardes, car nous n'avons rien reconnu au mémoire que nous avons.

FROSINE.

Hé! c'est toi, mon pauvre la Flèche! D'où vient cette rencontre?

LA FLÈCHE.

Ah! ah! c'est toi, Frosine? Que viens-tu faire ici?

FROSINE.

Ce que je fais partout ailleurs : m'entremettre d'affaires, me rendre serviable aux gens, et profiter, du mieux qu'il m'est possible, des petits talents que je puis avoir. Tu sais que, dans ce monde, il faut vivre d'adresse, et qu'aux personnes comme moi le ciel n'a donné d'autres rentes que l'intrigue et que l'industrie.

LA FLÈCHE.

As-tu quelque négoce avec le patron du logis?

FROSINE.

Oui. Je traite pour lui quelque petite affaire, dont j'espère une récompense.

LA FLÈCHE.

De lui? Ah! ma foi, tu seras bien fine, si tu en tires quelque chose, et je te donne avis que l'argent céans est fort cher.

FROSINE.

Il y a de certains services qui touchent merveilleusement.

LA FLÈCHE.

Je suis votre valet; et tu ne connais pas encore le seigneur Harpagon. Le seigneur Harpagon est, de tous les humains, l'humain le moins humain; le mortel de tous les mortels le plus dur et le plus serré. Il n'est point de service qui pousse sa reconnaissance jusqu'à lui faire ouvrir les mains. De la louange, de l'estime, de la bienveillance en paroles, et de l'amitié tant qu'il vous plaira; mais de l'argent, point d'affaires. Il n'est rien de plus sec et de plus aride que ses bonnes grâces et ses caresses; et *donner* est un mot pour qui il a tant d'aversion, qu'il ne dit jamais: *Je vous donne,* mais *Je vous prête le bonjour.*

FROSINE.

Mon Dieu! je sais l'art de traire les hommes; j'ai le secret de m'ouvrir leur tendresse, de chatouiller leurs cœurs, de trouver les endroits par où ils sont sensibles.

LA FLÈCHE.

Bagatelles ici. Je te défie d'attendrir, du côté de l'argent, l'homme dont il est question. Il est Turc là-dessus, mais d'une turquerie à désespérer tout le monde; et l'on pourrait crever, qu'il n'en branlerait pas. En un mot, il aime l'argent plus que réputation, qu'honneur et que vertu; et la vue d'un demandeur lui donne des convulsions: c'est le frapper par son endroit mortel, c'est lui percer le cœur, c'est lui arracher les entrailles; et si... Mais il revient : je me retire.

SCÈNE VI.

HARPAGON, FROSINE.

HARPAGON, bas.

Tout va comme il faut. (Haut.) Hé bien! qu'est-ce, Frosine?

FROSINE.

Ah! mon Dieu, que vous vous portez bien, et que vous avez là un vrai visage de santé!

HARPAGON.

Qui? moi!

FROSINE.

Jamais je ne vous vis un teint si frais et si gaillard.

HARPAGON.

Tout de bon?

FROSINE.

Comment! vous n'avez de votre vie été si jeune que vous êtes, et je vois des gens de vingt-cinq ans qui sont plus vieux que vous.

HARPAGON.

Cependant, Frosine, j'en ai soixante bien comptés.

FROSINE.

Hé bien! qu'est-ce que cela, soixante ans! Voilà bien de quoi! c'est la fleur de l'âge, cela; et vous entrez maintenant dans la belle saison de l'homme.

HARPAGON.

Il est vrai; mais vingt années de moins, pourtant, ne me feraient point de mal, que je crois.

FROSINE.

Vous moquez-vous? Vous n'avez pas besoin de cela, et vous êtes d'une pâte à vivre jusqu'à cent ans.

HARPAGON.

Tu le crois?

FROSINE.

Assurément. Vous en avez toutes les marques. Tenez-vous un peu. Oh! que voilà bien là, entre vos deux yeux, un signe de longue vie!

HARPAGON.

Tu te connais à cela?

FROSINE.

Sans doute. Montrez-moi votre main. Ah! mon Dieu! quelle ligne de vie!

HARPAGON.

Comment!

FROSINE.

Ne voyez-vous pas jusqu'où va cette ligne-là?

HARPAGON.

Hé bien! qu'est-ce que cela veut dire?

FROSINE.

Par ma foi, je disais cent ans, mais vous passerez les six-vingts.

HARPAGON.

Est-il possible?

FROSINE.

Il faudra vous assommer, vous dis-je; et vous mettrez en terre, et vos enfants, et les enfants de vos enfants.

HARPAGON.

Tant mieux. Comment va notre affaire?

FROSINE.

Faut-il le demander? et me voit-on mêler de rien dont je ne vienne à bout? J'ai, surtout pour les mariages, un talent merveilleux. Il n'est point de partis au monde que je ne trouve en peu de temps le moyen d'accoupler; et je crois, si je me l'étais mis en tête, que je marierais le Grand Turc avec la République de Venise. Il n'y avait pas, sans doute, de si grandes difficultés à cette affaire-ci. Comme j'ai commerce chez elles, je les ai à fond l'une et l'autre entretenues de vous; et j'ai dit à la mère le dessein que vous aviez conçu pour Mariane, à la voir passer dans la rue et prendre l'air à sa fenêtre.

HARPAGON.

Qui a fait réponse?...

FROSINE.

Elle a reçu la proposition avec joie; et quand je lui ai

témoigné que vous souhaitiez fort que sa fille assistât ce soir au contrat de mariage qui se doit faire de la vôtre, elle y a consenti sans peine, et me l'a confiée pour cela.

HARPAGON.

C'est que je suis obligé, Frosine, de donner à souper au seigneur Anselme; et je serai bien aise qu'elle soit du régal.

FROSINE.

Vous avez raison. Elle doit, après dîner, rendre visite à votre fille, d'où elle fait son compte d'aller faire un tour à la foire, pour venir ensuite au souper.

HARPAGON.

Hé bien! elles iront ensemble dans mon carrosse, que je leur prêterai.

FROSINE.

Voilà justement son affaire.

HARPAGON.

Mais, Frosine, as-tu entretenu la mère touchant le bien qu'elle peut donner à sa fille? Lui as-tu dit qu'il fallait qu'elle s'aidât un peu, qu'elle fît quelque effort, qu'elle se saignât pour une occasion comme celle-ci? Car encore n'épouse-t-on point une fille, sans qu'elle apporte quelque chose.

FROSINE.

Comment! c'est une fille qui vous apportera douze mille livres de rente.

HARPAGON.

Douze mille livres de rente!

FROSINE.

Oui. Premièrement, elle est nourrie et élevée dans une grande épargne de bouche. C'est une fille accoutumée à vivre de salade, de lait, de fromage et de pommes, et à laquelle, par conséquent, il ne faudra ni table bien servie, ni consommés exquis, ni orges mondés perpétuels, ni les autres délicatesses qu'il faudrait pour une autre femme; et cela ne va pas à si peu de chose, qu'il ne monte bien, tous les ans, à trois mille francs pour le moins. Outre cela, elle n'est curieuse que d'une propreté fort simple, et n'aime point les superbes habits, ni les riches bijoux, ni les meubles somptueux, où donnent ses pareilles avec tant de chaleur : et cet article-là vaut plus de quatre mille livres par an. De plus, elle a une aversion horrible pour le jeu, ce qui n'est pas commun aux femmes d'aujourd'hui ; et j'en sais une de nos quartiers qui a perdu, à trente-et-quarante, vingt mille francs cette année. Mais n'en prenons rien que le quart. Cinq mille francs au jeu par an, et quatre mille francs en habits et bijoux, cela fait neuf mille livres ; et mille écus que nous mettons pour la nourriture, ne voilà-t-il pas par année vos douze mille francs bien comptés ?

HARPAGON.

Oui : cela n'est pas mal ; mais ce compte-là n'est rien de réel.

FROSINE.

Pardonnez-moi. N'est-ce pas quelque chose de réel que de vous apporter en mariage une grande sobriété, l'héritage d'un grand amour de simplicité de parure, et l'acquisition d'un grand fonds de haine pour le jeu ?

HARPAGON.

C'est une raillerie que de vouloir me constituer son dot de toutes les dépenses qu'elle ne fera point. Je n'irai point donner quittance de ce que je ne reçois pas, et il faut bien que je touche quelque chose.

FROSINE.

Mon Dieu ! vous toucherez assez ; et elles m'ont parlé d'un certain pays où elles ont du bien, dont vous serez le maître.

HARPAGON.

Il faudra voir cela. Mais, Frosine, il y a encore une chose qui m'inquiète. La fille est jeune, comme tu vois ; et les jeunes gens, d'ordinaire, n'aiment que leurs semblables, ne cherchent que leur compagnie; j'ai peur qu'un homme de mon âge ne soit pas de son goût, et que cela ne vienne à produire chez moi certains petits désordres qui ne m'accommoderaient pas.

FROSINE.

Ah! que vous la connaissez mal! C'est encore une particularité que j'avais à vous dire. Elle a une aversion épouvantable pour tous les jeunes gens, et n'a de l'amour que pour les vieillards.

HARPAGON.

Elle?

FROSINE.

Oui, elle. Je voudrais que vous l'eussiez entendue parler là-dessus. Elle ne peut souffrir du tout la vue d'un jeune homme; mais elle n'est point plus ravie, dit-elle, que lorsqu'elle peut voir un beau vieillard avec une barbe majestueuse. Les plus vieux sont pour elle les plus charmants, et je vous avertis de n'aller pas vous faire plus jeune que vous êtes. Elle veut tout au moins qu'on soit sexagénaire; et il n'y a pas quatre mois encore, qu'étant prête d'être mariée, elle rompit tout net le mariage, sur ce que son amant fit voir qu'il n'avait que cinquante-six ans, et qu'il ne prit point de lunettes pour signer le contrat.

HARPAGON.

Sur cela seulement?

FROSINE.

Oui. Elle dit que ce n'est pas contentement pour elle que cinquante-six ans, et surtout elle est pour les nez qui portent des lunettes.

HARPAGON.

Certes, tu me dis là une chose toute nouvelle.

FROSINE.

Cela va plus loin qu'on ne vous peut dire. On lui voit dans sa chambre quelques tableaux et quelques estampes; mais que pensez-vous que ce soit? Des Adonis, des Céphales, des Pâris et des Apollons? Non : de beaux portraits de Saturne, du roi Priam, du vieux Nestor et du bon père Anchise sur les épaules de son fils.

HARPAGON.

Cela est admirable! Voilà ce que je n'aurais jamais pensé; et je suis bien aise d'apprendre qu'elle est de cette humeur. En effet, si j'avais été femme, je n'aurais point aimé les jeunes hommes.

FROSINE.

Je le crois bien. Voilà de belles drogues que des jeunes gens, pour les aimer! ce sont de beaux morveux, de beaux godelureaux, pour donner envie de leur peau! et je voudrais bien savoir quel ragoût il y a à eux!

HARPAGON.

Pour moi, je n'y en comprends point; et je ne sais pas comment il y a des femmes qui les aiment tant.

FROSINE.

Il faut être folle fieffée. Trouver la jeunesse aimable, est-ce avoir le sens commun? Sont-ce des hommes que de jeunes blondins? et peut-on s'attacher à ces animaux-là?

HARPAGON.

C'est ce que je dis tous les jours : avec leur ton de poule laitée, et leurs trois petits brins de barbe relevés en barbe de chat, leurs perruques d'étoupes, leurs hauts-de-chausses tout tombants et leurs estomacs débraillés!

FROSINE.

Hé! cela est bien bâti, auprès d'une personne comme vous! Voilà un homme, cela; il y a là de quoi satisfaire à la vue; et c'est ainsi qu'il faut être fait, et vêtu, pour donner de l'amour.

HARPAGON.

Tu me trouves bien?

FROSINE.

Comment! vous êtes à ravir, et votre figure est à peindre.

Tournez-vous un peu, s'il vous plaît. Il ne se peut pas mieux. Que je vous voie marcher. Voilà un corps taillé, libre et dégagé comme il faut, et qui ne marque aucune incommodité.

HARPAGON.

Je n'en ai pas de grandes, Dieu merci. Il n'y a que ma fluxion qui me prend de temps en temps.

FROSINE.

Cela n'est rien. Votre fluxion ne vous sied point mal, et vous avez grâce à tousser.

HARPAGON.

Dis-moi un peu : Mariane ne m'a-t-elle point encore vu? N'a-t-elle point pris garde à moi en passant?

FROSINE.

Non; mais nous nous sommes fort entretenues de vous. Je lui ai fait un portrait de votre personne, et je n'ai pas manqué de lui vanter votre mérite, et l'avantage que ce lui serait d'avoir un mari comme vous.

HARPAGON.

Tu as bien fait, et je t'en remercie.

FROSINE.

J'aurais, monsieur, une petite prière à vous faire. J'ai un procès que je suis sur le point de perdre, faute d'un peu d'argent; (Harpagon prend un air sévère.) et vous pourriez facilement me procurer le gain de ce procès, si vous aviez quelque bonté pour moi. Vous ne sauriez croire le plaisir qu'elle aura de vous voir. (Harpagon reprend un air gai.) Ah! que vous lui plairez! et que votre fraise à l'antique fera sur son esprit un effet admirable! Mais surtout elle sera charmée de votre haut-de-chausses attaché au pourpoint avec des aiguillettes ; c'est pour la rendre folle de vous; et un amant aiguilleté sera pour elle un ragoût merveilleux.

HARPAGON.

Certes, tu me ravis de me dire cela.

FROSINE.

En vérité, monsieur, ce procès m'est d'une conséquence tout à fait grande. (Harpagon reprend son air sévère.) Je suis ruinée si je le perds; et quelque petite assistance me rétablirait mes affaires. Je voudrais que vous eussiez vu le ravissement où elle était à m'entendre parler de vous. (Harpagon reprend un air gai.) La joie éclatait dans ses yeux au récit de vos qualités, et je l'ai mise enfin dans une impatience extrême de voir ce mariage entièrement conclu.

HARPAGON.

Tu m'as fait grand plaisir, Frosine; et je t'en ai, je te l'avoue, toutes les obligations du monde.

FROSINE.

Je vous prie, monsieur, de me donner le petit secours que je vous demande. (Harpagon reprend son sérieux.) Cela me remettra sur pied, et je vous en serai éternellement obligée.

HARPAGON.

Adieu. Je vais achever mes dépêches.

FROSINE.

Je vous assure, monsieur, que vous ne sauriez jamais me soulager dans un plus grand besoin.

HARPAGON.

Je mettrai ordre que mon carrosse soit tout prêt pour vous mener à la foire.

FROSINE.

Je ne vous importunerais pas si je ne m'y voyais forcée par la nécessité.

HARPAGON.

Et j'aurai soin qu'on soupe de bonne heure, pour ne vous point faire malades.

FROSINE.

Ne me refusez point la grâce dont je vous sollicite. Vous ne sauriez croire, monsieur, le plaisir que...

HARPAGON.

Je m'en vais. Voilà qu'on m'appelle. Jusqu'à tantôt.

FROSINE, seule.

Que la fièvre te serre, chien de vilain à tous les diables! Le ladre a été ferme à toutes mes attaques, mais il ne me faut pas pourtant quitter la négociation; et j'ai l'autre côté, en tout cas, d'où je suis assurée de tirer bonne récompense.

FIN DU DEUXIÈME ACTE.

ACTE TROISIÈME.

SCÈNE I.

HARPAGON, CLÉANTE, ÉLISE, VALÈRE, DAME CLAUDE,
MAITRE JACQUES, LA MERLUCHE, BRINDAVOINE.

HARPAGON.

Allons, venez çà tous; que je vous distribue mes ordres pour tantôt, et règle à chacun son emploi. Approchez, dame Claude; commençons par vous. (Elle tient un balai.) Bon, vous voilà les armes à la main. Je vous commets au soin de nettoyer partout, et surtout prenez garde de ne point frotter les meubles trop fort, de peur de les user. Outre cela, je vous constitue, pendant le souper, au gouvernement des bouteilles; et, s'il s'en écarte quelqu'une, et qu'il se casse quelque chose, je m'en prendrai à vous, et le rabattrai sur vos gages.

MAITRE JACQUES, à part.

Châtiment politique.

HARPAGON, à dame Claude.

Allez.

SCÈNE II.

HARPAGON, CLÉANTE, ÉLISE, VALÈRE,
MAITRE JACQUES, BRINDAVOINE, LA MERLUCHE.

HARPAGON.

Vous, Brindavoine, et vous, la Merluche, je vous établis dans la charge de rincer les verres et de donner à boire, mais seulement lorsqu'on aura soif, et non pas selon la coutume de certains impertinents de laquais, qui viennent provoquer les gens et les faire aviser de boire lorsqu'on n'y songe pas. Attendez qu'on vous en demande plus d'une fois, et vous ressouvenez de porter toujours beaucoup d'eau.

MAITRE JACQUES, à part.

Oui. Le vin pur monte à la tête.

LA MERLUCHE.

Quitterons-nous nos siquenilles [1], monsieur ?

HARPAGON.

Oui, quand vous verrez venir les personnes ; et gardez bien de gâter vos habits.

BRINDAVOINE.

Vous savez bien, monsieur, qu'un des devants de mon pourpoint est couvert d'une grande tache de l'huile de la lampe.

LA MERLUCHE.

Et moi, monsieur, que j'ai mon haut-de-chausses tout troué par derrière, et qu'on me voit, révérence parler...

HARPAGON, à la Merluche.

Paix ! rangez cela adroitement du côté de la muraille, et

---

[1] *Siquenilles*, pour *souquenilles*.

présentez toujours le devant au monde. (Harpagon met son chapeau au devant de son pourpoint, pour montrer à Brindavoine comment il doit faire pour cacher la tache d'huile.) Et vous, tenez toujours votre chapeau ainsi, lorsque vous servirez.

SCÈNE III.

HARPAGON, CLÉANTE, ÉLISE, VALÈRE, MAITRE JACQUES.

HARPAGON.

Pour vous, ma fille, vous aurez l'œil sur ce que l'on desservira, et prendrez garde qu'il ne s'en fasse aucun dégât. Cela sied bien aux filles. Mais cependant préparez-vous à bien recevoir ma maîtresse, qui vous doit venir visiter, et vous mener avec elle à la foire. Entendez-vous ce que je vous dis?

ÉLISE.

Oui, mon père.

SCÈNE IV.

HARPAGON, CLÉANTE, VALÈRE, MAITRE JACQUES.

HARPAGON.

Et vous, mon fils le damoiseau, à qui j'ai la bonté de pardonner l'histoire de tantôt, ne vous allez pas aviser non plus de lui faire mauvais visage.

CLÉANTE.

Moi, mon père? mauvais visage! et par quelle raison?

HARPAGON.

Mon Dieu! nous savons le train des enfants dont les pères se remarient et de quel œil ils ont coutume de regarder ce qu'on appelle belle-mère. Mais si vous souhaitez que je perde le souvenir de votre dernière fredaine, je vous recommande surtout de régaler d'un bon visage cette personne-là, et de lui faire enfin tout le meilleur accueil qu'il vous sera possible.

CLÉANTE.

A vous dire le vrai, mon père, je ne puis pas vous promettre d'être bien aise qu'elle devienne ma belle-mère. Je mentirais si je vous le disais; mais, pour ce qui est de la bien recevoir et de lui faire bon visage, je vous promets de vous obéir ponctuellement sur ce chapitre.

HARPAGON.

Prenez-y garde au moins.

CLÉANTE.

Vous verrez que vous n'aurez pas sujet de vous en plaindre.

HARPAGON.

Vous ferez sagement.

SCÈNE V.

HARPAGON, VALÈRE, MAITRE JACQUES.

HARPAGON.

Valère, aide-moi à ceci. Ho çà, maître Jacques, approchez-vous, je vous ai gardé pour le dernier.

MAITRE JACQUES.

Est-ce à votre cocher, monsieur, ou bien à votre cuisinier que vous voulez parler? car je suis l'un et l'autre.

HARPAGON.

C'est à tous les deux.

MAITRE JACQUES.

Mais à qui des deux le premier?

HARPAGON.

Au cuisinier.

MAITRE JACQUES.

Attendez donc, s'il vous plaît. (Maître Jacques ôte sa casaque de cocher, et paraît vêtu en cuisinier.)

HARPAGON.

Quelle diantre de cérémonie est-ce là?

MAITRE JACQUES.

Vous n'avez qu'à parler.

HARPAGON.

Je me suis engagé, maître Jacques, à donner ce soir à souper.

MAITRE JACQUES, à part.

Grande merveille!

HARPAGON.

Dis-moi un peu : nous feras-tu bonne chère?

MAITRE JACQUES.

Oui, si vous me donnez bien de l'argent.

HARPAGON.

Que diable, toujours de l'argent! Il semble qu'ils n'aient autre chose à dire : de l'argent, de l'argent, de l'argent. Ah! ils n'ont que ce mot à la bouche, de l'argent! toujours parler d'argent! Voilà leur épée de chevet, de l'argent [1]!

VALÈRE.

Je n'ai jamais vu de réponse plus impertinente que celle-là. Voilà une belle merveille de faire bonne chère avec bien de l'argent! c'est une chose la plus aisée du monde, et il n'y a si pauvre esprit qui n'en fît bien autant; mais, pour agir en habile homme, il faut parler de faire bonne chère avec peu d'argent.

MAITRE JACQUES.

Bonne chère avec peu d'argent!

---

[1] L'*épée de chevet*, l'épée accrochée au chevet du lit; au figuré, la raison qui répond à tout.

VALÈRE.

Oui.

MAITRE JACQUES, à Valère.

Par ma foi, monsieur l'intendant, vous nous obligerez de nous faire voir ce secret et de prendre mon office de cuisinier ; aussi bien vous mêlez-vous céans d'être le factoton.

HARPAGON.

Taisez-vous. Qu'est-ce qu'il nous faudra?

MAITRE JACQUES.

Voilà monsieur votre intendant qui vous fera bonne chère pour peu d'argent.

HARPAGON.

Haye ! je veux que tu me répondes.

MAITRE JACQUES.

Combien serez-vous de gens à table?

HARPAGON.

Nous serons huit ou dix; mais il ne faut prendre que huit. Quand il y a à manger pour huit, il y en a bien pour dix.

VALÈRE.

Cela s'entend.

MAITRE JACQUES.

Hé bien! il faudra quatre grands potages et cinq assiettes. Potages... Entrées...

HARPAGON.

Que diable ! voilà pour traiter toute une ville entière.

MAITRE JACQUES.

Rôt...

HARPAGON, en lui mettant la main sur la bouche.

Ah ! traître, tu manges tout mon bien.

MAITRE JACQUES.

Entremets...

HARPAGON, mettant encore la main sur la bouche de maître Jacques.

Encore?

VALÈRE, à maître Jacques.

Est-ce que vous avez envie de faire crever tout le monde? et monsieur a-t-il invité des gens pour les assassiner à force de mangeaille? Allez-vous-en lire un peu les préceptes de la santé et demander aux médecins s'il y a rien de plus préjudiciable à l'homme que de manger avec excès.

HARPAGON.

Il a raison.

VALÈRE.

Apprenez, maître Jacques, vous et vos pareils, que c'est un coupe-gorge qu'une table remplie de trop de viandes; que pour se bien montrer ami de ceux que l'on invite, il faut que la frugalité règne dans les repas qu'on donne; et que, suivant le dire d'un ancien, *il faut manger pour vivre, et non pas vivre pour manger*.

HARPAGON.

Ah! que cela est bien dit! Approche, que je t'embrasse pour ce mot. Voilà la plus belle sentence que j'aie entendue de ma vie : *Il faut vivre pour manger, et non pas manger pour vi...* Non, ce n'est pas cela. Comment est-ce que tu dis?

VALÈRE.

Qu'*il faut manger pour vivre, et non pas vivre pour manger*.

HARPAGON, à maître Jacques.

Oui. Entends-tu? (A Valère.) Qui est le grand homme qui a dit cela?

VALÈRE.

Je ne me souviens pas maintenant de son nom.

HARPAGON.

Souviens-toi de m'écrire ces mots : je les veux faire graver en lettres d'or sur la cheminée de ma salle.

VALÈRE.

Je n'y manquerai pas. Et pour votre souper, vous n'avez qu'à me laisser faire; je réglerai tout cela comme il faut.

HARPAGON.

Fais donc.

MAITRE JACQUES.

Tant mieux! j'en aurai moins de peine.

HARPAGON, à Valère.

Il faudra de ces choses dont on ne mange guère, et qui rassasient d'abord; quelque bon haricot bien gras, avec quelque pâté en pot bien garni de marrons.

VALÈRE.

Reposez-vous sur moi.

HARPAGON.

Maintenant, maître Jacques, il faut nettoyer mon carrosse.

MAITRE JACQUES.

Attendez; ceci s'adresse au cocher. (Maître Jacques remet sa casaque.) Vous dites...

HARPAGON.

Qu'il faut nettoyer mon carrosse, et tenir mes chevaux tout prêts pour conduire à la foire...

MAITRE JACQUES.

Vos chevaux, monsieur? Ma foi, ils ne sont point du tout en état de marcher. Je ne vous dirai point qu'ils sont sur la litière : les pauvres bêtes n'en ont point, et ce serait mal parler; mais vous leur faites observer des jeûnes si austères, que ce ne sont plus rien que des idées ou des fantômes, des façons de chevaux.

HARPAGON.

Les voilà bien malades! ils ne font rien.

MAITRE JACQUES.

Et pour ne faire rien, monsieur, est-ce qu'il ne faut rien manger? Il leur vaudrait bien mieux, les pauvres animaux, de travailler beaucoup, de manger de même. Cela me fend le cœur, de les voir ainsi exténués. Car, enfin, j'ai une tendresse pour mes chevaux, qu'il me semble que c'est moi-même, quand je les vois pâtir. Je m'ôte tous les jours pour eux les choses de la bouche; et c'est être, monsieur, d'un naturel trop dur que de n'avoir nulle pitié de son prochain.

HARPAGON.

Le travail ne sera pas grand, d'aller jusqu'à la foire.

MAITRE JACQUES.

Non, monsieur, je n'ai pas le courage de les mener, et je ferais conscience de leur donner des coups de fouet, en l'état où ils sont. Comment voudriez-vous qu'ils traînassent un carrosse, qu'ils ne peuvent pas se traîner eux-mêmes[1]?

VALÈRE.

Monsieur, j'obligerai le voisin Picard à se charger de les conduire; aussi bien nous fera-t-il ici besoin pour apprêter le souper.

MAITRE JACQUES.

Soit. J'aime mieux encore qu'ils meurent sous la main d'un autre que sous la mienne.

VALÈRE.

Maître Jacques fait bien le raisonnable.

MAITRE JACQUES.

Monsieur l'intendant fait bien le nécessaire.

HARPAGON.

Paix!

MAITRE JACQUES.

Monsieur, je ne saurais souffrir les flatteurs, et je vois que ce qu'il en fait, que ses contrôles perpétuels sur le pain et le vin, le bois, le sel et la chandelle, ne sont rien que pour vous gratter et vous faire sa cour. J'enrage de cela, et je suis fâché tous les jours d'entendre ce qu'on dit de vous; car, enfin, je me sens pour vous de la tendresse, en dépit

---

[1] *Qu'ils*, pour alors qu'ils.

que j'en aie, et, après mes chevaux, vous êtes la personne que j'aime le plus.

HARPAGON.

Pourrais-je savoir de vous, maître Jacques, ce que l'on dit de moi ?

MAITRE JACQUES.

Oui, monsieur, si j'étais assuré que cela ne vous fâchât point.

HARPAGON.

Non, en aucune façon.

MAITRE JACQUES.

Pardonnez-moi ; je sais fort bien que je vous mettrais en colère.

HARPAGON.

Point du tout. Au contraire, c'est me faire plaisir, et je suis bien aise d'apprendre comme on parle de moi.

MAITRE JACQUES.

Monsieur, puisque vous le voulez, je vous dirai franchement qu'on se moque partout de vous ; qu'on nous jette de tous côtés cent brocards à votre sujet ; et que l'on n'est point plus ravi que de vous tenir au cul et aux chausses, et de faire sans cesse des contes de votre lésine. L'un dit que vous faites imprimer des almanachs particuliers, où vous faites doubler les quatre-temps et les vigiles, afin de profiter des jeûnes où vous obligez votre monde ; l'autre, que vous avez toujours une querelle toute prête à faire à vos valets dans le temps des étrennes ou de leur sortie d'avec vous, pour vous trouver une raison de ne leur donner rien. Celui-là conte qu'une fois vous fîtes assigner le chat d'un de vos voisins, pour vous avoir mangé un reste d'un gigot de mouton ; celui-ci, que l'on vous surprit une nuit, en venant dérober vous-même l'avoine de vos chevaux, et que votre cocher, qui était celui d'avant moi, vous donna, dans l'obscurité, je ne sais combien de coups de bâton, dont vous ne voulûtes rien dire. Enfin, voulez-vous que je vous dise? On ne saurait aller nulle part, où l'on ne vous entende accommoder de toutes pièces. Vous êtes la fable et la risée de tout le monde, et jamais on ne parle de vous que sous les noms d'avare, de ladre, de vilain, et de fesse-matthieu.

HARPAGON, en battant maître Jacques.

Vous êtes un sot, un maraud, un coquin, et un impudent.

MAITRE JACQUES.

Hé bien! ne l'avais-je pas deviné? Vous ne m'avez pas voulu croire. Je vous avais bien dit que je vous fâcherais de vous dire la vérité.

HARPAGON.

Apprenez à parler.

SCÈNE VI.

VALÈRE, MAITRE JACQUES.

VALÈRE, riant.

A ce que je puis voir, maître Jacques, on paie mal votre franchise.

MAITRE JACQUES.

Morbleu! monsieur le nouveau venu, qui faites l'homme d'importance, ce n'est pas votre affaire. Riez de vos coups de bâton quand on vous en donnera, et ne venez point rire des miens.

VALÈRE.

Ah! monsieur maître Jacques, ne vous fâchez pas, je vous prie.

MAITRE JACQUES, à part.

Il file doux. Je veux faire le brave, et, s'il est assez sot

pour me craindre, le frotter quelque peu. (Haut.) Savez-vous bien, monsieur le rieur, que je ne ris pas, moi; et que, si vous m'échauffez la tête, je vous ferai rire d'une autre sorte?
(Maître Jacques pousse Valère jusqu'au bout du théâtre, en le menaçant.)

VALÈRE.

Hé! doucement.

MAITRE JACQUES.

Comment, doucement? il ne me plaît pas à moi.

VALÈRE.

De grâce!

MAITRE JACQUES.

Vous êtes un impertinent.

VALÈRE.

Monsieur maître Jacques...

MAITRE JACQUES.

Il n'y a point de monsieur maître Jacques pour un double. Si je prends un bâton, je vous rosserai d'importance.

VALÈRE.

Comment! un bâton? (Valère fait reculer maître Jacques à son tour.)

MAITRE JACQUES.

Hé! je ne parle pas de cela.

VALÈRE.

Savez-vous bien, monsieur le fat, que je suis homme à vous rosser vous-même?

MAITRE JACQUES.

Je n'en doute pas.

VALÈRE.

Que vous n'êtes, pour tout potage, qu'un faquin de cuisinier?

MAITRE JACQUES.

Je le sais bien.

VALÈRE.

Et que vous ne me connaissez pas encore?

MAITRE JACQUES.

Pardonnez-moi.

VALÈRE.

Vous me rosserez, dites-vous?

MAITRE JACQUES.

Je le disais en raillant.

VALÈRE.

Et moi, je ne prends point de goût à votre raillerie. (Donnant des coups de bâton à maître Jacques.) Apprenez que vous êtes un mauvais railleur.

MAITRE JACQUES, seul.

Peste soit la sincérité! c'est un mauvais métier: désormais j'y renonce, et je ne veux plus dire vrai. Passe encore pour mon maître : il a quelque droit de me battre; mais pour ce monsieur l'intendant, je m'en vengerai si je puis.

SCÈNE VII.

MARIANE, FROSINE, MAITRE JACQUES.

FROSINE.

Savez-vous, maître Jacques, si votre maître est au logis?

MAITRE JACQUES.

Oui, vraiment, il y est; je ne le sais que trop.

FROSINE.

Dites-lui, je vous prie, que nous sommes ici.

SCÈNE VIII.

MARIANE, FROSINE.

MARIANE.

Ah! que je suis, Frosine, dans un étrange état, et, s'il faut dire ce que je sens, que j'appréhende cette vue!

FROSINE.

Mais pourquoi, et quelle est votre inquiétude?

MARIANE.

Hélas! me le demandez-vous? Et ne vous figurez-vous point les alarmes d'une personne toute prête à voir le supplice où l'on veut l'attacher?

FROSINE.

Je vois bien que, pour mourir agréablement, Harpagon n'est pas le supplice que vous voudriez embrasser; et je connais, à votre mine, que le jeune blondin dont vous m'avez parlé vous revient un peu dans l'esprit.

MARIANE.

Oui. C'est une chose, Frosine, dont je ne veux pas me défendre; et les visites respectueuses qu'il a rendues chez nous ont fait, je vous l'avoue, quelque effet dans mon âme.

FROSINE.

Mais avez-vous su quel il est?

MARIANE.

Non: je ne sais point quel il est. Mais je sais qu'il est fait d'un air à se faire aimer; que, si l'on pouvait mettre les choses à mon choix, je le prendrais plutôt qu'un autre, et qu'il ne contribue pas peu à me faire trouver un tourment effroyable dans l'époux qu'on veut me donner.

FROSINE.

Mon Dieu! tous ces blondins sont agréables, et débitent

fort bien leur fait, mais la plupart sont gueux comme des rats ; il vaut mieux, pour vous, de prendre un vieux mari qui vous donne beaucoup de bien. Je vous avoue que les sens ne trouvent pas si bien leur compte du côté que je dis, et qu'il y a quelques petits dégoûts à essuyer avec un tel époux; mais cela n'est pas pour durer; et sa mort, croyez-moi, vous mettra bientôt en état d'en prendre un plus aimable, qui réparera toutes choses.

MARIANE.

Mon Dieu! Frosine, c'est une étrange affaire, lorsque, pour être heureuse, il faut souhaiter ou attendre le trépas de quelqu'un, et la mort ne suit pas tous les projets que nous faisons.

FROSINE.

Vous moquez-vous? Vous ne l'épousez qu'aux conditions de vous laisser veuve bientôt; et ce doit être là un des articles du contrat. Il serait bien impertinent de ne pas mourir dans trois mois! Le voici en propre personne.

MARIANE.

Ah! Frosine, quelle figure!

SCÈNE IX.

HARPAGON, MARIANE, FROSINE.

HARPAGON, à Mariane.

Ne vous offensez pas, ma belle, si je viens à vous avec des lunettes. Je sais que vos appas frappent assez les yeux, sont assez visibles d'eux-mêmes, et qu'il n'est pas besoin de lunettes pour les apercevoir; mais, enfin, c'est avec des lunettes qu'on observe les astres; et je maintiens et garantis que vous êtes un astre, mais un astre, le plus bel astre qui soit dans le pays des astres. Frosine, elle ne répond mot, et ne témoigne, ce me semble, aucune joie de me voir.

FROSINE.

C'est qu'elle est encore toute surprise, et puis, les filles ont toujours honte à témoigner d'abord ce qu'elles ont dans l'âme.

HARPAGON, à Frosine.

Tu as raison. (A Mariane.) Voilà, belle mignonne, ma fille qui vient vous saluer.

SCÈNE X.

HARPAGON, ÉLISE, MARIANE, FROSINE.

MARIANE.

Je m'acquitte bien tard, madame, d'une telle visite.

ÉLISE.

Vous avez fait, madame, ce que je devais faire, et c'était à moi de vous prévenir.

HARPAGON.

Vous voyez qu'elle est grande; mais mauvaise herbe croît toujours.

MARIANE, bas, à Frosine.

Oh! l'homme déplaisant!

HARPAGON, bas, à Frosine.

Que dit la belle?

FROSINE.

Qu'elle vous trouve admirable.

HARPAGON.

C'est trop d'honneur que vous me faites, adorable mignonne.

MARIANE, à part.

Quel animal!

HARPAGON.

Je vous suis trop obligé de ces sentiments.

MARIANE, à part.

Je n'y puis plus tenir.

SCÈNE XI.

HARPAGON, MARIANE, ÉLISE, CLÉANTE, VALÈRE,
FROSINE, BRINDAVOINE.

HARPAGON.

Voici mon fils aussi, qui vous vient faire la révérence.

MARIANE, bas, à Frosine.

Ah! Frosine, quelle rencontre! C'est justement celui dont je t'ai parlé.

FROSINE, à Mariane.

L'aventure est merveilleuse.

HARPAGON.

Je vois que vous vous étonnez de me voir de si grands enfants, mais je serai bientôt défait et de l'un et de l'autre.

CLÉANTE, à Mariane.

Madame, à vous dire le vrai, c'est ici une aventure où, sans doute, je ne m'attendais pas; et mon père ne m'a pas peu surpris lorsqu'il m'a dit tantôt le dessein qu'il avait formé.

MARIANE.

Je puis dire la même chose. C'est une rencontre imprévue qui m'a surprise autant que vous; et je n'étais point préparée à une pareille aventure.

CLÉANTE.

Il est vrai que mon père, madame, ne peut pas faire un plus beau choix, et que ce m'est une sensible joie que l'honneur de vous voir : mais, avec tout cela, je ne vous assurerai point que je me réjouis du dessein où vous pourriez être de devenir ma belle-mère. Le compliment, je vous l'avoue, est trop difficile pour moi; et c'est un titre, s'il vous plaît, que je ne vous souhaite point. Ce discours paraîtra brutal aux yeux de quelques-uns : mais je suis assuré que vous serez personne à le prendre comme il faudra; que c'est un mariage, madame, où vous vous imaginez bien que je dois avoir de la répugnance; que vous n'ignorez pas, sachant ce que je suis, comme il choque mes intérêts, et que vous voulez bien enfin que je vous dise, avec la permission de mon père, que, si les choses dépendaient de moi, cet hymen ne se ferait point.

HARPAGON.

Voilà un compliment bien impertinent! Quelle belle confession à lui faire!

MARIANE.

Et moi, pour vous répondre, j'ai à vous dire que les choses sont fort égales, et que, si vous auriez de la répugnance à me voir votre belle-mère, je n'en aurais pas moins, sans doute, à vous voir mon beau-fils. Ne croyez pas, je vous prie, que ce soit moi qui cherche à vous donner cette inquiétude. Je serais fort fâchée de vous causer du déplaisir; et, si je ne m'y vois forcée par une puissance absolue, je vous donne ma parole que je ne consentirai point au mariage qui vous chagrine.

HARPAGON.

Elle a raison. A sot compliment, il faut une réponse de même. Je vous demande pardon, ma belle, de l'impertinence de mon fils; c'est un jeune sot, qui ne sait pas encore la conséquence des paroles qu'il dit.

MARIANE.

Je vous promets que ce qu'il m'a dit ne m'a point du tout offensée; au contraire, il m'a fait plaisir de m'expliquer ainsi ses véritables sentiments. J'aime de lui un aveu de la sorte, et, s'il avait parlé d'autre façon, je l'en estimerais bien moins.

HARPAGON.

C'est beaucoup de bonté à vous, de vouloir ainsi excuser ses fautes. Le temps le rendra plus sage, et vous verrez qu'il changera de sentiments.

CLÉANTE.

Non, mon père, je ne suis point capable d'en changer, et je prie instamment madame de le croire.

HARPAGON.

Mais voyez quelle extravagance! il continue encore plus fort.

CLÉANTE.

Voulez-vous que je trahisse mon cœur?

HARPAGON.

Encore! avez-vous envie de changer de discours?

CLÉANTE.

Hé bien! puisque vous voulez que je parle d'autre façon, souffrez, madame, que je me mette ici à la place de mon père, et que je vous avoue que je n'ai rien vu dans le monde de si charmant que vous; que je ne conçois rien d'égal au bonheur de vous plaire; et que le titre de votre époux est une gloire, une félicité que je préférerais aux destinées des plus grands princes de la terre. Oui, madame, le bonheur de vous posséder est, à mes regards, la plus belle de toutes les fortunes; c'est où j'attache toute mon ambition. Il n'y a rien que je ne sois capable de faire pour une conquête si précieuse, et les obstacles les plus puissants...

HARPAGON.

Doucement, mon fils, s'il vous plaît.

CLÉANTE.

C'est un compliment que je fais pour vous à madame.

HARPAGON.

Mon Dieu! j'ai une langue pour m'expliquer moi-même, et je n'ai pas besoin d'un procureur comme vous. Allons, donnez des siéges.

FROSINE.

Non, il vaut mieux que de ce pas nous allions à la foire, afin d'en revenir plus tôt, et d'avoir tout le temps ensuite de vous entretenir.

HARPAGON, à Brindavoine.

Qu'on mette donc les chevaux au carrosse.

SCÈNE XII.

HARPAGON, MARIANE, ÉLISE, CLÉANTE, VALÈRE, FROSINE.

HARPAGON, à Mariane.

Je vous prie de m'excuser, ma belle, si je n'ai pas songé à vous donner un peu de collation avant que de partir.

CLÉANTE.

J'y ai pourvu, mon père, et j'ai fait apporter ici quelques bassins d'oranges de la Chine, de citrons doux, et de confitures, que j'ai envoyé querir de votre part.

HARPAGON, bas, à Valère.

Valère!

VALÈRE, à Harpagon.

Il a perdu le sens.

CLÉANTE.

Est-ce que vous trouvez, mon père, que ce ne soit pas assez? Madame aura la bonté d'excuser cela, s'il lui plaît.

MARIANE.

C'est une chose qui n'était pas nécessaire.

CLÉANTE.

Avez-vous jamais vu, madame, un diamant plus vif que celui que vous voyez que mon père a au doigt?

MARIANE.

Il est vrai qu'il brille beaucoup.

CLÉANTE. (Il ôte du doigt de son père le diamant, et le donne à Mariane.)
Il faut que vous le voyiez de près.

MARIANE.

Il est fort beau, sans doute, et jette quantité de feux.

CLÉANTE. (Il se met au-devant de Mariane qui veut rendre le diamant.)

Nenni, madame, il est en de trop belles mains. C'est un présent que mon père vous a fait.

HARPAGON.

Moi?

CLÉANTE.

N'est-il pas vrai, mon père, que vous voulez que madame le garde pour l'amour de vous?

HARPAGON, bas, à son fils.

Comment?

CLÉANTE, à Mariane.

Belle demande! il me fait signe de vous le faire accepter.

MARIANE.

Je ne veux point...

CLÉANTE, à Mariane.

Vous moquez-vous? Il n'a garde de le reprendre.

HARPAGON, à part.

J'enrage!

MARIANE.

Ce serait...

CLÉANTE, en empêchant toujours Mariane de rendre la bague.

Non, vous dis-je, c'est l'offenser.

MARIANE.

De grâce.

CLÉANTE.

Point du tout.

HARPAGON, à part.

Peste soit...

CLÉANTE.

Le voilà qui se scandalise de votre refus.

HARPAGON, bas, à son fils.

Ah! traître!

CLÉANTE, à Mariane.

Vous voyez qu'il se désespère.

HARPAGON, bas, à son fils, en le menaçant.

Bourreau que tu es!

CLÉANTE.

Mon père, ce n'est pas ma faute. Je fais ce que je puis pour l'obliger à la garder, mais elle est obstinée.

HARPAGON, bas, à son fils, avec emportement.

Pendard!

CLÉANTE.

Vous êtes cause, madame, que mon père me querelle.

HARPAGON, bas, à son fils, avec les mêmes grimaces.

Le coquin!

CLÉANTE, à Mariane.

Vous le ferez tomber malade. De grâce, madame, ne résistez point davantage.

FROSINE, à Mariane.

Mon Dieu! que de façons! Gardez la bague, puisque monsieur le veut.

MARIANE, à Harpagon.

Pour ne vous point mettre en colère, je la garde maintenant, et je prendrai un autre temps pour vous la rendre.

SCÈNE XIII.

HARPAGON, MARIANE, ÉLISE, CLÉANTE, VALÈRE, FROSINE, BRINDAVOINE.

BRINDAVOINE.

Monsieur, il y a là un homme qui veut vous parler.

HARPAGON.

Dis-lui que je suis empêché, et qu'il revienne une autre fois.

BRINDAVOINE.

Il dit qu'il vous apporte de l'argent.

HARPAGON, à Mariane.

Je vous demande pardon; je reviens tout à l'heure.

SCÈNE XIV.

HARPAGON, MARIANE, ÉLISE, CLÉANTE, VALÈRE,
FROSINE, LA MERLUCHE.

LA MERLUCHE. (Il vient en courant, et fait tomber Harpagon.)

Monsieur...

HARPAGON.

Ah! je suis mort.

CLÉANTE

Qu'est-ce, mon père? vous êtes-vous fait mal?

HARPAGON.

Le traître assurément a reçu de l'argent de mes débiteurs pour me faire rompre le cou.

VALÈRE, à Harpagon.

Cela ne sera rien.

LA MERLUCHE, à Harpagon.

Monsieur, je vous demande pardon : je croyais bien faire d'accourir vite.

HARPAGON.

Que viens-tu faire ici, bourreau?

LA MERLUCHE.

Vous dire que vos deux chevaux sont déferrés.

HARPAGON.

Qu'on les mène promptement chez le maréchal.

CLÉANTE.

En attendant qu'ils soient ferrés, je vais faire pour vous, mon père, les honneurs de votre logis et conduire madame dans le jardin, où je ferai porter la collation.

SCÈNE XV.

HARPAGON, VALÈRE.

HARPAGON.

Valère, aie un peu l'œil à tout cela, et prends soin, je te prie, de m'en sauver le plus que tu pourras, pour le renvoyer au marchand.

VALÈRE.

C'est assez.

HARPAGON, seul.

O fils impertinent! as-tu envie de me ruiner?

FIN DU TROISIÈME ACTE.

ACTE QUATRIÈME.

SCÈNE I.

CLÉANTE, MARIANE, ÉLISE, FROSINE.

CLÉANTE.

Rentrons ici, nous serons beaucoup mieux. Il n'y a plus autour de nous personne de suspect, et nous pouvons parler librement.

ÉLISE.

Oui, madame, mon frère m'a fait confidence de la passion qu'il a pour vous. Je sais les chagrins et les déplaisirs que sont capables de causer de pareilles traverses; et c'est, je vous assure, avec une tendresse extrême que je m'intéresse à votre aventure.

MARIANE.

C'est une douce consolation que de voir dans ses intérêts une personne comme vous; et je vous conjure, madame, de me garder toujours cette généreuse amitié, si capable de m'adoucir les cruautés de la fortune.

FROSINE.

Vous êtes, par ma foi, de malheureuses gens l'un et l'autre, de ne m'avoir point, avant tout ceci, avertie de votre affaire. Je vous aurais, sans doute, détourné cette inquiétude, et n'aurais point amené les choses où l'on voit qu'elles sont.

CLÉANTE.

Que veux-tu? C'est ma mauvaise destinée qui l'a voulu ainsi. Mais, belle Mariane, quelles résolutions sont les vôtres?

MARIANE.

Hélas! suis-je en pouvoir de faire des résolutions? Et, dans la dépendance où je me vois, puis-je former que des souhaits?

CLÉANTE.

Point d'autre appui pour moi dans votre cœur que de simples souhaits? point de pitié officieuse? point de secourable bonté? point d'affection agissante?

MARIANE.

Que saurais-je vous dire? Mettez-vous en ma place, et voyez ce que je puis faire. Avisez, ordonnez vous-même : je m'en remets à vous; et je vous crois trop raisonnable pour vouloir exiger de moi que ce qui peut m'être permis par l'honneur et la bienséance.

CLÉANTE.

Hélas! où me réduisez-vous, que de me renvoyer à ce que voudront me permettre les fâcheux sentiments d'un rigoureux honneur et d'une scrupuleuse bienséance?

MARIANE.

Mais que voulez-vous que je fasse? Quand je pourrais passer sur quantité d'égards où notre sexe est obligé, j'ai de la considération pour ma mère. Elle m'a toujours élevée avec une tendresse extrême, et je ne saurais me résoudre à lui donner du déplaisir. Faites, agissez auprès d'elle; employez tous vos soins à gagner son esprit. Vous pouvez faire et dire tout ce que vous voudrez, je vous en donne la licence; et, s'il ne tient qu'à me déclarer en votre faveur, je veux bien consentir à lui faire un aveu, moi-même, de tout ce que je sens pour vous.

CLÉANTE.

Frosine, ma pauvre Frosine, voudrais-tu nous servir?

FROSINE.

Par ma foi, faut-il demander? je le voudrais de tout mon cœur. Vous savez que, de mon naturel, je suis assez humaine. Le ciel ne m'a point fait l'âme de bronze; et je n'ai que trop de tendresse à rendre de petits services, quand je vois des gens qui s'entr'aiment en tout bien et en tout honneur. Que pourrions-nous faire à ceci?

CLÉANTE.

Songe un peu, je te prie.

MARIANE.

Ouvre-nous des lumières.

ÉLISE.

Trouve quelque invention pour rompre ce que tu as fait.

FROSINE.

Ceci est assez difficile. (A Mariane.) Pour votre mère, elle n'est pas tout à fait déraisonnable, et peut-être pourrait-on la gagner et la résoudre à transporter au fils le don qu'elle veut faire au père. (A Cléante.) Mais le mal que j'y trouve, c'est que votre père est votre père.

CLÉANTE.

Cela s'entend.

FROSINE.

Je veux dire qu'il conservera du dépit si l'on montre qu'on le refuse, et qu'il ne sera point d'humeur à donner son consentement à votre mariage. Il faudrait, pour bien faire, que le refus vînt de lui-même, et tâcher, par quelque moyen, de le dégoûter de votre personne.

CLÉANTE.

Tu as raison.

FROSINE.

Oui, j'ai raison, je le sais bien. C'est là ce qu'il faudrait; mais le diantre est d'en pouvoir trouver les moyens. Attendez: si nous avions quelque femme un peu sur l'âge qui fût de mon talent, et jouât assez bien pour contrefaire une dame de qualité, par le moyen d'un train fait à la hâte et d'un bizarre nom de marquise ou de vicomtesse, que nous supposerions de la basse Bretagne, j'aurais assez d'adresse pour faire accroire à votre père que ce serait une personne riche, outre ses maisons, de cent mille écus en argent comptant; qu'elle serait éperdument amoureuse de lui, et souhaiterait de se voir sa femme, jusqu'à lui donner tout son bien par contrat de mariage; et je ne doute point qu'il ne prêtât l'oreille à la proposition. Car, enfin, il vous aime fort, je le sais, mais il aime un peu plus l'argent; et quand, ébloui de ce leurre, il aurait une fois consenti à ce qui vous touche, il importerait peu ensuite qu'il se désabusât, en venant à vouloir voir clair aux effets de notre marquise.

CLÉANTE.

Tout cela est fort bien pensé.

FROSINE.

Laissez-moi faire. Je viens de me ressouvenir d'une de mes amies qui sera notre fait.

CLÉANTE.

Sois assurée, Frosine, de ma reconnaissance, si tu viens à bout de la chose. Mais, charmante Mariane, commençons, je vous prie, par gagner votre mère; c'est toujours beaucoup faire que de rompre ce mariage. Faites-y de votre part, je vous en conjure, tous les efforts qu'il vous sera possible. Servez-vous de tout le pouvoir que vous donne sur elle cette amitié qu'elle a pour vous. Déployez sans réserve les grâces éloquentes, les charmes tout-puissants que le ciel a placés dans vos yeux et dans votre bouche; et n'oubliez rien, s'il vous plaît, de ces tendres paroles, de ces douces prières, et de ces caresses touchantes, à qui je suis persuadé qu'on ne saurait rien refuser.

MARIANE.

J'y ferai tout ce que je puis, et n'oublierai aucune chose.

SCÈNE II.

HARPAGON, CLÉANTE, MARIANE, ÉLISE, FROSINE.

HARPAGON, à part, sans être aperçu.

Ouais! mon fils baise la main de sa prétendue belle-mère; et sa prétendue belle-mère ne s'en défend pas fort. Y aurait-il quelque mystère là-dessous?

ÉLISE.

Voilà mon père.

HARPAGON.

Le carrosse est tout prêt; vous pouvez partir quand il vous plaira.

CLÉANTE.

Puisque vous n'y allez pas, mon père, je m'en vais les conduire.

HARPAGON.

Non : demeurez. Elles iront bien toutes seules; et j'ai besoin de vous.

SCÈNE III.

HARPAGON, CLÉANTE.

HARPAGON.

Oh çà, intérêt de belle-mère à part, que te semble, à toi, de cette personne?

CLÉANTE.

Ce qui m'en semble?

HARPAGON.

Oui, de son air, de sa taille, de sa beauté, de son esprit ?

CLÉANTE.

La, la.

HARPAGON.

Mais encore ?

CLÉANTE.

A vous en parler franchement, je ne l'ai pas trouvée ici ce que je l'avais crue. Son air est de franche coquette, sa taille est assez gauche, sa beauté très-médiocre, et son esprit des plus communs. Ne croyez pas que ce soit, mon père, pour vous en dégoûter ; car belle-mère pour belle-mère, j'aime autant celle-là qu'une autre.

HARPAGON.

Tu lui disais tantôt pourtant...

CLÉANTE.

Je lui ai dit quelques douceurs en votre nom, mais c'était pour vous plaire.

HARPAGON.

Si bien donc que tu n'aurais pas d'inclination pour elle?

CLÉANTE.

Moi ? point du tout.

HARPAGON.

J'en suis fâché, car cela rompt une pensée qui m'était venue dans l'esprit. J'ai fait, en la voyant ici, réflexion sur mon âge ; et j'ai songé qu'on pourra trouver à redire de me voir marier à une si jeune personne. Cette considération m'en faisait quitter le dessein ; et, comme je l'ai fait demander, et que je suis pour elle engagé de parole, je te l'aurais donnée, sans l'aversion que tu témoignes.

CLÉANTE.

A moi ?

HARPAGON.

A toi.

CLÉANTE.

En mariage?

HARPAGON.

En mariage.

CLÉANTE.

Écoutez. Il est vrai qu'elle n'est pas fort à mon goût; mais pour vous faire plaisir, mon père, je me résoudrai à l'épouser, si vous voulez.

HARPAGON.

Moi? je suis plus raisonnable que tu ne penses. Je ne veux point forcer ton inclination.

CLÉANTE.

Pardonnez-moi; je me ferai cet effort pour l'amour de vous.

HARPAGON.

Non, non, un mariage ne saurait être heureux où l'inclination n'est pas.

CLÉANTE.

C'est une chose, mon père, qui peut-être viendra ensuite, et l'on dit que l'amour est souvent un fruit du mariage.

HARPAGON.

Non. Du côté de l'homme, on ne doit point risquer l'affaire; et ce sont des suites fâcheuses, où je n'ai garde de me commettre. Si tu avais senti quelque inclination pour elle, à la bonne heure, je te l'aurais fait épouser, au lieu de moi; mais cela n'étant pas, je suivrai mon premier dessein, et je l'épouserai moi-même.

CLÉANTE.

Hé bien! mon père, puisque les choses sont ainsi, il faut vous découvrir mon cœur, il faut vous révéler notre secret. La vérité est que je l'aime depuis un jour que je la vis dans une promenade, que mon dessein était tantôt de vous la demander pour femme, et que rien ne m'a retenu que la déclaration de vos sentiments et la crainte de vous déplaire.

HARPAGON.

Lui avez-vous rendu visite?

CLÉANTE.

Oui, mon père.

HARPAGON.

Beaucoup de fois?

CLÉANTE.

Assez pour le temps qu'il y a.

HARPAGON.

Vous a-t-on bien reçu?

CLÉANTE.

Fort bien, mais sans savoir qui j'étais; et c'est ce qui a fait tantôt la surprise de Mariane.

HARPAGON.

Lui avez-vous déclaré votre passion, et le dessein où vous étiez de l'épouser?

CLÉANTE.

Sans doute; et même j'en avais fait à sa mère quelque peu d'ouverture.

HARPAGON.

A-t-elle écouté, pour sa fille, votre proposition?

CLÉANTE.

Oui, fort civilement.

HARPAGON.

Et la fille correspond-elle fort à votre amour?

CLÉANTE.

Si j'en dois croire les apparences, je me persuade, mon père, qu'elle a quelque bonté pour moi.

HARPAGON, bas, à part.

Je suis bien aise d'avoir appris un tel secret; et voilà justement ce que je demandais. (Haut.) Oh sus, mon fils, savez-vous ce qu'il y a? c'est qu'il faut songer, s'il vous plaît, à vous défaire de votre amour, à cesser toutes vos poursuites auprès d'une personne que je prétends pour moi, et à vous marier dans peu avec celle qu'on vous destine.

CLÉANTE.

Oui, mon père ; c'est ainsi que vous me jouez ! Hé bien ! puisque les choses en sont venues là, je vous déclare, moi, que je ne quitterai point la passion que j'ai pour Mariane ; qu'il n'y a point d'extrémité où je ne m'abandonne pour vous disputer sa conquête ; et que, si vous avez pour vous le consentement d'une mère, j'aurai d'autres secours, peut-être, qui combattront pour moi.

HARPAGON.

Comment, pendard ! tu as l'audace d'aller sur mes brisées !

CLÉANTE.

C'est vous qui allez sur les miennes, et je suis le premier en date.

HARPAGON.

Ne suis-je pas ton père ? et ne me dois-tu pas respect ?

CLÉANTE.

Ce ne sont point ici des choses où les enfants soient obligés de déférer aux pères, et l'amour ne connaît personne.

HARPAGON.

Je te ferai bien me connaître avec de bons coups de bâton.

CLÉANTE.

Toutes vos menaces ne feront rien.

HARPAGON.

Tu renonceras à Mariane.

CLÉANTE.

Point du tout.

HARPAGON.

Donnez-moi un bâton tout à l'heure.

SCÈNE IV.

HARPAGON, CLÉANTE, MAITRE JACQUES.

MAITRE JACQUES.

Hé, hé, hé, messieurs, qu'est-ce ci? à quoi songez vous?

CLÉANTE.

Je me moque de cela.

MAITRE JACQUES, à Cléante.

Ah! monsieur, doucement.

HARPAGON.

Me parler avec cette impudence!

MAITRE JACQUES, à Harpagon.

Ah! monsieur, de grâce!

CLÉANTE.

Je n'en démordrai point.

MAITRE JACQUES, à Cléante.

Hé quoi! à votre père?

HARPAGON.

Laisse-moi faire.

MAITRE JACQUES, à Harpagon.

Hé quoi! à votre fils? Encore passe pour moi.

HARPAGON.

Je te veux faire toi-même, maître Jacques, juge de cette affaire, pour montrer comme j'ai raison.

MAITRE JACQUES.

J'y consens. (A Cléante.) Éloignez-vous un peu.

HARPAGON.

J'aime une fille que je veux épouser; et le pendard a l'insolence de l'aimer avec moi, et d'y prétendre malgré mes ordres.

MAITRE JACQUES.

Ah! il a tort.

HARPAGON.

N'est-ce pas une chose épouvantable, qu'un fils qui veut entrer en concurrence avec son père? et ne doit-il pas, par respect, s'abstenir de toucher à mes inclinations?

MAITRE JACQUES.

Vous avez raison. Laissez-moi lui parler, et demeurez là. (Il vient trouver Cléante à l'autre bout du théâtre.)

CLÉANTE, à maître Jacques.

Hé bien! oui, puisqu'il veut te choisir pour juge, je n'y recule point; il ne m'importe qui ce soit, et je veux bien aussi me rapporter à toi, maître Jacques, de notre différend.

MAITRE JACQUES.

C'est beaucoup d'honneur que vous me faites.

CLÉANTE.

Je suis épris d'une jeune personne qui répond à mes vœux, et reçoit tendrement les offres de ma foi; et mon père s'avise de venir troubler notre amour, par la demande qu'il en fait faire.

MAITRE JACQUES.

Il a tort assurément.

CLÉANTE.

N'a-t-il point de honte, à son âge, de songer à se marier? Lui sied-il bien d'être encore amoureux? et ne devrait-il pas laisser cette occupation aux jeunes gens?

MAITRE JACQUES.

Vous avez raison, il se moque. Laissez-moi lui dire deux mots. (Il revient à Harpagon.) Hé bien! votre fils n'est pas si étrange que vous le dites, et il se met à la raison. Il dit qu'il sait le respect qu'il vous doit; qu'il ne s'est emporté que dans la première chaleur, et qu'il ne fera point refus de se soumettre à ce qu'il vous plaira, pourvu que vous vouliez le traiter mieux que vous ne faites, et lui donner quelque personne en mariage, dont il ait lieu d'être content.

HARPAGON.

Ah! dis-lui, maître Jacques, que, moyennant cela, il pourra espérer toutes choses de moi, et que, hors Mariane, je lui laisse la liberté de choisir celle qu'il voudra.

MAITRE JACQUES.

Laissez-moi faire. (Il va au fils.) Hé bien! votre père n'est pas si déraisonnable que vous le faites; et il m'a témoigné que ce sont vos emportements qui l'ont mis en colère; qu'il n'en veut seulement qu'à votre manière d'agir, et qu'il sera fort disposé à vous accorder ce que vous souhaitez, pourvu que vous vouliez vous y prendre par la douceur, et lui rendre les déférences, les respects et les soumissions qu'un fils doit à son père.

CLÉANTE.

Ah! maître Jacques, tu lui peux assurer que, s'il m'accorde Mariane, il me verra toujours le plus soumis de tous les hommes, et que jamais je ne ferai aucune chose que par ses volontés.

MAITRE JACQUES, à Harpagon.

Cela est fait. Il consent à ce que vous dites.

HARPAGON.

Voilà qui va le mieux du monde.

MAITRE JACQUES, à Cléante.

Tout est conclu. Il est content de vos promesses.

CLÉANTE.

Le ciel en soit loué!

MAITRE JACQUES.

Messieurs, vous n'avez qu'à parler ensemble : vous voilà d'accord maintenant; et vous alliez vous quereller, faute de vous entendre.

CLÉANTE.

Mon pauvre maître Jacques, je te serai obligé toute ma vie.

MAITRE JACQUES.

Il n'y a pas de quoi, monsieur.

HARPAGON.

Tu m'as fait plaisir, maître Jacques, et cela mérite une récompense. (Harpagon fouille dans sa poche; maître Jacques tend la main; mais Harpagon ne tire que son mouchoir, en disant:) Va, je m'en souviendrai, je t'assure.

MAITRE JACQUES.

Je vous baise les mains.

SCÈNE V.

HARPAGON, CLÉANTE.

CLÉANTE.

Je vous demande pardon, mon père, de l'emportement que j'ai fait paraître.

HARPAGON.

Cela n'est rien.

CLÉANTE.

Je vous assure que j'en ai tous les regrets du monde.

HARPAGON.

Et moi, j'ai toutes les joies du monde de te voir raisonnable.

CLÉANTE.

Quelle bonté à vous d'oublier si vite ma faute!

HARPAGON.

On oublie aisément les fautes des enfants lorsqu'ils rentrent dans leur devoir.

CLÉANTE.

Quoi! ne garder aucun ressentiment de toutes mes extravagances?

HARPAGON.

C'est une chose où tu m'obliges, par la soumission et le respect où tu te ranges.

CLÉANTE.

Je vous promets, mon père, que, jusques au tombeau, je conserverai dans mon cœur le souvenir de vos bontés.

HARPAGON.

Et moi, je te promets qu'il n'y aura aucune chose que tu n'obtiennes de moi.

CLÉANTE.

Ah! mon père, je ne vous demande plus rien; et c'est m'avoir assez donné, que de me donner Mariane.

HARPAGON.

Comment?

CLÉANTE.

Je dis, mon père, que je suis trop content de vous, et que je trouve toutes choses dans la bonté que vous avez de m'accorder Mariane.

HARPAGON.

Qui est-ce qui te parle de t'accorder Mariane?

CLÉANTE.

Vous, mon père.

HARPAGON.

Moi?

CLÉANTE.

Sans doute.

HARPAGON.

Comment! c'est toi qui as promis d'y renoncer.

CLÉANTE.

Moi, y renoncer?

HARPAGON.

Oui.

CLÉANTE.

Point du tout.

HARPAGON.

Tu ne t'es pas départi d'y prétendre?

CLÉANTE.

Au contraire, j'y suis porté plus que jamais.

HARPAGON.

Quoi! pendard, derechef?

CLÉANTE.

Rien ne me peut changer.

HARPAGON.

Laisse-moi faire, traître.

CLÉANTE.

Faites tout ce qu'il vous plaira.

HARPAGON.

Je te défends de me jamais voir.

CLÉANTE.

A la bonne heure.

HARPAGON.

Je t'abandonne.

CLÉANTE.

Abandonnez.

HARPAGON.

Je te renonce pour mon fils.

CLÉANTE.

Soit.

HARPAGON.

Je te déshérite.

CLÉANTE.

Tout ce que vous voudrez.

HARPAGON.

Et je te donne ma malédiction.

CLÉANTE.

Je n'ai que faire de vos dons.

SCÈNE VI.

CLÉANTE, LA FLÈCHE.

LA FLÈCHE, sortant du jardin avec une cassette.

Ah! monsieur, que je vous trouve à propos! Suivez-moi vite.

CLÉANTE.

Qu'y a-t-il?

LA FLÈCHE.

Suivez-moi, vous dis-je : nous sommes bien.

CLÉANTE.

Comment?

LA FLÈCHE.

Voici votre affaire.

CLÉANTE.

Quoi?

LA FLÈCHE.

J'ai guigné ceci tout le jour.

CLÉANTE.

Qu'est-ce que c'est?

LA FLÈCHE.

Le trésor de votre père, que j'ai attrapé.

CLÉANTE.

Comment as-tu fait?

LA FLÈCHE.

Vous saurez tout. Sauvons-nous, je l'entends crier.

SCÈNE VII.

HARPAGON. (Il crie au voleur dès le jardin, et vient sans chapeau.)

Au voleur! au voleur! à l'assassin! au meurtrier! Justice, juste ciel! je suis perdu, je suis assassiné! on m'a coupé la gorge : on m'a dérobé mon argent. Qui peut-ce être? Qu'est-il devenu? Où est-il? Où se cache-t-il? Que ferai-je pour le trouver? Où courir? Où ne pas courir? N'est-il point là? N'est-il point ici? Qui est-ce? Arrête! (Il se prend lui-même par le bras.) Rends-moi mon argent, coquin! Ah! c'est moi! Mon esprit est troublé, et j'ignore où je suis, qui je suis, et ce que je fais. Hélas! mon pauvre argent! mon pauvre argent! mon cher ami! on m'a privé de toi ; et, puisque tu m'es enlevé, j'ai perdu mon support, ma consolation, ma joie : tout est fini pour moi, et je n'ai plus que faire au monde. Sans toi, il m'est impossible de vivre. C'en est fait; je n'en puis plus; je me meurs; je suis mort; je suis enterré. N'y a-t-il personne qui veuille me ressusciter, en me rendant mon cher argent, ou en m'apprenant qui l'a pris? Euh? que dites-vous? Ce n'est personne. Il faut, qui que ce soit qui ait fait le coup, qu'avec beaucoup de soin on ait épié l'heure ; et l'on a choisi justement le temps que je parlais à mon traître de fils. Sortons. Je veux aller querir la justice, et faire donner la question à toute ma maison; à servantes, à valets, à fils et à fille, et à moi aussi. Que de gens assemblés! Je ne jette mes regards sur personne qui ne me donne des soupçons, et tout me semble mon voleur. Hé! de quoi est-ce qu'on parle là? de celui qui m'a dérobé? Quel bruit fait-on là-haut? Est-ce mon voleur qui y est? De grâce, si l'on sait des nouvelles de mon voleur, je supplie que l'on m'en dise. N'est-il point caché là parmi vous? Ils me regardent tous, et se mettent à rire. Vous verrez qu'ils ont part, sans doute, au vol que l'on m'a fait. Allons vite, des commissaires, des archers, des prévôts, des juges, des gênes, des potences et des bourreaux. Je veux faire pendre tout le monde; et, si je ne retrouve mon argent, je me pendrai moi-même après.

FIN DU QUATRIÈME ACTE.

ACTE CINQUIÈME.

SCÈNE I.

HARPAGON, UN COMMISSAIRE et SON CLERC.

LE COMMISSAIRE.

Laissez-moi faire; je sais mon métier, Dieu merci. Ce n'est pas d'aujourd'hui que je me mêle de découvrir des vols; et je voudrais avoir autant de sacs de mille francs que j'ai fait pendre de personnes.

HARPAGON.

Tous les magistrats sont intéressés à prendre cette affaire en main; et, si l'on ne me fait retrouver mon argent, je demanderai justice de la justice.

LE COMMISSAIRE.

Il faut faire toutes les poursuites requises. Vous dites qu'il y avait dans cette cassette?...

HARPAGON.

Dix mille écus bien comptés.

LE COMMISSAIRE.

Dix mille écus!

HARPAGON, en pleurant.

Dix mille écus.

LE COMMISSAIRE.

Le vol est considérable!

HARPAGON.

Il n'y a point de supplice assez grand pour l'énormité de ce crime; et, s'il demeure impuni, les choses les plus sacrées ne sont plus en sûreté.

LE COMMISSAIRE.

En quelles espèces était cette somme?

HARPAGON.

En bons louis d'or et pistoles bien trébuchantes[1].

LE COMMISSAIRE.

Qui soupçonnez-vous de ce vol?

HARPAGON.

Tout le monde; et je veux que vous arrêtiez prisonniers la ville et les faubourgs.

LE COMMISSAIRE.

Il faut, si vous m'en croyez, n'effaroucher personne, et tâcher doucement d'attraper quelques preuves, afin de procéder après, par la rigueur, au recouvrement des deniers qui vous ont été pris.

SCÈNE II.

HARPAGON, LE COMMISSAIRE, SON CLERC,
MAITRE JACQUES.

MAITRE JACQUES, dans le fond du théâtre, en se retournant du côté d'où il sort.

Je m'en vais revenir. Qu'on me l'égorge tout à l'heure; qu'on me lui fasse griller les pieds; qu'on me le mette dans l'eau bouillante, et qu'on me le pende au plancher.

HARPAGON, à maître Jacques.

Qui? celui qui m'a dérobé?

---

[1] Le *trébuchet* était une petite balance dont on se servait pour peser les pièces d'or. On nommait *trébuchantes* les pièces qui avaient le poids légal.

MAITRE JACQUES.

Je parle d'un cochon de lait que votre intendant me vient d'envoyer, et je veux vous l'accommoder à ma fantaisie.

HARPAGON.

Il n'est pas question de cela; et voilà monsieur, à qui il faut parler d'autre chose.

LE COMMISSAIRE, à maître Jacques.

Ne vous épouvantez point. Je suis homme à ne vous point scandaliser[1]; et les choses iront dans la douceur.

MAITRE JACQUES.

Monsieur est de votre souper?

LE COMMISSAIRE.

Il faut ici, mon cher ami, ne rien cacher à votre maître.

MAITRE JACQUES.

Ma foi, monsieur, je montrerai tout ce que je sais faire, et je vous traiterai du mieux qu'il me sera possible.

HARPAGON.

Ce n'est pas là l'affaire.

MAITRE JACQUES.

Si je ne vous fais pas aussi bonne chère que je voudrais, c'est la faute de monsieur votre intendant, qui m'a rogné les ailes avec les ciseaux de son économie.

HARPAGON.

Traître! il s'agit d'autre chose que de souper; et je veux que tu me dises des nouvelles de l'argent qu'on m'a pris.

MAITRE JACQUES.

On vous a pris de l'argent?

HARPAGON.

Oui, coquin; et je m'en vais te pendre, si tu ne me le rends.

LE COMMISSAIRE, à Harpagon.

Mon Dieu! ne le maltraitez point. Je vois à sa mine qu'il est honnête homme, et que, sans se faire mettre en prison,

---

[1] C'est-à-dire à ménager votre réputation.

il vous découvrira ce que vous voulez savoir. Oui, mon ami, si vous nous confessez la chose, il ne vous sera fait aucun mal, et vous serez récompensé comme il faut par votre maître. On lui a pris aujourd'hui son argent; et il n'est pas que vous ne sachiez quelques nouvelles de cette affaire.

MAITRE JACQUES, bas, à part.

Voici justement ce qu'il me faut pour me venger de notre intendant. Depuis qu'il est entré céans, il est le favori, on n'écoute que ses conseils; et j'ai aussi sur le cœur les coups de bâton de tantôt.

HARPAGON.

Qu'as-tu à ruminer?

LE COMMISSAIRE, à Harpagon.

Laissez-le faire. Il se prépare à vous contenter; et je vous ai bien dit qu'il était honnête homme.

MAITRE JACQUES.

Monsieur, si vous voulez que je vous dise les choses, je crois que c'est monsieur votre cher intendant qui a fait le coup.

HARPAGON.

Valère?

MAITRE JACQUES.

Oui.

HARPAGON.

Lui, qui me paraît si fidèle?

MAITRE JACQUES.

Lui-même. Je crois que c'est lui qui vous a dérobé.

HARPAGON.

Et sur quoi le crois-tu?

MAITRE JACQUES.

Sur quoi?

HARPAGON.

Oui.

MAITRE JACQUES.

Je le crois... sur ce que je le crois.

LE COMMISSAIRE.

Mais il est nécessaire de dire les indices que vous avez.

HARPAGON.

L'as-tu vu rôder autour du lieu où j'avais mis mon argent?

MAITRE JACQUES.

Oui, vraiment. Où était-il votre argent?

HARPAGON.

Dans le jardin.

MAITRE JACQUES.

Justement. Je l'ai vu rôder dans le jardin. Et dans quoi est-ce que cet argent était?

HARPAGON.

Dans une cassette.

MAITRE JACQUES.

Voilà l'affaire. Je lui ai vu une cassette.

HARPAGON.

Et cette cassette, comment est-elle faite? Je verrai bien si c'est la mienne.

MAITRE JACQUES.

Comment elle est faite?

HARPAGON.

Oui.

MAITRE JACQUES.

Elle est faite... elle est faite comme une cassette.

LE COMMISSAIRE.

Cela s'entend. Mais dépeignez-la un peu, pour voir.

MAITRE JACQUES.

C'est une grande cassette.

HARPAGON.

Celle qu'on m'a volée est petite.

MAITRE JACQUES.

Hé! oui, elle est petite, si on le veut prendre par là; mais je l'appelle grande pour ce qu'elle contient.

LE COMMISSAIRE.

Et de quelle couleur est-elle?

MAITRE JACQUES.

De quelle couleur?

LE COMMISSAIRE.

Oui.

MAITRE JACQUES.

Elle est de couleur... là, d'une certaine couleur... Ne sauriez-vous m'aider à dire?

HARPAGON.

Euh?

MAITRE JACQUES.

N'est-elle pas rouge?

HARPAGON.

Non, grise.

MAITRE JACQUES.

Eh! oui, gris-rouge, c'est ce que je voulais dire.

HARPAGON.

Il n'y a point de doute; c'est elle assurément. Écrivez, monsieur, écrivez sa déposition. Ciel! à qui désormais se fier! Il ne faut plus jurer de rien; et je crois, après cela, que je suis homme à me voler moi-même.

MAITRE JACQUES, à Harpagon.

Monsieur, le voici qui revient. Ne lui allez pas dire, au moins, que c'est moi qui vous ai découvert cela.

SCÈNE III.

HARPAGON, LE COMMISSAIRE, SON CLERC, VALÈRE, MAITRE JACQUES.

HARPAGON.

Approche. Viens confesser l'action la plus noire, l'attentat le plus horrible qui jamais ait été commis.

VALÈRE.

Que voulez-vous, monsieur?

HARPAGON.

Comment, traître! tu ne rougis pas de ton crime?

VALÈRE.

De quel crime voulez-vous donc parler?

HARPAGON.

De quel crime je veux parler, infâme? comme si tu ne savais pas ce que je veux dire! C'est en vain que tu prétendrais de le déguiser; l'affaire est découverte, et l'on vient de m'apprendre tout. Comment! abuser ainsi de ma bonté, et s'introduire exprès chez moi pour me trahir, pour me jouer un tour de cette nature!

VALÈRE.

Monsieur, puisqu'on vous a découvert tout, je ne veux point chercher de détours, et vous nier la chose.

MAITRE JACQUES, à part.

Oh! oh! aurais-je deviné sans y penser?

VALÈRE.

C'était mon dessein de vous en parler, et je voulais attendre pour cela des conjonctures favorables; mais, puisqu'il est ainsi, je vous conjure de ne vous point fâcher, et de vouloir entendre mes raisons.

HARPAGON.

Et quelles belles raisons peux-tu me donner, voleur infâme?

VALÈRE.

Ah! monsieur, je n'ai pas mérité ces noms. Il est vrai que j'ai commis une offense envers vous; mais, après tout, ma faute est pardonnable.

HARPAGON.

Comment! pardonnable! Un guet-apens, un assassinat de la sorte!

VALÈRE.

De grâce, ne vous mettez point en colère. Quand vous m'aurez ouï, vous verrez que le mal n'est pas si grand que vous le faites.

HARPAGON.

Le mal n'est pas si grand que je le fais! Quoi! mon sang, mes entrailles, pendard!

VALÈRE.

Votre sang, monsieur, n'est pas tombé dans de mauvaises mains. Je suis d'une condition à ne lui point faire de tort; et il n'y a rien, en tout ceci, que je ne puisse bien réparer.

HARPAGON.

C'est bien mon intention, et que tu me restitues ce que tu m'as ravi.

VALÈRE.

Votre honneur, monsieur, sera pleinement satisfait.

HARPAGON.

Il n'est pas question d'honneur là dedans. Mais, dis-moi, qui t'a porté à cette action?

VALÈRE.

Hélas! me le demandez-vous?

HARPAGON.

Oui, vraiment, je te le demande.

ACTE V. SCÈNE III.

VALÈRE.

Un dieu qui porte les excuses de tout ce qu'il fait faire, l'Amour.

HARPAGON.

L'amour?

VALÈRE.

Oui.

HARPAGON.

Bel amour, bel amour, ma foi! l'amour de mes louis d'or.

VALÈRE.

Non, monsieur, ce ne sont point vos richesses qui m'ont tenté; ce n'est pas cela qui m'a ébloui; et je proteste de ne prétendre rien à tous vos biens, pourvu que vous me laissiez celui que j'ai.

HARPAGON.

Non ferai, de par tous les diables; je ne te le laisserai pas. Mais voyez quelle insolence de vouloir retenir le vol qu'il m'a fait.

VALÈRE.

Appelez-vous cela un vol?

HARPAGON.

Si je l'appelle un vol? Un trésor comme celui-là!

VALÈRE.

C'est un trésor, il est vrai, et le plus précieux que vous ayez, sans doute; mais ce ne sera pas le perdre que de me le laisser. Je vous le demande à genoux, ce trésor plein de charmes; et, pour bien faire, il faut que vous me l'accordiez.

HARPAGON.

Je n'en ferai rien. Qu'est-ce à dire cela?

VALÈRE.

Nous nous sommes promis une foi mutuelle, et avons fait serment de ne nous point abandonner.

HARPAGON.

Le serment est admirable, et la promesse plaisante!

VALÈRE.

Oui, nous nous sommes engagés d'être l'un à l'autre à jamais.

HARPAGON.

Je vous en empêcherai bien, je vous assure.

VALÈRE.

Rien que la mort ne nous peut séparer.

HARPAGON.

C'est être bien endiablé après mon argent!

VALÈRE.

Je vous ai déjà dit, monsieur, que ce n'était point l'intérêt qui m'avait poussé à faire ce que j'ai fait. Mon cœur n'a point agi par les ressorts que vous pensez, et un motif plus noble m'a inspiré cette résolution.

HARPAGON.

Vous verrez que c'est par charité chrétienne qu'il veut avoir mon bien! Mais j'y donnerai bon ordre; et la justice, pendard effronté, me va faire raison de tout.

VALÈRE.

Vous en userez comme vous voudrez, et me voilà prêt à souffrir toutes les violences qu'il vous plaira; mais je vous prie de croire au moins que, s'il y a du mal, ce n'est que moi qu'il en faut accuser, et que votre fille, en tout ceci, n'est aucunement coupable.

HARPAGON.

Je le crois bien, vraiment! il serait fort étrange que ma fille eût trempé dans ce crime. Mais je veux ravoir mon affaire, et que tu me confesses en quel endroit tu me l'as enlevée.

VALÈRE.

Moi? je ne l'ai point enlevée; et elle est encore chez vous.

HARPAGON, à part.

O ma chère cassette! (haut.) Elle n'est point sortie de ma maison?

VALÈRE.

Non, monsieur.

HARPAGON.

Hé! dis-moi donc un peu : tu n'y as pas touché?

VALÈRE.

Moi y toucher? Ah! vous lui faites tort, aussi bien qu'à moi, et c'est d'une ardeur toute pure et respectueuse que j'ai brûlé pour elle.

HARPAGON, à part.

Brûlé pour ma cassette!

VALÈRE.

J'aimerais mieux mourir que de lui avoir fait paraître aucune pensée offensante : elle est trop sage et trop honnête pour cela.

HARPAGON, à part.

Ma cassette trop honnête?

VALÈRE.

Tous mes désirs se sont bornés à jouir de sa vue; et rien de criminel n'a profané la passion que ses beaux yeux m'ont inspirée.

HARPAGON, à part.

Les beaux yeux de ma cassette! Il parle d'elle comme un amant d'une maîtresse.

VALÈRE.

Dame Claude, monsieur, sait la vérité de cette aventure, et elle vous peut rendre témoignage...

HARPAGON.

Quoi! ma servante est complice de l'affaire?

VALÈRE.

Oui, monsieur, elle a été témoin de notre engagement; et c'est après avoir connu l'honnêteté de ma flamme, qu'elle m'a aidé à persuader votre fille de me donner sa foi, et recevoir la mienne.

HARPAGON, à part.

Eh! Est-ce que la peur de la justice le fait extravaguer? (A Valère.) Que nous brouilles-tu ici de ma fille?

VALÈRE.

Je dis, monsieur, que j'ai eu toutes les peines du monde à faire consentir sa pudeur à ce que voulait mon amour.

HARPAGON.

La pudeur de qui?

VALÈRE.

De votre fille; et c'est seulement depuis hier qu'elle a pu se résoudre à nous signer mutuellement une promesse de mariage.

HARPAGON.

Ma fille t'a signé une promesse de mariage?

VALÈRE.

Oui, monsieur, comme, de ma part, je lui en ai signé une.

HARPAGON.

O ciel! autre disgrâce!

MAITRE JACQUES, au commissaire.

Écrivez, monsieur, écrivez.

HARPAGON.

Rengrègement[1] de mal! surcroît de désespoir! (Au commissaire. Allons, monsieur, faites le dû de votre charge, et dressez-lui-moi son procès comme larron et comme suborneur.

MAITRE JACQUES.

Comme larron et comme suborneur.

VALÈRE.

Ce sont des noms qui ne me sont point dus, et quand on saura qui je suis...

---

[1] *Rengrègement*, accroissement. On trouve la racine de ce mot dans le comparatif autrefois usité de grand, *greigneur*.

SCÈNE IV.

HARPAGON, ÉLISE, MARIANE, VALÈRE, FROSINE,
MAITRE JACQUES, LE COMMISSAIRE,
SON CLERC.

HARPAGON.

Ah! fille scélérate! fille indigne d'un père comme moi! c'est ainsi que tu pratiques les leçons que je t'ai données? Tu te laisses prendre d'amour pour un voleur infâme, et tu lui engages ta foi sans mon consentement! Mais vous serez trompés l'un et l'autre. (A Élise.) Quatre bonnes murailles me répondront de ta conduite; (A Valère.) et une bonne potence me fera raison de ton audace.

VALÈRE.

Ce ne sera point votre passion qui jugera l'affaire; et l'on m'écoutera, au moins, avant que de me condamner.

HARPAGON.

Je me suis abusé de dire une potence, et tu seras roué tout vif.

ÉLISE, à genoux devant son père.

Ah! mon père, prenez des sentiments un peu plus humains, je vous prie, et n'allez point pousser les choses dans les dernières violences du pouvoir paternel. Ne vous laissez point entraîner aux premiers mouvements de votre passion, et donnez-vous le temps de considérer ce que vous voulez faire. Prenez la peine de mieux voir celui dont vous vous offensez. Il est tout autre que vos yeux ne le jugent: et vous trouverez moins étrange que je me sois donnée à lui, lorsque vous saurez que, sans lui, vous ne m'auriez plus il y a longtemps. Oui, mon père, c'est celui qui me sauva de ce grand péril que vous savez que je courus dans l'eau, et à qui vous devez la vie de cette même fille dont...

HARPAGON.

Tout cela n'est rien; et il valait bien mieux pour moi qu'il te laissât noyer que de faire ce qu'il a fait.

ÉLISE.

Mon père, je vous conjure, par l'amour paternel, de me...

HARPAGON.

Non, non; je ne veux rien entendre, et il faut que la justice fasse son devoir.

MAITRE JACQUES, à part.

Tu me payeras mes coups de bâton!

FROSINE, à part

Voici un étrange embarras!

SCÈNE V.

ANSELME, HARPAGON, ÉLISE, MARIANE, FROSINE, VALÈRE, LE COMMISSAIRE, SON CLERC MAITRE JACQUES.

ANSELME.

Qu'est-ce, seigneur Harpagon? je vous vois tout ému.

HARPAGON.

Ah! seigneur Anselme, vous me voyez le plus infortuné de tous les hommes, et voici bien du trouble et du désordre au contrat que vous venez faire? On m'assassine dans le bien, on m'assassine dans l'honneur; et voilà un traître, un scélérat, qui a violé tous les droits les plus saints, qui s'est coulé chez moi sous le titre de domestique, pour me dérober mon argent, et pour me suborner ma fille.

VALÈRE.

Qui songe à votre argent, dont vous me faites un galimatias ?

HARPAGON.

Oui, ils se sont donné l'un à l'autre une promesse de mariage. Cet affront vous regarde, seigneur Anselme; et c'est vous qui devez vous rendre partie contre lui, et faire toutes les poursuites de la justice pour vous venger de son insolence.

ANSELME.

Ce n'est pas mon dessein de me faire épouser par force, et de rien prétendre à un cœur qui se serait donné; mais pour vos intérêts, je suis prêt à les embrasser, ainsi que les miens propres.

HARPAGON.

Voilà monsieur qui est un honnête commissaire, qui n'oubliera rien, à ce qu'il m'a dit, de la fonction de son office. (Au commissaire, montrant Valère.) Chargez-le comme il faut, monsieur, et rendez les choses bien criminelles.

VALÈRE.

Je ne vois pas quel crime on me peut faire de la passion que j'ai pour votre fille, et le supplice où vous croyez que je puisse être condamné pour notre engagement, lorsqu'on saura ce que je suis...

HARPAGON.

Je me moque de tous ces contes; et le monde aujourd'hui n'est plein que de ces larrons de noblesse, que de ces imposteurs qui tirent avantage de leur obscurité, et s'habillent insolemment du premier nom illustre qu'ils s'avisent de prendre.

VALÈRE.

Sachez que j'ai le cœur trop bon pour me parer de quelque chose qui ne soit point à moi, et que tout Naples peut rendre témoignage de ma naissance.

ANSELME.

Tout beau! prenez garde à ce que vous allez dire. Vous risquez ici plus que vous ne pensez; vous parlez devant un homme à qui tout Naples est connu, et qui peut aisément voir clair dans l'histoire que vous ferez.

VALÈRE, en mettant fièrement son chapeau.

Je ne suis point homme à rien craindre; et si Naples vous est connu, vous savez qui était don Thomas d'Alburci.

ANSELME.

Sans doute, je le sais; et peu de gens l'ont connu mieux que moi.

HARPAGON.

Je ne me soucie ni de don Thomas ni de don Martin.
(Harpagon, voyant deux chandelles allumées, en souffle une.)

ANSELME.

De grâce, laissez-le parler, nous verrons ce qu'il en veut dire.

VALÈRE.

Je veux dire que c'est lui qui m'a donné le jour.

ANSELME.

Lui?

VALÈRE.

Oui.

ANSELME.

Allez, vous vous moquez. Cherchez quelque autre histoire qui vous puisse mieux réussir, et ne prétendez pas vous sauver sous cette imposture.

VALÈRE.

Songez à mieux parler. Ce n'est point une imposture, et je n'avance rien ici qu'il ne me soit aisé de justifier.

ANSELME.

Quoi! vous osez vous dire fils de don Thomas d'Alburci?

VALÈRE.

Oui, je l'ose; et je suis prêt de soutenir cette vérité contre qui que ce soit.

ANSELME.

L'audace est merveilleuse! Apprenez, pour vous confondre, qu'il y a seize ans, pour le moins, que l'homme dont vous nous parlez périt sur mer avec ses enfants et sa femme, en voulant dérober leur vie aux cruelles persécutions qui ont accompagné les désordres de Naples, et qui en firent exiler plusieurs nobles familles.

VALÈRE.

Oui; mais apprenez, pour vous confondre, vous, que son fils, âgé de sept ans, avec un domestique, fut sauvé de ce naufrage par un vaisseau espagnol, et que ce fils sauvé est celui qui vous parle. Apprenez que le capitaine de ce vaisseau, touché de ma fortune, prit amitié pour moi; qu'il me fit élever comme son propre fils, et que les armes furent mon emploi dès que je m'en trouvai capable; que j'ai su depuis peu que mon père n'était point mort, comme je l'avais toujours cru; que, passant ici pour l'aller chercher, une aventure, par le ciel concertée, me fit voir la charmante Élise; que cette vue me rendit esclave de ses beautés; et que la violence de mon amour et les sévérités de son père me firent prendre la résolution de m'introduire dans son logis, et d'envoyer un autre à la quête de mes parents.

ANSELME.

Mais quels témoignages encore, autres que vos paroles, nous peuvent assurer que ce ne soit point une fable que vous ayez bâtie sur une vérité?

VALÈRE.

Le capitaine espagnol; un cachet de rubis qui était à mon père; un bracelet d'agate que ma mère m'avait mis au bras; le vieux Pédro, ce domestique qui se sauva avec moi du naufrage.

MARIANE.

Hélas! à vos paroles je puis ici répondre, moi, que vous n'imposez point; et tout ce que vous dites me fait connaître clairement que vous êtes mon frère.

VALÈRE.

Vous ma sœur?

MARIANE.

Oui. Mon cœur s'est ému dès le moment que vous avez ouvert la bouche; et notre mère, que vous allez ravir, m'a mille fois entretenue des disgrâces de notre famille. Le ciel ne nous fit point aussi périr dans ce triste naufrage, mais il ne nous sauva la vie que par la perte de notre liberté; et ce furent des corsaires qui nous recueillirent, ma mère et moi, sur un débris de notre vaisseau. Après dix ans d'esclavage, une heureuse fortune nous rendit notre liberté, et nous retournâmes dans Naples, où nous trouvâmes tout notre bien vendu, sans y pouvoir trouver des nouvelles de notre père. Nous passâmes à Gênes, où ma mère alla ramasser quelques malheureux restes d'une succession qu'on avait déchirée; et de là, fuyant la barbare injustice de ses parents, elle vint en ces lieux, où elle n'a presque vécu que d'une vie languissante.

ANSELME.

O ciel! quels sont les traits de ta puissance! et que tu fais bien voir qu'il n'appartient qu'à toi de faire des miracles! Embrassez-moi, mes enfants, et mêlez tous deux vos transports à ceux de votre père.

VALÈRE.

Vous êtes notre père?

MARIANE.

C'est vous que ma mère a tant pleuré?

ANSELME.

Oui, ma fille; oui, mon fils; je suis don Thomas d'Alburci, que le ciel garantit des ondes avec tout l'argent qu'il portait, et qui, vous ayant tous crus morts, durant plus de seize ans, se préparait, après de longs voyages, à chercher, dans l'hymen d'une douce et sage personne, la consolation de quelque nouvelle famille. Le peu de sûreté que j'ai vu pour ma vie à retourner à Naples m'a fait y renoncer pour toujours; et, ayant su trouver moyen d'y faire vendre ce que j'avais, je me suis habitué ici, où, sous le nom d'Anselme, j'ai voulu m'éloigner les chagrins de cet autre nom qui m'a causé tant de traverses.

HARPAGON, à Anselme.

C'est là votre fils?

ANSELME.

Oui.

HARPAGON.

Je vous prends à partie pour me payer dix mille écus qu'il m'a volés.

ANSELME.

Lui! vous avoir volé?

HARPAGON.

Lui-même.

VALÈRE.

Qui vous dit cela?

HARPAGON.

Maître Jacques.

VALÈRE, à maître Jacques.

C'est toi qui le dis?

MAITRE JACQUES.

Vous voyez que je ne dis rien.

HARPAGON.

Oui. Voilà M. le commissaire qui a reçu sa déposition.

VALÈRE.

Pouvez-vous me croire capable d'une action si lâche?

HARPAGON.

Capable ou non capable, je veux ravoir mon argent.

SCÈNE VI.

HARPAGON, ANSELME, ÉLISE, MARIANE, CLÉANTE, VALÈRE, FROSINE, LE COMMISSAIRE, SON CLERC, MAITRE JACQUES, LA FLÈCHE.

CLÉANTE.

Ne vous tourmentez point, mon père, et n'accusez personne. J'ai découvert des nouvelles de votre affaire; et je viens ici pour vous dire que, si vous voulez vous résoudre à me laisser épouser Mariane, votre argent vous sera rendu.

HARPAGON.

Où est-il?

CLÉANTE.

Ne vous en mettez point en peine. Il est en lieu dont je réponds, et tout ne dépend que de moi. C'est à vous de me dire à quoi vous vous déterminez; et vous pouvez choisir, ou de me donner Mariane, ou de perdre votre cassette.

HARPAGON.

N'en a-t-on rien ôté?

CLÉANTE.

Rien du tout. Voyez si c'est votre dessein de souscrire à ce mariage, et de joindre votre consentement à celui de sa mère, qui lui laisse la liberté de faire un choix entre nous deux.

MARIANE, à Cléante.

Mais vous ne savez pas que ce n'est pas assez que ce consentement; et que le ciel, (Montrant Valère.) avec un frère que vous voyez, vient de me rendre un père (Montrant Anselme.) dont vous avez à m'obtenir.

ANSELME.

Le ciel, mes enfants, ne me redonne point à vous pour

être contraire à vos vœux. Seigneur Harpagon, vous jugez bien que le choix d'une jeune personne tombera sur le fils plutôt que sur le père. Allons, ne vous faites point dire ce qu'il n'est pas nécessaire d'entendre, et consentez ainsi que moi à ce double hyménée.

HARPAGON.

Il faut, pour me donner conseil, que je voie ma cassette.

CLÉANTE.

Vous la verrez saine et entière.

HARPAGON.

Je n'ai point d'argent à donner en mariage à mes enfants.

ANSELME.

Hé bien! j'en ai pour eux; que cela ne vous inquiète point.

HARPAGON.

Vous obligerez-vous à faire tous les frais de ces deux mariages?

ANSELME.

Oui, je m'y oblige. Êtes-vous satisfait?

HARPAGON.

Oui, pourvu que, pour les noces, vous me fassiez faire un habit.

ANSELME.

D'accord. Allons jouir de l'allégresse que cet heureux jour nous présente.

LE COMMISSAIRE.

Holà! messieurs, holà. Tout doucement, s'il vous plaît. Qui me payera mes écritures?

HARPAGON.

Nous n'avons que faire de vos écritures.

LE COMMISSAIRE.

Oui! mais je ne prétends pas, moi, les avoir faites pour rien.

HARPAGON, montrant maître Jacques.

Pour votre payement, voilà un homme que je vous donne à pendre.

MAITRE JACQUES.

Hélas! comment faut-il donc faire? On me donne des coups de bâton pour dire vrai, et on me veut pendre pour mentir.

ANSELME.

Seigneur Harpagon, il faut lui pardonner cette imposture.

HARPAGON.

Vous payerez donc le commissaire?

ANSELME.

Soit. Allons vite faire part de notre joie à votre mère.

HARPAGON.

Et moi, voir ma chère cassette.

FIN DE L'AVARE.

MONSIEUR

DE POURCEAUGNAC.

COMÉDIE-BALLET EN TROIS ACTES.

6 octobre 1669.

PERSONNAGES.

MONSIEUR DE POURCEAUGNAC.
ORONTE.
JULIE, fille d'Oronte.
NÉRINE, femme d'intrigue, feinte Picarde.
LUCETTE, feinte Gasconne.
ÉRASTE, amant de Julie.
SBRIGANI, Napolitain, homme d'intrigue.
PREMIER MÉDECIN.
SECOND MÉDECIN.
L'APOTHICAIRE.
UN PAYSAN.
UNE PAYSANNE.
PREMIER MÉDECIN GROTESQUE.
SECOND MÉDECIN GROTESQUE.
PREMIER AVOCAT.
SECOND AVOCAT.
PREMIER SUISSE.
SECOND SUISSE.
UN EXEMPT.
DEUX ARCHERS.
PLUSIEURS MUSICIENS, JOUEURS D'INSTRUMENTS ET DANSEURS.

Noms des acteurs qui ont joué d'original dans *Monsieur de Pourceaugnac*.

MONSIEUR DE POURCEAUGNAC.	Molière.
ORONTE.	Béjart.
JULIE.	Mlle Molière.
NÉRINE.	Madel. Béjart.
LUCETTE.	Hubert.
ÉRASTE.	La Grange.
SBRIGANI.	Du Croisy.

La scène est à Paris[1].

---

[1] La scène représente le carrefour traditionnel : d'un côté la maison d'Oronte; de l'autre celle du médecin. Plus loin, de chaque côté du théâtre, les logis des deux avocats.

MONSIEUR DE POURCEAUGNAC.

ACTE PREMIER.

SCÈNE I.

ÉRASTE, UNE MUSICIENNE, DEUX MUSICIENS
CHANTANTS, PLUSIEURS AUTRES JOUANT DES INSTRUMENTS ;
TROUPE DE DANSEURS.

ÉRASTE, aux musiciens et aux danseurs.

Suivez les ordres que je vous ai donnés pour la sérénade. Pour moi, je me retire, et ne veux point paraître ici[1].

SCÈNE II.

UNE MUSICIENNE, DEUX MUSICIENS
CHANTANTS, PLUSIEURS AUTRES JOUANT DES INSTRUMENTS ;
TROUPE DE DANSEURS.

(Cette sérénade est composée de chant, d'instruments et de danse. Les paroles qui s'y chantent ont rapport à la situation où Éraste se trouve avec Julie, et expriment les sentiments de deux amants qui sont traversés dans leurs amours par le caprice de leurs parents.)

---

[1] Molière fit cette pièce pour se venger d'un gentilhomme limosin qui, un jour de spectacle, eut une querelle avec les comédiens.

UNE MUSICIENNE.

Répands, charmante nuit, répands sur tous les yeux
  De tes pavots la douce violence ;
Et ne laisse veiller, en ces aimables lieux,
Que les cœurs que l'amour soumet à sa puissance.
    Tes ombres et ton silence,
    Plus beaux que le plus beau jour,
Offrent de doux moments à soupirer d'amour.

PREMIER MUSICIEN.

    Que soupirer d'amour
    Est une douce chose,
  Quand rien à nos vœux ne s'oppose !
A d'aimables penchants notre cœur nous dispose :
Mais on a des tyrans à qui l'on doit le jour.
    Que soupirer d'amour
    Est une douce chose,
  Quand rien à vos vœux ne s'oppose !

SECOND MUSICIEN.

Tout ce qu'à nos vœux on oppose,
Contre un parfait amour ne gagne jamais rien
    Et, pour vaincre toute chose,
    Il ne faut que s'aimer bien.

TOUS TROIS ENSEMBLE.

Aimons-nous donc d'une ardeur éternelle :
Les rigueurs des parents, la contrainte cruelle,
L'absence, les travaux, la fortune rebelle,
Ne font que redoubler une amitié fidèle.
Aimons-nous donc d'une ardeur éternelle :
    Quand deux cœurs s'aiment bien,
    Tout le reste n'est rien.

PREMIÈRE ENTRÉE DE BALLET.

Danse de deux maîtres à danser.

DEUXIÈME ENTRÉE DE BALLET.

Danse de deux pages.

TROISIÈME ENTRÉE DE BALLET.

Quatre curieux de spectacles, qui ont pris querelle pendant la danse des deux pages, dansent en se battant l'épée à la main.

QUATRIÈME ENTRÉE DE BALLET.

Deux suisses séparent les quatre combattants, et, après les avoir mis d'accord, dansent avec eux.

SCÈNE III.

JULIE, ÉRASTE, NÉRINE.

JULIE.

Mon Dieu ! Éraste, gardons d'être surpris. Je tremble qu'on ne nous voie ensemble; et tout serait perdu, après la défense que l'on m'a faite.

ÉRASTE.

Je regarde de tous côtés, et je n'aperçois rien.

JULIE, à Nérine.

Aie aussi l'œil au guet, Nérine, et prends bien garde qu'il ne vienne personne.

NÉRINE, se retirant dans le fond du théâtre.

Reposez-vous sur moi, et dites hardiment ce que vous avez à vous dire.

JULIE.

Avez-vous imaginé pour notre affaire quelque chose de favorable? et croyez-vous, Éraste, pouvoir venir à bout de détourner ce fâcheux mariage que mon père s'est mis en tête?

ÉRASTE.

Au moins y travaillons-nous fortement, et déjà nous avons préparé un bon nombre de batteries pour renverser ce dessein ridicule.

NÉRINE, accourant, à Julie.

Par ma foi, voilà votre père.

JULIE.

Ah! séparons-nous vite.

NÉRINE.

Non, non, non, ne bougez; je m'étais trompée.

JULIE.

Mon Dieu! Nérine, que tu es sotte de nous donner de ces frayeurs!

ÉRASTE.

Oui, belle Julie, nous avons dressé pour cela quantité de machines; et nous ne feignons point[1] de mettre tout en usage, sur la permission que vous m'avez donnée. Ne nous demandez point tous les ressorts que nous ferons jouer, vous en aurez le divertissement; et, comme aux comédies, il est bon de vous laisser le plaisir de la surprise, et de ne vous avertir point de tout ce qu'on vous fera voir : c'est assez de vous dire que nous avons en main divers stratagèmes tout prêts à produire dans l'occasion, et que l'ingénieuse Nérine et l'adroit Sbrigani entreprennent l'affaire.

NÉRINE.

Assurément. Votre père se moque-t-il de vouloir vous anger[2] de son avocat de Limoges, M. de Pourceaugnac, qu'il n'a vu de sa vie, et qui vient par le coche vous enlever à notre barbe? Faut-il que trois ou quatre mille écus de plus, sur la parole de votre oncle, lui fasse rejeter un amant qui vous agrée? et une personne comme vous est-elle faite pour un Limosin? S'il a envie de se marier, que ne prend-il une

---

[1] *Nous ne feignons point*, pour nous n'hésitons pas.

[2] Ce mot a été diversement expliqué par les commentateurs : les uns le font dériver d'*angere*, qui veut dire *tourmenter, inquiéter, chagriner*... Les autres d'*augere*, *accroître, enrichir*, ce qui donne un sens différent à la pensée de Nérine.

Limosine, et ne laisse-t-il en repos les chrétiens? Le seul nom de M. de Pourceaugnac m'a mise dans une colère effroyable. J'enrage de M. de Pourceaugnac. Quand il n'y aurait que ce nom-là, M. de Pourceaugnac, j'y brûlerai mes livres, ou je romprai ce mariage, et vous ne serez pas Mme de Pourceaugnac. Pourceaugnac! cela se peut-il souffrir? Non, Pourceaugnac est une chose que je ne saurais supporter; et nous lui jouerons tant de pièces, nous lui ferons tant de niches sur niches, que nous renverrons à Limoges M. de Pourceaugnac.

ÉRASTE.

Voici notre subtil Napolitain, qui nous dira des nouvelles.

SCÈNE IV.

JULIE, ÉRASTE, SBRIGANI, NÉRINE.

SBRIGANI.

Monsieur, votre homme arrive. Je l'ai vu à trois lieues d'ici, où a couché le coche; et, dans la cuisine, où il est descendu pour déjeuner, je l'ai étudié une bonne grosse demi-heure, et je le sais déjà par cœur. Pour sa figure, je ne veux point vous en parler : vous verrez de quel air la nature l'a dessinée, et si l'ajustement qui l'accompagne y répond comme il faut. Mais, pour son esprit, je vous avertis, par avance, qu'il est des plus épais qui se fassent; que nous trouvons en lui une matière tout à fait disposée pour ce que nous voulons, et qu'il est homme enfin à donner dans tous les panneaux qu'on lui présentera.

ÉRASTE.

Nous dis-tu vrai?

SBRIGANI.

Oui, si je me connais en gens.

NÉRINE.

Madame, voilà un illustre. Votre affaire ne pouvait être mise en de meilleures mains, et c'est le héros de notre siècle pour les exploits dont il s'agit : un homme qui, vingt fois en sa vie, pour servir ses amis, a généreusement affronté les galères; qui, au péril de ses bras et de ses épaules, sait mettre noblement à fin les aventures les plus difficiles, et qui, tel que vous le voyez, est exilé de son pays pour je ne sais combien d'actions honorables qu'il a généreusement entreprises.

SBRIGANI.

Je suis confus des louanges dont vous m'honorez, et je pourrais vous en donner avec plus de justice sur les merveilles de votre vie, et principalement sur la gloire que vous acquîtes, lorsque avec tant d'honnêteté vous pipâtes au jeu, pour douze mille écus, ce jeune seigneur étranger que l'on mena chez vous; lorsque vous fîtes galamment ce faux contrat qui ruina toute une famille; lorsque avec tant de grandeur d'âme vous sûtes nier le dépôt qu'on vous avait confié, et que si généreusement on vous vit prêter votre témoignage à faire pendre ces deux personnes qui ne l'avaient pas mérité.

NÉRINE.

Ce sont petites bagatelles qui ne valent pas qu'on en parle, et vos éloges me font rougir.

SBRIGANI.

Je veux bien épargner votre modestie; laissons cela : et, pour commencer notre affaire, allons vite joindre notre provincial, tandis que de votre côté vous nous tiendrez prêts au besoin les autres acteurs de la comédie.

ÉRASTE.

Au moins, madame, souvenez-vous de votre rôle; et, pour mieux couvrir notre jeu, feignez, comme on vous a dit, d'être la plus contente du monde des résolutions de votre père.

JULIE.

S'il ne tient qu'à cela, les choses iront à merveille.

ÉRASTE.

Mais, belle Julie, si toutes nos machines venaient à ne pas réussir?

JULIE.

Je déclarerais à mon père mes véritables sentiments.

ÉRASTE.

Et si, contre vos sentiments, il s'obstinait à son dessein?

JULIE.

Je le menacerais de me jeter dans un couvent.

ÉRASTE.

Mais si, malgré tout cela, il voulait vous forcer à ce mariage?

JULIE.

Que voulez-vous que je vous dise?

ÉRASTE.

Ce que je veux que vous me disiez?

JULIE.

Oui.

ÉRASTE.

Ce qu'on dit quand on aime bien.

JULIE.

Mais quoi?

ÉRASTE.

Que rien ne pourra vous contraindre; et que, malgré tous les efforts d'un père, vous me promettez d'être à moi.

JULIE.

Mon Dieu! Éraste, contentez-vous de ce que je fais maintenant, et n'allez point tenter sur l'avenir les résolutions de mon cœur; ne fatiguez point mon devoir par les propositions d'une fâcheuse extrémité dont peut-être n'aurons-nous pas besoin; et, s'il y faut venir, souffrez au moins que j'y sois entraînée par la suite des choses.

ÉRASTE.

Hé bien!...

SBRIGANI.

Ma foi! voici notre homme : songeons à nous.

NÉRINE.

Ah! comme il est bâti!

SCÈNE V.

MONSIEUR DE POURCEAUGNAC, SBRIGANI.

MONSIEUR DE POURCEAUGNAC.

(Il se tourne du côté d'où il vient, parlant à des gens qui le suivent.)

Hé bien! quoi? Qu'est-ce? qu'y a-t-il? Au diantre soit la sotte ville, et les sottes gens qui y sont! Ne pouvoir faire un pas, sans trouver des nigauds qui vous regardent et se mettent à rire! Eh! messieurs les badauds, faites vos affaires, et laissez passer les personnes sans leur rire au nez. Je me donne au diable, si je ne baille un coup de poing au premier que je verrai rire.

SBRIGANI, parlant aux mêmes personnes.

Qu'est-ce que c'est, messieurs? que veut dire cela? A qui en avez-vous? Faut-il se moquer ainsi des honnêtes étrangers qui arrivent ici?

MONSIEUR DE POURCEAUGNAC.

Voilà un homme raisonnable, celui-là.

SBRIGANI.

Quel procédé est le vôtre? et qu'avez-vous à rire?

MONSIEUR DE POURCEAUGNAC.

Fort bien.

SBRIGANI.

Monsieur a-t-il quelque chose de ridicule en soi?

MONSIEUR DE POURCEAUGNAC.

Oui.

SBRIGANI.

Est-il autrement que les autres?

MONSIEUR DE POURCEAUGNAC.

Suis-je tortu ou bossu?

SBRIGANI.

Apprenez à connaître les gens.

MONSIEUR DE POURCEAUGNAC.

C'est bien dit.

SBRIGANI.

Monsieur est d'une mine à respecter.

MONSIEUR DE POURCEAUGNAC.

Cela est vrai.

SBRIGANI.

Personne de condition.

MONSIEUR DE POURCEAUGNAC.

Oui, gentilhomme limosin.

SBRIGANI.

Homme d'esprit.

MONSIEUR DE POURCEAUGNAC.

Qui a étudié en droit.

SBRIGANI.

Il vous fait trop d'honneur de venir dans votre ville.

MONSIEUR DE POURCEAUGNAC.

Sans doute.

SBRIGANI.

Monsieur n'est point une personne à faire rire.

MONSIEUR DE POURCEAUGNAC.

Assurément.

SBRIGANI.

Et quiconque rira de lui aura affaire à moi.

MONSIEUR DE POURCEAUGNAC, à Sbrigani.

Monsieur, je vous suis infiniment obligé.

SBRIGANI.

Je suis fâché, monsieur, de voir recevoir de la sorte une personne comme vous, et je vous demande pardon pour la ville.

MONSIEUR DE POURCEAUGNAC.

Je suis votre serviteur.

SBRIGANI.

Je vous ai vu ce matin, monsieur, avec le coche, lorsque vous avez déjeuné, et la grâce avec laquelle vous mangiez votre pain m'a fait naître d'abord de l'amitié pour vous; et, comme je sais que vous n'êtes jamais venu en ce pays, et que vous y êtes tout neuf, je suis bien aise de vous avoir trouvé, pour vous offrir mon service à cette arrivée, et vous aider à vous conduire, parmi ce peuple, qui n'a pas parfois, pour les honnêtes gens, toute la considération qu'il faudrait.

MONSIEUR DE POURCEAUGNAC.

C'est trop de grâce que vous me faites.

SBRIGANI.

Je vous l'ai déjà dit : du moment que je vous ai vu, je me suis senti pour vous de l'inclination.

MONSIEUR DE POURCEAUGNAC.

Je vous suis obligé.

SBRIGANI.

Votre physionomie m'a plu.

MONSIEUR DE POURCEAUGNAC.

Ce m'est beaucoup d'honneur.

SBRIGANI.

J'y ai vu quelque chose d'honnête.

MONSIEUR DE POURCEAUGNAC.

Je suis votre serviteur.

SBRIGANI.

Quelque chose d'aimable.

MONSIEUR DE POURCEAUGNAC.

Ah! ah!

SBRIGANI.

De gracieux.

MONSIEUR DE POURCEAUGNAC.

Ah! ah!

SBRIGANI.

De doux.

MONSIEUR DE POURCEAUGNAC.

Ah! ah!

SBRIGANI.

De majestueux.

MONSIEUR DE POURCEAUGNAC.

Ah! ah!

SBRIGANI.

De franc.

MONSIEUR DE POURCEAUGNAC.

Ah! ah!

SBRIGANI.

Et de cordial.

MONSIEUR DE POURCEAUGNAC.

Ah! ah!

SBRIGANI.

Je vous assure que je suis tout à vous.

MONSIEUR DE POURCEAUGNAC.

Je vous ai beaucoup d'obligation.

SBRIGANI.

C'est du fond du cœur que je parle.

MONSIEUR DE POURCEAUGNAC.

Je le crois.

SBRIGANI.

Si j'avais l'honneur d'être connu de vous, vous sauriez que je suis un homme tout à fait sincère.

MONSIEUR DE POURCEAUGNAC.

Je n'en doute point.

SBRIGANI.

Ennemi de la fourberie.

MONSIEUR DE POURCEAUGNAC.

J'en suis persuadé.

SBRIGANI.

Et qui n'est pas capable de déguiser ses sentiments.

MONSIEUR DE POURCEAUGNAC.

C'est ma pensée.

SBRIGANI.

Vous regardez mon habit, qui n'est pas fait comme les autres; mais je suis originaire de Naples, à votre service, et j'ai voulu conserver un peu et la manière de s'habiller, et la sincérité de mon pays.

MONSIEUR DE POURCEAUGNAC.

C'est fort bien fait. Pour moi, j'ai voulu me mettre à la mode de la cour pour la campagne.

SBRIGANI.

Ma foi, cela vous va mieux qu'à tous nos courtisans.

MONSIEUR DE POURCEAUGNAC.

C'est ce que m'a dit mon tailleur : l'habit est propre et riche, et il fera du bruit ici.

SBRIGANI.

Sans doute. N'irez-vous pas au Louvre?

MONSIEUR DE POURCEAUGNAC.

Il faudra bien aller faire ma cour.

SBRIGANI.

Le roi sera ravi de vous voir.

MONSIEUR DE POURCEAUGNAC.

Je le crois.

SBRIGANI.

Avez-vous arrêté un logis?

MONSIEUR DE POURCEAUGNAC.

Non, j'allais en chercher un.

SBRIGANI.

Je serai bien aise d'être avec vous pour cela, et je connais tout ce pays-ci.

SCÈNE VI.

RASTE, MONSIEUR DE POURCEAUGNAC, SBRIGANI.

ÉRASTE.

Ah! qu'est-ce-ci? Que vois-je? Quelle heureuse rencontre! Monsieur de Pourceaugnac! que je suis ravi de vous voir! Comment! il semble que vous ayez peine à me reconnaître!

MONSIEUR DE POURCEAUGNAC.

Monsieur, je suis votre serviteur.

ÉRASTE.

Est-il possible que cinq ou six années m'aient ôté de votre mémoire? et que vous ne reconnaissiez pas le meilleur ami de toute la famille des Pourceaugnacs?

MONSIEUR DE POURCEAUGNAC.

Pardonnez-moi. (Bas, à Sbrigani.) Ma foi, je ne sais qui il est.

ÉRASTE.

Il n'y a pas un Pourceaugnac à Limoges que je ne connaisse, depuis le plus grand jusques au plus petit; je ne fréquentais qu'eux dans le temps que j'y étais, et j'avais l'honneur de vous voir presque tous les jours.

MONSIEUR DE POURCEAUGNAC.

C'est moi qui l'ai reçu, monsieur.

ÉRASTE.

Vous ne vous remettez point mon visage?

MONSIEUR DE POURCEAUGNAC.

Si fait. (A Sbrigani.) Je ne le connais point.

ÉRASTE.

Vous ne vous ressouvenez pas que j'ai eu le bonheur de boire avec vous je ne sais combien de fois?

MONSIEUR DE POURCEAUGNAC.

Excusez-moi. (A Sbrigani.) Je ne sais ce que c'est.

ÉRASTE.

Comment appelez-vous ce traiteur de Limoges qui fait si bonne chère.

MONSIEUR DE POURCEAUGNAC.

Petit-Jean?

ÉRASTE.

Le voilà. Nous allions le plus souvent ensemble chez lui nous réjouir. Comment est-ce que vous nommez à Limoges ce lieu où l'on se promène?

MONSIEUR DE POURCEAUGNAC.

Le Cimetière des Arènes?

ÉRASTE.

Justement. C'est où je passais de si douces heures à jouir de votre agréable conversation. Vous ne vous remettez pas tout cela?

MONSIEUR DE POURCEAUGNAC.

Excusez-moi; je me le remets. (A Sbrigani.) Diable emporte si je m'en souviens!

SBRIGANI, bas, à monsieur de Pourceaugnac.

Il y a cent choses comme cela qui passent de la tête.

ÉRASTE.

Embrassez-moi donc, je vous prie, et resserrons les nœuds de notre ancienne amitié.

SBRIGANI, à monsieur de Pourceaugnac.

Voilà un homme qui vous aime fort.

ÉRASTE.

Dites-moi un peu des nouvelles de toute la parenté. Comment se porte monsieur votre... là... qui est si honnête homme?

MONSIEUR DE POURCEAUGNAC.

Mon frère le consul?

ÉRASTE.

Oui.

MONSIEUR DE POURCEAUGNAC.

Il se porte le mieux du monde.

ÉRASTE.

Certes, j'en suis ravi. Et celui qui est de si bonne humeur? Là... monsieur votre...

MONSIEUR DE POURCEAUGNAC.

Mon cousin l'assesseur?

ÉRASTE.

Justement.

MONSIEUR DE POURCEAUGNAC.

Toujours gai et gaillard.

ÉRASTE.

Ma foi, j'en ai beaucoup de joie. Et monsieur votre oncle? Le...

MONSIEUR DE POURCEAUGNAC.

Je n'ai point d'oncle.

ÉRASTE.

Vous aviez pourtant en ce temps-là...

MONSIEUR DE POURCEAUGNAC.

Non : rien qu'une tante.

ÉRASTE.

C'est ce que je voulais dire, madame votre tante. Comment se porte-t-elle?

MONSIEUR DE POURCEAUGNAC.

Elle est morte depuis six mois.

ÉRASTE.

Hélas! la pauvre femme! elle était si bonne personne!

MONSIEUR DE POURCEAUGNAC.

Nous avons aussi mon neveu le chanoine, qui a pensé mourir de la petite vérole.

ÉRASTE.

Quel dommage ç'aurait été!

MONSIEUR DE POURCEAUGNAC.

Le connaissez-vous aussi?

ÉRASTE.

Vraiment si je le connais! Un grand garçon bien fait.

MONSIEUR DE POURCEAUGNAC.

Pas des plus grands.

ÉRASTE.

Non, mais de taille bien prise.

MONSIEUR DE POURCEAUGNAC.

Hé! oui.

ÉRASTE.

Qui est votre neveu?

MONSIEUR DE POURCEAUGNAC.

Oui.

ÉRASTE.

Fils de votre frère et de votre sœur?

MONSIEUR DE POURCEAUGNAC.

Justement.

ÉRASTE.

Chanoine de l'église de... Comment l'appelez-vous?

MONSIEUR DE POURCEAUGNAC.

De Saint-Étienne.

ÉRASTE.

Le voilà; je ne connais autre.

MONSIEUR DE POURCEAUGNAC, à Sbrigani.

Il dit toute la parenté.

SBRIGANI.

Il vous connaît plus que vous ne croyez.

MONSIEUR DE POURCEAUGNAC.

A ce que je vois, vous avez demeuré longtemps dans notre ville?

ÉRASTE.

Deux ans entiers.

MONSIEUR DE POURCEAUGNAC.

Vous étiez donc là quand mon cousin l'élu fit tenir son enfant à monsieur notre gouverneur?

ÉRASTE.

Vraiment oui, j'y fus convié des premiers.

MONSIEUR DE POURCEAUGNAC.

Cela fut galant.

ÉRASTE.

Très-galant.

MONSIEUR DE POURCEAUGNAC.

C'était un repas bien troussé.

ÉRASTE.

Sans doute.

MONSIEUR DE POURCEAUGNAC.

Vous vîtes donc aussi la querelle que j'eus avec ce gentilhomme périgordin?

ÉRASTE.

Oui.

MONSIEUR DE POURCEAUGNAC.

Parbleu! il trouva à qui parler.

ÉRASTE.

Ah! ah!

MONSIEUR DE POURCEAUGNAC.

Il me donna un soufflet; mais je lui dis bien son fait.

ÉRASTE.

Assurément. Au reste, je ne prétends pas que vous preniez d'autre logis que le mien.

MONSIEUR DE POURCEAUGNAC.

Je n'ai garde de...

ÉRASTE.

Vous moquez-vous? Je ne souffrirai point du tout que mon meilleur ami soit autre part que dans ma maison.

MONSIEUR DE POURCEAUGNAC.

Ce serait vous...

ÉRASTE.

Non. Le diable m'emporte! vous logerez chez moi.

SBRIGANI, à monsieur de Pourceaugnac.

Puisqu'il le veut obstinément, je vous conseille d'accepter l'offre.

ÉRASTE.

Où sont vos hardes?

MONSIEUR DE POURCEAUGNAC.

Je les ai laissées, avec mon valet, où je suis descendu.

ÉRASTE.

Envoyons-les querir par quelqu'un.

MONSIEUR DE POURCEAUGNAC.

Non. Je lui ai défendu de bouger, à moins que j'y fusse moi-même, de peur de quelque fourberie.

SBRIGANI.

C'est prudemment avisé.

MONSIEUR DE POURCEAUGNAC.

Ce pays-ci est un peu sujet à caution.

ÉRASTE.

On voit les gens d'esprit en tout.

SBRIGANI.

Je vais accompagner monsieur, et le ramènerai où vous voudrez.

ÉRASTE.

Oui. Je serai bien aise de donner quelques ordres, et vous n'avez qu'à revenir à cette maison-là.

SBRIGANI.

Nous sommes à vous tout à l'heure.

ÉRASTE, à monsieur de Pourceaugnac.

Je vous attends avec impatience.

MONSIEUR DE POURCEAUGNAC, à Sbrigani.

Voilà une connaissance où je ne m'attendais point.

SBRIGANI.

Il a la mine d'être honnête homme.

ÉRASTE, seul.

Ma foi, monsieur de Pourceaugnac, nous vous en donnerons de toutes les façons : les choses sont préparées, et je n'ai qu'à frapper. Holà !

SCÈNE VII.

ÉRASTE, UN APOTHICAIRE.

ÉRASTE.

Je crois, monsieur, que vous êtes le médecin à qui l'on est venu parler de ma part?

L'APOTHICAIRE.

Non, monsieur, ce n'est pas moi qui suis le médecin, à moi n'appartient pas cet honneur; je ne suis qu'apothicaire, apothicaire indigne, pour vous servir.

ÉRASTE.

Et monsieur le médecin est-il à la maison ?

L'APOTHICAIRE.

Oui. Il est là embarrassé à expédier quelques malades, et je vais lui dire que vous êtes ici.

ÉRASTE.

Non : ne bougez; j'attendrai qu'il ait fait. C'est pour lui mettre entre les mains certain parent que nous avons, dont on lui a parlé, et qui se trouve attaqué de quelque folie, que nous serions bien aise qu'il pût guérir avant que de le marier.

L'APOTHICAIRE.

Je sais ce que c'est, je sais ce que c'est; et j'étais avec lui quand on lui a parlé de cette affaire. Ma foi, ma foi, vous ne pouviez pas vous adresser à un médecin plus habile. C'est un homme qui sait la médecine à fond, comme je sais ma Croix-de-par-Dieu[1], et qui, quand on devrait crever, ne démordrait pas d'un *iota* des règles des anciens. Oui, il suit toujours le grand chemin, le grand chemin, et ne va point chercher midi à quatorze heures; et, pour tout l'or du monde, il ne voudrait pas avoir guéri une personne avec d'autres remèdes que ceux que la Faculté permet.

ÉRASTE.

Il fait fort bien. Un malade ne doit point vouloir guérir, que la Faculté n'y consente.

L'APOTHICAIRE.

Ce n'est pas parce que nous sommes grands amis que j'en parle ; mais il y a plaisir, il y a plaisir d'être son malade, et j'aimerais mieux mourir de ses remèdes que de guérir de ceux d'un autre. Car, quoi qui puisse arriver, on est assuré que les choses sont toujours dans l'ordre; et quand on meurt sous sa conduite, vos héritiers n'ont rien à vous reprocher.

ÉRASTE.

C'est une grande consolation pour un défunt.

L'APOTHICAIRE.

Assurément. On est bien aise au moins d'être mort méthodiquement. Au reste, il n'est pas de ces médecins qui marchandent les maladies; c'est un homme expéditif, expéditif, qui aime à dépêcher ses malades; et quand on a à mourir, cela se fait avec lui le plus vite du monde.

ÉRASTE.

En effet, il n'est rien tel que de sortir promptement d'affaire.

L'APOTHICAIRE.

Cela est vrai. A quoi bon tant barguigner et tant tourner autour du pot? Il faut savoir vitement le court ou le long d'une maladie.

ÉRASTE.

Vous avez raison.

---

[1] Alphabet à l'aide duquel on commençait à épeler.

L'APOTHICAIRE.

Voilà déjà trois de mes enfants dont il m'a fait l'honneur de conduire la maladie, qui sont morts en moins de quatre jours, et qui, entre les mains d'un autre, auraient langui plus de trois mois.

ÉRASTE.

Il est bon d'avoir des amis comme cela.

L'APOTHICAIRE.

Sans doute. Il ne me reste plus que deux enfants, dont il prend soin comme des siens; il les traite et gouverne à sa fantaisie, sans que je me mêle de rien; et le plus souvent, quand je reviens de la ville, je suis tout étonné que je les trouve saignés ou purgés par son ordre.

ÉRASTE.

Voilà des soins fort obligeants.

L'APOTHICAIRE.

Le voici, le voici, le voici qui vient.

SCÈNE VIII.

ÉRASTE, PREMIER MÉDECIN, UN APOTHICAIRE, UN PAYSAN, UNE PAYSANNE.

LE PAYSAN, au médecin

Monsieur, il n'en peut plus, et il dit qu'il sent dans la tête les plus grandes douleurs du monde.

PREMIER MÉDECIN.

Le malade est un sot; d'autant plus que, dans la maladie dont il est attaqué, ce n'est pas la tête, selon Galien, mais la rate qui lui doit faire mal.

LE PAYSAN.

Quoi que c'en soit, monsieur, il a toujours, avec cela, son cours de ventre depuis six mois.

PREMIER MÉDECIN.

Bon! c'est signe que le dedans se dégage. Je l'irai visiter dans deux ou trois jours; mais s'il mourait avant ce temps-là, ne manquez pas de m'en donner avis; car il n'est pas de la civilité qu'un médecin visite un mort.

LA PAYSANNE, au médecin.

Mon père, monsieur, est toujours malade de plus en plus.

PREMIER MÉDECIN.

Ce n'est pas ma faute. Je lui donne des remèdes : que ne guérit-il? Combien a-t-il été saigné de fois?

LA PAYSANNE.

Quinze, monsieur, depuis vingt jours.

PREMIER MÉDECIN.

Quinze fois saigné?

LA PAYSANNE.

Oui.

PREMIER MÉDECIN.

Et il ne guérit point?

LA PAYSANNE.

Non, monsieur.

PREMIER MÉDECIN.

C'est signe que la maladie n'est pas dans le sang. Nous le ferons purger autant de fois, pour voir si elle n'est pas dans les humeurs; et, si rien ne nous réussit, nous l'enverrons aux bains.

L'APOTHICAIRE.

Voilà le fin, cela; voilà le fin de la médecine[1].

---

[1] L'usage, à la Comédie française, est d'omettre cette scène à la représentation.

SCÈNE IX.

ÉRASTE, PREMIER MÉDECIN, UN APOTHICAIRE.

ÉRASTE, au médecin.

C'est moi, monsieur, qui vous ai envoyé parler, ces jours passés, pour un parent un peu troublé d'esprit, que je veux vous donner chez vous, afin de le guérir avec plus de commodité, et qu'il soit vu de moins de monde.

PREMIER MÉDECIN.

Oui, monsieur; j'ai déjà disposé tout, et promets d'en avoir tous les soins imaginables.

ÉRASTE.

Le voici.

PREMIER MÉDECIN.

La conjoncture est tout à fait heureuse, et j'ai ici un ancien de mes amis avec lequel je serai bien aise de consulter sa maladie.

SCÈNE X.

MONSIEUR DE POURCEAUGNAC,
ÉRASTE, PREMIER MÉDECIN, UN APOTHICAIRE.

ÉRASTE, à monsieur de Pourceaugnac.

Une petite affaire m'est survenue, qui m'oblige à vous quitter; (Montrant le médecin.) mais voilà une personne entre les mains de qui je vous laisse, qui aura soin pour moi de vous traiter du mieux qu'il lui sera possible.

PREMIER MÉDECIN.

Le devoir de ma profession m'y oblige, et c'est assez que vous me chargiez de ce soin.

MONSIEUR DE POURCEAUGNAC, à part.

C'est son maître d'hôtel, et il faut que ce soit un homme de qualité.

PREMIER MÉDECIN, à Éraste.

Oui, je vous assure que je traiterai monsieur méthodiquement, et dans toutes les régularités de notre art.

MONSIEUR DE POURCEAUGNAC.

Mon Dieu! il ne me faut point tant de cérémonies, et je ne viens pas ici pour incommoder.

PREMIER MÉDECIN.

Un tel emploi ne me donne que de la joie.

ÉRASTE, au médecin.

Voilà toujours six pistoles d'avance, en attendant ce que j'ai promis.

MONSIEUR DE POURCEAUGNAC.

Non, s'il vous plaît ; je n'entends pas que vous fassiez de dépense, et que vous envoyiez rien acheter pour moi.

ÉRASTE.

Mon Dieu! laissez faire. Ce n'est pas pour ce que vous pensez.

MONSIEUR DE POURCEAUGNAC.

Je vous demande de ne me traiter qu'en ami.

ÉRASTE.

C'est ce que je veux faire. (Bas, au médecin.) Je vous recommande surtout de ne le point laisser sortir de vos mains; car, parfois, il veut s'échapper.

PREMIER MÉDECIN.

Ne vous mettez pas en peine.

ÉRASTE, à monsieur de Pourceaugnac.

Je vous prie de m'excuser de l'incivilité que je commets.

MONSIEUR DE POURCEAUGNAC.

Vous vous moquez, et c'est trop de grâce que vous me faites.

SCÈNE XI.

MONSIEUR DE POURCEAUGNAC, PREMIER MÉDECIN, SECOND MÉDECIN, UN APOTHICAIRE.

PREMIER MÉDECIN.

Ce m'est beaucoup d'honneur, monsieur, d'être choisi pour vous rendre service.

MONSIEUR DE POURCEAUGNAC.

Je suis votre serviteur.

PREMIER MÉDECIN.

Voici un habile homme, mon confrère, avec lequel je vais consulter la manière dont nous vous traiterons.

MONSIEUR DE POURCEAUGNAC.

Il ne faut point tant de façons, vous dis-je, et je suis homme à me contenter de l'ordinaire.

PREMIER MÉDECIN.

Allons, des siéges.

(Des laquais entrent, et donnent des siéges.)

MONSIEUR DE POURCEAUGNAC, à part.

Voilà pour un jeune homme des domestiques bien lugubres.

PREMIER MÉDECIN.

Allons, monsieur : prenez votre place, monsieur.

(Les deux médecins font asseoir monsieur de Pourceaugnac entre eux deux.)

MONSIEUR DE POURCEAUGNAC, s'asseyant.

Votre très-humble valet. (Les deux médecins lui prennent chacun une main pour lui tâter le pouls.) Que veut dire cela?

PREMIER MÉDECIN.

Mangez-vous bien, monsieur?

MONSIEUR DE POURCEAUGNAC.

Oui, et bois encore mieux.

PREMIER MÉDECIN.

Tant pis! Cette grande appétition du froid et de l'humide est une indication de la chaleur et sécheresse qui est au dedans. Dormez-vous fort?

MONSIEUR DE POURCEAUGNAC.

Oui, quand j'ai bien soupé.

PREMIER MÉDECIN.

Faites-vous des songes?

MONSIEUR DE POURCEAUGNAC.

Quelquefois.

PREMIER MÉDECIN.

De quelle nature sont-ils?

MONSIEUR DE POURCEAUGNAC.

De la nature des songes. Quelle diable de conversation est-ce là?

PREMIER MÉDECIN.

Vos déjections, comment sont-elles?

MONSIEUR DE POURCEAUGNAC.

Ma foi, je ne comprends rien à toutes ces questions, et je veux plutôt boire un coup.

PREMIER MÉDECIN.

Un peu de patience. Nous allons raisonner sur votre affaire devant vous; et nous le ferons en français, pour être plus intelligibles.

MONSIEUR DE POURCEAUGNAC.

Quel grand raisonnement faut-il pour manger un morceau?

PREMIER MÉDECIN.

Comme ainsi soit qu'on ne puisse guérir une maladie, qu'on ne la connaisse parfaitement, et qu'on ne la puisse parfaitement connaître sans en bien établir l'idée particulière et la véritable espèce, par ses signes diagnostiques et prognostiques, vous me permettrez, monsieur notre ancien, d'entrer en considération de la maladie dont il s'agit, avant que de toucher à la thérapeutique, et aux remèdes qu'il nous conviendra faire pour la parfaite curation d'icelle. Je dis donc, monsieur, avec votre permission, que notre malade ici présent est malheureusement attaqué, affecté, possédé, travaillé de cette sorte de folie que nous nommons fort bien mélancolie hypocondriaque; espèce de folie très-fâcheuse, et qui ne demande pas moins qu'un Esculape comme vous, consommé dans notre art; vous, dis-je, qui avez blanchi, comme on dit, sous le harnais, et auquel il en a tant passé par les mains, de toutes les façons. Je l'appelle mélancolie hypocondriaque, pour la distinguer des deux autres; car le célèbre Galien établit doctement, à son ordinaire, trois espèces de cette maladie que nous nommons mélancolie, ainsi appelée, non-seulement par les Latins, mais encore par les Grecs : ce qui est bien à remarquer pour notre affaire. La première, qui vient du propre vice du cerveau; la seconde, qui vient de tout le sang, fait et rendu atrabilaire; la troisième, appelée hypocondriaque, qui est la nôtre, laquelle procède du vice de quelque partie du bas-ventre et de la région inférieure, mais particulièrement de la rate, dont la chaleur et l'inflammation portent au cerveau de notre malade beaucoup de fuligines épaisses et crasses, dont la vapeur noire et maligne cause dépravation aux fonctions de la faculté princesse, et fait la maladie dont, par notre raisonnement, il est manifestement atteint et convaincu. Qu'ainsi ne soit, pour diagnostic incontestable de ce que je vous dis, vous n'avez qu'à considérer ce grand sérieux que vous voyez, cette tristesse accompagnée de crainte et de défiance, signes pathognomoniques et individuels de cette maladie, si bien marquée chez le divin vieillard Hippocrate : cette physionomie, ces yeux rouges et hagards, cette grande barbe, cette habitude du corps, menue, grêle, noire et velue, lesquels signes le dénotent très-affecté de cette maladie, procédante du vice des hypocondres; laquelle maladie, par laps de temps naturalisée, envieillie, habituée et ayant pris droit de bourgeoisie chez lui, pourrait bien dégénérer ou en manie, ou en phthisie, ou en apoplexie, ou même en fine frénésie et fureur. Tout ceci supposé, puisqu'une maladie bien connue est à demi guérie, car, *ignoti nulla est curatio morbi*[1], il ne vous sera pas difficile de convenir des remèdes que nous devons faire à monsieur. Premièrement, pour remédier à cette pléthore obturante, et à cette cacochymie luxuriante par tout le corps, je suis d'avis qu'il soit phlébotomisé libéralement; c'est-à-dire que les saignées soient fréquentes et plantureuses : en premier lieu, de la basilique, puis de la céphalique, et même, si le mal est opiniâtre, de lui ouvrir la veine du front, et que l'ouverture soit large, afin que le gros sang puisse sortir; et, en même temps, de le purger, désopiler, et évacuer par purgatifs propres et convenables; c'est-à-dire, par cholagogues, mélanogogues[2], *et cætera*. Et comme la véritable source de tout le mal est ou une humeur crasse et féculente, ou une vapeur noire et grossière, qui obscurcit, infecte et salit les esprits animaux, il est à propos ensuite qu'il prenne un bain d'eau pure et nette, avec force petit-lait clair, pour purifier, par l'eau, la féculence de l'humeur crasse, et éclaircir, par le lait clair, la noirceur de cette vapeur. Mais, avant toute chose, je trouve qu'il est bon de le réjouir par agréables conversations, chants et instruments de musique; à quoi il n'y a pas d'inconvénient de joindre des danseurs, afin que leurs mouvements, disposition et agilité, puissent exciter et réveiller la paresse de ses esprits engourdis, qui occasionne l'épaisseur de son sang, d'où procède la maladie. Voilà les remèdes que j'imagine, auxquels pourront être ajoutés beaucoup d'autres meilleurs par monsieur notre maître et an-

---

[1] « On ne peut guérir une maladie qu'on ne connait pas. »

[2] *Cholagogues*, remèdes propres à chasser la bile. *Mélanogogues*, remèdes propres à chasser la bile noire, que les anciens appelaient *mélancolie*.

cien, suivant l'expérience, jugement, lumière et suffisance qu'il s'est acquise dans notre art. *Dixi.*

SECOND MÉDECIN.

A Dieu ne plaise, monsieur, qu'il me tombe en pensée d'ajouter rien à ce que vous venez de dire! Vous avez si bien discouru sur tous les signes, les symptômes et les causes de la maladie de monsieur; le raisonnement que vous en avez fait est si docte et si beau, qu'il est impossible qu'il ne soit pas fou et mélancolique hypocondriaque; et quand il ne le serait pas, il faudrait qu'il le devînt, pour la beauté des choses que vous avez dites et la justesse du raisonnement que vous avez fait. Oui, monsieur, vous avez dépeint fort graphiquement, *graphice depinxisti*, tout ce qui appartient à cette maladie. Il ne se peut rien de plus doctement, sagement, ingénieusement conçu, pensé, imaginé, que ce que vous avez prononcé au sujet de ce mal, soit pour la diagnose ou la prognose ou la thérapie; et il ne me reste rien ici, que de féliciter monsieur d'être tombé entre vos mains, et de lui dire qu'il est trop heureux d'être fou, pour éprouver l'efficace et la douceur des remèdes que vous avez si judicieusement proposés. Je les approuve tous, *manibus et pedibus descendo in tuam sententiam*[1]. Tout ce que j'y voudrais ajouter, c'est de faire les saignées et les purgations en nombre impair, *numero deus impare gaudet*[2]; de prendre le lait clair avant le bain; de lui composer un fronteau[3] où il entre du sel, le sel est symbole de la sagesse; de faire blanchir les murailles de sa chambre, pour dissiper les ténèbres de ses esprits, *album est disgregativum visus*[4]; et de lui donner tout à l'heure un petit lavement, pour servir de prélude et d'introduction à ces judicieux remèdes,

---

[1] « J'applaudis à votre sentence des pieds et des mains. »
[2] « Le nombre impair réjouit les dieux. »
[3] *Fronteau*, bandeau appliqué sur le front.
[4] « Le blanc blesse la vue, en cause la *disgrégation*. »

dont, s'il a à guérir, il doit recevoir du soulagement. Fasse le ciel que ces remèdes, monsieur, qui sont les vôtres, réussissent au malade selon notre intention !

MONSIEUR DE POURCEAUGNAC.

Messieurs, il y a une heure que je vous écoute. Est-ce que nous jouons ici une comédie ?

PREMIER MÉDECIN.

Non, monsieur, nous ne jouons point.

MONSIEUR DE POURCEAUGNAC.

Qu'est-ce que tout ceci ? et que voulez-vous dire avec votre galimatias et vos sottises ?

PREMIER MÉDECIN.

Bon ! dire des injures ! voilà un diagnostic qui nous manquait pour la confirmation de son mal, et ceci pourrait bien tourner en manie.

MONSIEUR DE POURCEAUGNAC, à part.

Avec qui m'a-t-on mis ici ? (Il crache deux ou trois fois.)

PREMIER MÉDECIN.

Autre diagnostic : la sputation fréquente.

MONSIEUR DE POURCEAUGNAC.

Laissons cela, et sortons d'ici.

PREMIER MÉDECIN.

Autre encore : l'inquiétude de changer de place.

MONSIEUR DE POURCEAUGNAC.

Qu'est-ce donc que toute cette affaire ? et que me voulez-vous ?

PREMIER MÉDECIN.

Vous guérir, selon l'ordre qui nous a été donné.

MONSIEUR DE POURCEAUGNAC.

Me guérir ?

PREMIER MÉDECIN.

Oui.

MONSIEUR DE POURCEAUGNAC.

Parbleu ! je ne suis pas malade.

ACTE I. SCÈNE XII.

PREMIER MÉDECIN.

Mauvais signe lorsqu'un malade ne sent pas son mal.

MONSIEUR DE POURCEAUGNAC.

Je vous dis que je me porte bien.

PREMIER MÉDECIN.

Nous savons mieux que vous comment vous vous portez; et nous sommes médecins, qui voyons clair dans votre constitution.

MONSIEUR DE POURCEAUGNAC.

Si vous êtes médecins, je n'ai que faire de vous; et je me moque de la médecine.

PREMIER MÉDECIN.

Hon! hon! voici un homme plus fou que nous ne pensons.

MONSIEUR DE POURCEAUGNAC.

Mon père et ma mère n'ont jamais voulu de remèdes, et ils sont morts tous deux sans l'assistance des médecins.

PREMIER MÉDECIN.

Je ne m'étonne pas s'ils ont engendré un fils qui est insensé. (Au second médecin.) Allons, procédons à la curation; et, par la douceur exhilarante de l'harmonie, adoucissons, lénifions et accoisons [1] l'aigreur de ses esprits, que je vois prêts à s'enflammer.

SCÈNE XII.

MONSIEUR DE POURCEAUGNAC.

Que diable est-ce là? Les gens de ce pays-ci sont-ils insensés? Je n'ai jamais rien vu de tel, et je n'y comprends rien du tout.

---

[1] *Accoiser*, calmer.

SCÈNE XIII.

MONSIEUR DE POURCEAUGNAC,
DEUX MÉDECINS GROTESQUES.

(Ils s'asseyent d'abord tous trois; les médecins se lèvent à différentes reprises pour saluer monsieur de Pourceaugnac, qui se lève autant de fois pour les saluer.

LES DEUX MÉDECINS.

Buon dì, buon dì, buon dì.
Non vi lasciate uccidere
Dal dolor malinconico.
Noi vi faremo ridere
Col nostro canto armonico;
Sol per guarirvi
Siamo venuti qui.
Buon dì, buon dì, buon dì.

PREMIER MÉDECIN.

Altro non è la pazzia
Che malinconia.
Il malato
Non è disperato,
Se vol pigliar un poco d'allegria.
Altro non è la pazzia
Che malinconia.

SECOND MÉDECIN.

Sù, cantate, ballate, ridete;
E, se far meglio volete,
Quando sentite il deliro vicino,
Pigliate del vino,

E qualche volta un poco di tabac.
Allegramente, monsu Pourceaugnac[1].

SCÈNE XIV.

MONSIEUR DE POURCEAUGNAC,
DEUX MÉDECINS GROTESQUES, MATASSINS.

ENTRÉE DE BALLET.

Danse des matassins autour de monsieur de Pourceaugnac.

SCÈNE XV.

MONSIEUR DE POURCEAUGNAC, UN APOTHICAIRE
tenant une seringue.

L'APOTHICAIRE.

Monsieur, voici un petit remède, un petit remède, qu'il vous faut prendre, s'il vous plaît, s'il vous plaît.

MONSIEUR DE POURCEAUGNAC.

Comment? je n'ai que faire de cela.

L'APOTHICAIRE.

Il a été ordonné, monsieur, il a été ordonné.

---

[1] « Bonjour, bonjour, bonjour, ne vous laissez pas emporter par une affection mélancolique, nous vous ferons rire avec notre chant harmonieux, nous ne sommes venus ici que pour vous guérir. Bonjour, bonjour, bonjour.

» La folie n'est autre chose que la mélancolie; le malade n'est pas désespéré s'il veut prendre un peu de divertissement. La folie n'est que de la mélancolie.

» Allons, courage, chantez, dansez, riez, et si vous voulez mieux faire encore quand vous sentirez la folie approcher, prenez un verre de vin et quelquefois une prise de tabac. Allons, gai, monsieur de Pourceaugnac! »

MONSIEUR DE POURCEAUGNAC.

Ah! que de bruit!

L'APOTHICAIRE.

Prenez-le, monsieur, prenez-le; il ne vous fera point de mal, il ne vous fera point de mal.

MONSIEUR DE POURCEAUGNAC.

Ah!

L'APOTHICAIRE.

C'est un petit clystère, un petit clystère, bénin, bénin; il est bénin, bénin : là, prenez, prenez, prenez, monsieur; c'est pour déterger, pour déterger, déterger.

SCÈNE XVI.

MONSIEUR DE POURCEAUGNAC;
UN APOTHICAIRE, DEUX MÉDECINS grotesques;
MATASSINS[1] avec des seringues.

LES DEUX MÉDECINS.

Piglialo sù,
Signor monsu;
Piglialo, piglialo, piglialo sù,
Che non ti farà male.
Piglialo sù questo serviziale;
Piglialo sù,
Signor monsu;
Piglialo, piglialo, piglialo sù.

MONSIEUR DE POURCEAUGNAC.

Allez-vous-en au diable!

(Monsieur de Pourceaugnac, mettant son chapeau pour se garantir des seringues, est suivi par les deux médecins et par les matassins; il passe par le derrière du théâtre, et revient

---

[1] Le mot *matassin* désignait d'ordinaire de faux combattants, des danseurs simulant une bataille. On l'a fait dériver des verbes espagnols *matar*, tuer, et *fingir*, feindre, *matado fingido*.

se mettre sur sa chaise, auprès de laquelle il trouve l'apothicaire qui l'attendait, ce qui l'oblige à s'asseoir; les deux médecins et les matassins rentrent aussi.)

LES DEUX MÉDECINS.

Piglialo sù,
Signor monsu;
Piglialo, piglialo, piglialo sù,
Che non ti farà male.
Piglialo sù questo serviziale;
Piglialo sù,
Signor monsu;
Piglialo, piglialo, piglialo sù [1].

Monsieur de Pourceaugnac s'enfuit avec la chaise; l'apothicaire appuie sa seringue contre, et les médecins et les matassins le suivent.)

FIN DU PREMIER ACTE.

[1] « Prenez-le, monsieur, prenez-le, ce clystère, il ne vous fera pas de mal. »

ACTE DEUXIÈME.

SCÈNE I.

PREMIER MÉDECIN, SBRIGANI.

PREMIER MÉDECIN.
Il a forcé tous les obstacles que j'avais mis, et s'est dérobé aux remèdes que je commençais de lui faire.

SBRIGANI.
C'est être bien ennemi de soi-même, que de fuir des remèdes aussi salutaires que les vôtres.

PREMIER MÉDECIN.
Marque d'un cerveau démonté, et d'une raison dépravée, que de ne vouloir pas guérir.

SBRIGANI.
Vous l'auriez guéri haut la main.

PREMIER MÉDECIN.
Sans doute, quand il y aurait eu complication de douze maladies.

SBRIGANI.
Cependant voilà cinquante pistoles bien acquises qu'il vous fait perdre.

PREMIER MÉDECIN.
Moi, je n'entends point les perdre, et prétends le guérir en dépit qu'il en ait. Il est lié et engagé à mes remèdes, et

je veux le faire saisir où je le trouverai, comme déserteur de la médecine et infracteur de mes ordonnances.

SBRIGANI.

Vous avez raison. Vos remèdes étaient un coup sûr, et c'est de l'argent qu'il vous vole.

PREMIER MÉDECIN.

Où puis-je en avoir des nouvelles?

SBRIGANI.

Chez le bonhomme Oronte assurément, dont il vient épouser la fille, et qui, ne sachant rien de l'infirmité de son gendre futur, voudra peut-être se hâter de conclure le mariage.

PREMIER MÉDECIN.

Je vais lui parler tout à l'heure.

SBRIGANI.

Vous ne ferez point mal.

PREMIER MÉDECIN.

Il est hypothéqué à mes consultations, et un malade ne se moquera pas d'un médecin.

SBRIGANI.

C'est fort bien dit à vous, et, si vous m'en croyez, vous ne souffrirez point qu'il se marie que vous ne l'ayez pansé tout votre soûl.

PREMIER MÉDECIN.

Laissez-moi faire.

SBRIGANI, à part, en s'en allant.

Je vais, de mon côté, dresser une autre batterie, et le beau-père est aussi dupe que le gendre.

SCÈNE II.

ORONTE, PREMIER MÉDECIN.

PREMIER MÉDECIN.

Vous avez, monsieur, un certain monsieur de Pourceaugnac qui doit épouser votre fille?

ORONTE.

Oui, je l'attends de Limoges, et il devrait être arrivé.

PREMIER MÉDECIN.

Aussi l'est-il, et il s'en est fui de chez moi, après y avoir été mis; mais je vous défends, de la part de la médecine, de procéder au mariage que vous avez conclu, que je ne l'aie dûment préparé pour cela, et mis en état de procréer des enfants bien conditionnés et de corps et d'esprit.

ORONTE.

Comment donc?

PREMIER MÉDECIN.

Votre prétendu gendre a été constitué mon malade, sa maladie, qu'on m'a donnée à guérir, est un meuble qui m'appartient, et que je compte entre mes effets; et je vous déclare que je ne prétends point qu'il se marie, qu'au préalable il n'ait satisfait à la médecine et subi les remèdes que je lui ai ordonnés.

ORONTE.

Il a quelque mal?

PREMIER MÉDECIN.

Oui.

ORONTE.

Et quel mal, s'il vous plaît?

PREMIER MÉDECIN.

Ne vous en mettez pas en peine.

ORONTE.

Est-ce quelque mal?...

PREMIER MÉDECIN.

Les médecins sont obligés au secret. Il suffit que je vous ordonne, à vous et à votre fille, de ne point célébrer, sans mon consentement, vos noces avec lui, sur peine d'encourir la disgrâce de la Faculté, et d'être accablés de toutes les maladies qu'il nous plaira.

ORONTE.

Je n'ai garde, si cela est, de faire le mariage.

PREMIER MÉDECIN.

On me l'a mis entre les mains, et il est obligé d'être mon malade.

ORONTE.

A la bonne heure.

PREMIER MÉDECIN.

Il a beau fuir; je le ferai condamner, par arrêt, à se faire guérir par moi.

ORONTE.

J'y consens.

PREMIER MÉDECIN.

Oui, il faut qu'il crève, ou que je le guérisse.

ORONTE.

Je le veux bien.

PREMIER MÉDECIN.

Et si je ne le trouve, je m'en prendrai à vous, et je vous guérirai au lieu de lui.

ORONTE.

Je me porte bien.

PREMIER MÉDECIN.

Il n'importe. Il me faut un malade, et je prendrai qui je pourrai.

ORONTE.

Prenez qui vous voudrez, mais ce ne sera pas moi. (Seul.) Voyez un peu la belle raison!

SCÈNE III.

ORONTE, SBRIGANI, en marchand flamand.

SBRIGANI.

Montsir, avec le vôtre permissione, je suisse un trancher marchand flamane, qui voudrait bienne vous temandair un petit nouvel.

ORONTE.

Quoi, monsieur?

SBRIGANI.

Mettez le vôtre chapeau sur le tête, montsir, si ve plaît.

ORONTE.

Dites-moi, monsieur, ce que vous voulez.

SBRIGANI.

Moi le dire rien, montsir, si fous le mettre pas le chapeau sur le tête.

ORONTE.

Soit. Qu'y a-t-il, monsieur?

SBRIGANI.

Fous connaître point en sti file un certe montsir Oronte?

ORONTE.

Oui, je le connais.

SBRIGANI.

Et quel homme est-il, montsir, si ve plaît?

ORONTE.

C'est un homme comme les autres.

SBRIGANI.

Je vous temande, montsir, s'il est un homme riche qui du bienne?

ORONTE.

Oui.

SBRIGANI.

Mais riche beaucoup grandement, montsir ?

ORONTE.

Oui.

SBRIGANI.

J'en suis aise beaucoup, montsir.

ORONTE.

Mais pourquoi cela?

SBRIGANI.

L'est, montsir, pour un petit raisonne de conséquence pour nous.

ORONTE.

Mais encore, pourquoi?

SBRIGANI.

L'est, montsir, que sti montsir Oronte donne son fille en mariage à un certe montsir de Pourcegnac.

ORONTE.

Hé bien ?

SBRIGANI.

Et sti montsir de Pourcegnac, montsir, l'est un homme que doivre beaucoup grandement à dix ou douze marchanes flamanes qui être venus ici.

ORONTE.

Ce monsieur de Pourceaugnac doit beaucoup à dix ou douze marchands?

SBRIGANI.

Oui, montsir; et, depuis huit mois, nous avoir obtenir un petit sentence contre lui, et lui a remettre à payer tous ces créanciers de sti mariage que sti montsir Oronte donne pour son fille.

ORONTE.

Hon! hon! il a remis là à payer ses créanciers?

SBRIGANI.

Oui, montsir, et avec un grant dévotion nous tous attendre sti mariage.

ORONTE, a part.

L'avis n'est pas mauvais. (Haut.) Je vous donne le bonjour.

SBRIGANI.

Je remercie, montsir, de la faveur grande.

ORONTE.

Votre très-humble valet.

SBRIGANI.

Je le suis, montsir, obliger plus que beaucoup du bon nouvel que montsir m'avoir donné. (Resté seul, il ôte sa barbe et dépouille l'habit de Flamand qu'il a par-dessus le sien.) Cela ne va pas mal. Quittons notre ajustement de Flamand, pour songer à d'autres machines, et tâchons de semer tant de soupçons et de divisions entre le beau-père et le gendre, que cela rompe le mariage prétendu. Tous deux également sont propres à gober les hameçons qu'on leur veut tendre; et, entre nous autres fourbes de la première classe, nous ne faisons que nous jouer, lorsque nous trouvons un gibier aussi facile que celui-là.

SCÈNE IV.

MONSIEUR DE POURCEAUGNAC, SBRIGANI.

MONSIEUR DE POURCEAUGNAC, se croyant seul.

Piglialo sù, piglialo sù, signor monsù. Que diable est-ce là ? (Apercevant Sbrigani.) Ah !

SBRIGANI.

Qu'est-ce, monsieur? Qu'avez-vous?

MONSIEUR DE POURCEAUGNAC.

Tout ce que je vois me semble lavement.

SBRIGANI.

Comment?

MONSIEUR DE POURCEAUGNAC.

Vous ne savez pas ce qui m'est arrivé dans ce logis à la porte duquel vous m'avez conduit?

SBRIGANI.

Non, vraiment, qu'est-ce que c'est?

MONSIEUR DE POURCEAUGNAC.

Je pensais y être régalé comme il faut.

SBRIGANI.

Hé bien?

MONSIEUR DE POURCEAUGNAC.

Je vous laisse entre les mains de monsieur. Des médecins habillés de noir. Dans une chaise. Tâter le pouls. Comme ainsi soit. Il est fou. Deux gros joufflus. Grands chapeaux. *Buon di, buon di.* Six pantalons[1]. Ta, ra, ta, ta; ta, ra, ta, ta. *Allegramente, monsù Pourceaugnac.* Apothicaire. Lavement. Prenez, monsieur; prenez, prenez. Il est bénin, bénin, bénin. C'est pour déterger, pour déterger, déterger. *Piglialo sù, signor monsù; piglialo, piglialo, piglialo sù.* Jamais je n'ai été si soûl de sottises.

SBRIGANI.

Qu'est-ce que tout cela veut dire?

MONSIEUR DE POURCEAUGNAC.

Cela veut dire que cet homme-là, avec ses grandes embrassades, est un fourbe qui m'a mis dans une maison pour se moquer de moi, et me faire une pièce.

SBRIGANI.

Cela est-il possible?

MONSIEUR DE POURCEAUGNAC.

Sans doute. Ils étaient une douzaine de possédés après mes chausses, et j'ai eu toutes les peines du monde à m'échapper de leurs pattes.

SBRIGANI.

Voyez un peu; les mines sont bien trompeuses! Je l'aurais

---

[1] *Pantalons*, dans le sens de *danseurs extravagants*, d'où l'on a fait *pantalonnade*.

cru le plus affectionné de vos amis. Voilà un de mes étonnements, comme il est possible qu'il y ait des fourbes comme cela dans le monde.

MONSIEUR DE POURCEAUGNAC.

Ne sens-je point le lavement? Voyez, je vous prie.

SBRIGANI.

Hé! il y a quelque petite chose qui approche de cela.

MONSIEUR DE POURCEAUGNAC.

J'ai l'odorat et l'imagination tout remplis de cela; et il me semble toujours que je vois une douzaine de lavements qui me couchent en joue.

SBRIGANI.

Voilà une méchanceté bien grande! et les hommes sont bien traîtres et scélérats!

MONSIEUR DE POURCEAUGNAC.

Enseignez-moi, de grâce, le logis de monsieur Oronte; je suis bien aise d'y aller tout à l'heure.

SBRIGANI.

Ah! ah! vous êtes donc de complexion amoureuse? et vous avez ouï parler que ce monsieur Oronte a une fille?...

MONSIEUR DE POURCEAUGNAC.

Oui, je viens l'épouser.

SBRIGANI.

L'é... l'épouser?

MONSIEUR DE POURCEAUGNAC.

Oui.

SBRIGANI.

En mariage?

MONSIEUR DE POURCEAUGNAC.

De quelle façon, donc?

SBRIGANI.

Ah! c'est une autre chose, et je vous demande pardon.

MONSIEUR DE POURCEAUGNAC.

Qu'est-ce que cela veut dire?

ACTE II. SCÈNE IV.

SBRIGANI.

Rien.

MONSIEUR DE POURCEAUGNAC.

Mais encore!

SBRIGANI.

Rien, vous dis-je. J'ai un peu parlé trop vite.

MONSIEUR DE POURCEAUGNAC.

Je vous prie de me dire ce qu'il y a là-dessous.

SBRIGANI.

Non : cela n'est pas nécessaire.

MONSIEUR DE POURCEAUGNAC.

De grâce!

SBRIGANI.

Point. Je vous prie de m'en dispenser.

MONSIEUR DE POURCEAUGNAC.

Est-ce que vous n'êtes pas de mes amis?

SBRIGANI.

Si fait. On ne peut pas l'être davantage.

MONSIEUR DE POURCEAUGNAC.

Vous devez donc ne me rien cacher.

SBRIGANI.

C'est une chose où il y va de l'intérêt du prochain.

MONSIEUR DE POURCEAUGNAC.

Afin de vous obliger à m'ouvrir votre cœur, voilà une petite bague que je vous prie de garder pour l'amour de moi.

SBRIGANI.

Laissez-moi consulter un peu si je le puis faire en conscience. (Après s'être un peu éloigné de monsieur de Pourceaugnac.) C'est un homme qui cherche son bien, qui tâche de pourvoir sa fille le plus avantageusement qu'il est possible; et il ne faut nuire à personne. Ce sont des choses qui sont connues, à la vérité; mais j'irai les découvrir à un homme qui les ignore, et il est défendu de scandaliser son prochain. Cela est vrai; mais, d'autre part, voilà un étranger qu'on veut surprendre, cru le plus affectionné de vos amis. Voilà un de mes étonnements, comme il est possible qu'il y ait des fourbes comme cela dans le monde.

MONSIEUR DE POURCEAUGNAC.

Ne sens-je point le lavement? Voyez, je vous prie.

SBRIGANI.

Hé! il y a quelque petite chose qui approche de cela.

MONSIEUR DE POURCEAUGNAC.

J'ai l'odorat et l'imagination tout remplis de cela; et il me semble toujours que je vois une douzaine de lavements qui me couchent en joue.

SBRIGANI.

Voilà une méchanceté bien grande! et les hommes sont bien traîtres et scélérats!

MONSIEUR DE POURCEAUGNAC.

Enseignez-moi, de grâce, le logis de monsieur Oronte; je suis bien aise d'y aller tout à l'heure.

SBRIGANI.

Ah! ah! vous êtes donc de complexion amoureuse? et vous avez ouï parler que ce monsieur Oronte a une fille?...

MONSIEUR DE POURCEAUGNAC.

Oui, je viens l'épouser.

SBRIGANI.

L'é... l'épouser?

MONSIEUR DE POURCEAUGNAC.

Oui.

SBRIGANI.

En mariage?

MONSIEUR DE POURCEAUGNAC.

De quelle façon, donc?

SBRIGANI.

Ah! c'est une autre chose, et je vous demande pardon.

MONSIEUR DE POURCEAUGNAC.

Qu'est-ce que cela veut dire?

ACTE II. SCÈNE IV.

SBRIGANI.

Rien.

MONSIEUR DE POURCEAUGNAC.

Mais encore !

SBRIGANI.

Rien, vous dis-je. J'ai un peu parlé trop vite.

MONSIEUR DE POURCEAUGNAC.

Je vous prie de me dire ce qu'il y a là-dessous.

SBRIGANI.

Non : cela n'est pas nécessaire.

MONSIEUR DE POURCEAUGNAC.

De grâce !

SBRIGANI.

Point. Je vous prie de m'en dispenser.

MONSIEUR DE POURCEAUGNAC.

Est-ce que vous n'êtes pas de mes amis ?

SBRIGANI.

Si fait. On ne peut pas l'être davantage.

MONSIEUR DE POURCEAUGNAC.

Vous devez donc ne me rien cacher.

SBRIGANI.

C'est une chose où il y va de l'intérêt du prochain.

MONSIEUR DE POURCEAUGNAC.

Afin de vous obliger à m'ouvrir votre cœur, voilà une petite bague que je vous prie de garder pour l'amour de moi.

SBRIGANI.

Laissez-moi consulter un peu si je le puis faire en conscience. (Après s'être un peu éloigné de monsieur de Pourceaugnac.) C'est un homme qui cherche son bien, qui tâche de pourvoir sa fille le plus avantageusement qu'il est possible ; et il ne faut nuire à personne. Ce sont des choses qui sont connues, à la vérité ; mais j'irai les découvrir à un homme qui les ignore, et il est défendu de scandaliser son prochain. Cela est vrai ; mais, d'autre part, voilà un étranger qu'on veut surprendre, et qui de bonne foi vient se marier avec une fille qu'il ne connaît pas et qu'il n'a jamais vue, un gentilhomme plein de franchise, pour qui je me sens de l'inclination, qui me fait l'honneur de me tenir pour son ami, prend confiance en moi, et me donne une bague à garder pour l'amour de lui. (A monsieur de Pourceaugnac.) Oui, je trouve que je puis vous dire les choses sans blesser ma conscience : mais tâchons de vous les dire le plus doucement qu'il nous sera possible, et d'épargner les gens le plus que nous pourrons. De vous dire que cette fille-là mène une vie déshonnête, cela serait un peu trop fort. Cherchons, pour nous expliquer, quelques termes plus doux. Le mot de galante aussi n'est pas assez : celui de coquette achevée me semble propre à ce que nous voulons[1], et je m'en puis servir pour vous dire honnêtement ce qu'elle est.

MONSIEUR DE POURCEAUGNAC.

L'on me veut donc prendre pour dupe?

SBRIGANI.

Peut-être, dans le fond, n'y a-t-il pas tant de mal que tout le monde croit ; et puis il y a des gens, après tout, qui se mettent au-dessus de ces sortes de choses, et qui ne croient pas que leur honneur dépende...

MONSIEUR DE POURCEAUGNAC.

Je suis votre serviteur ; je ne me veux point mettre sur la tête un chapeau comme celui-là, et l'on aime à aller le front levé dans la famille des Pourceaugnacs.

SBRIGANI.

Voilà le père.

MONSIEUR DE POURCEAUGNAC.

Ce vieillard-là?

SBRIGANI.

Oui. Je me retire.

---

[1] Aujourd'hui, la qualification de galante appliquée à une femme est plus injurieuse que celle de coquette. C'était le contraire du temps de Molière.

SCÈNE V.

ORONTE, MONSIEUR DE POURCEAUGNAC.

MONSIEUR DE POURCEAUGNAC.

Bonjour, monsieur, bonjour.

ORONTE.

Serviteur, monsieur, serviteur.

MONSIEUR DE POURCEAUGNAC.

Vous êtes monsieur Oronte, n'est-ce pas?

ORONTE.

Oui.

MONSIEUR DE POURCEAUGNAC.

Et moi, monsieur de Pourceaugnac.

ORONTE.

A la bonne heure.

MONSIEUR DE POURCEAUGNAC.

Croyez-vous, monsieur Oronte, que les Limosins soient des sots?

ORONTE.

Croyez-vous, monsieur de Pourceaugnac, que les Parisiens soient des bêtes?

MONSIEUR DE POURCEAUGNAC.

Vous imaginez-vous, monsieur Oronte, qu'un homme comme moi soit si affamé de femme?

ORONTE.

Vous imaginez-vous, monsieur de Pourceaugnac, qu'une fille comme la mienne soit si affamée de mari?

SCÈNE VI.

MONSIEUR DE POURCEAUGNAC, JULIE, ORONTE.

JULIE.

On vient de me dire, mon père, que monsieur de Pourceaugnac est arrivé. Ah! le voilà sans doute, et mon cœur me le dit. Qu'il est bien fait! qu'il a bon air! et que je suis contente d'avoir un tel époux! Souffrez que je l'embrasse, et que je lui témoigne...

ORONTE.

Doucement, ma fille, doucement.

MONSIEUR DE POURCEAUGNAC, à part.

Tudieu! Quelle galante! Comme elle prend feu d'abord!

ORONTE.

Je voudrais bien savoir, monsieur de Pourceaugnac, par quelle raison vous venez...

JULIE s'approche de monsieur de Pourceaugnac, le regarde d'un air languissant, et lui veut prendre la main.

Que je suis aise de vous voir! et que je brûle d'impatience!...

ORONTE.

Ah! ma fille! Otez-vous de là, vous dis-je.

MONSIEUR DE POURCEAUGNAC, à part.

Oh! oh! quelle égrillarde!

ORONTE.

Je voudrais bien, dis-je, savoir par quelle raison, s'il vous plaît, vous avez la hardiesse de...

(Julie continue le même jeu.)

MONSIEUR DE POURCEAUGNAC, à part.

Vertu de ma vie!

ORONTE, à Julie.

Encore! Qu'est-ce à dire cela?

JULIE.

Ne voulez-vous pas que je caresse l'époux que vous m'avez choisi ?

ORONTE.

Non. Rentrez là dedans.

JULIE.

Laissez-moi le regarder.

ORONTE.

Rentrez, vous dis-je.

JULIE.

Je veux demeurer là, s'il vous plaît.

ORONTE.

Je ne veux pas, moi; et, si tu ne rentres tout à l'heure, je...

JULIE.

Hé bien! je rentre.

ORONTE.

Ma fille est une sotte qui ne sait pas les choses.

MONSIEUR DE POURCEAUGNAC, à part.

Comme nous lui plaisons!

ORONTE, à Julie, qui est restée après avoir fait quelques pas pour s'en aller.

Tu ne veux pas te retirer?

JULIE.

Quand est-ce donc que vous me marierez avec monsieur?

ORONTE.

Jamais, et tu n'es pas pour lui.

JULIE.

Je le veux avoir, moi, puisque vous me l'avez promis.

ORONTE.

Si je te l'ai promis, je te le dépromets.

MONSIEUR DE POURCEAUGNAC, à part.

Elle voudrait bien me tenir.

JULIE.

Vous avez beau faire, nous serons mariés ensemble en dépit de tout le monde.

ORONTE.

Je vous en empêcherai bien tous deux, je vous assure. Voyez un peu quel vertigo lui prend.

SCÈNE VII.

ORONTE, MONSIEUR DE POURCEAUGNAC.

MONSIEUR DE POURCEAUGNAC.

Mon Dieu! notre beau-père prétendu, ne vous fatiguez point tant; on n'a pas envie de vous enlever votre fille, et vos grimaces n'attraperont rien.

ORONTE.

Toutes les vôtres n'auront pas grand effet.

MONSIEUR DE POURCEAUGNAC.

Vous êtes-vous mis dans la tête que Léonard de Pourceaugnac soit un homme à acheter chat en poche? et qu'il n'ait pas là dedans quelque morceau de judiciaire pour se conduire, pour se faire informer de l'histoire du monde, et voir, en se mariant, si son honneur a bien toutes ses sûretés?

ORONTE.

Je ne sais pas ce que cela veut dire; mais vous êtes-vous mis dans la tête qu'un homme de soixante et trois ans ait si peu de cervelle, et considère si peu sa fille, que de la marier avec un homme qui a ce que vous savez, et qui a été mis chez un médecin pour être pansé?

MONSIEUR DE POURCEAUGNAC.

C'est une pièce que l'on m'a faite, et je n'ai aucun mal.

ORONTE.

Le médecin me l'a dit lui-même.

MONSIEUR DE POURCEAUGNAC.

Le médecin en a menti. Je suis gentilhomme, et je le veux voir l'épée à la main.

ORONTE.

Je sais ce que j'en dois croire; et vous ne m'abuserez pas là-dessus, non plus que sur les dettes que vous avez assignées sur le mariage de ma fille.

MONSIEUR DE POURCEAUGNAC.

Quelles dettes?

ORONTE.

La feinte ici est inutile, et j'ai vu le marchand flamand qui, avec les autres créanciers, a obtenu depuis huit mois sentence contre vous.

MONSIEUR DE POURCEAUGNAC.

Quel marchand flamand? Quels créanciers? Quelle sentence obtenue contre moi?

ORONTE.

Vous savez bien ce que je veux dire.

SCÈNE VIII.

MONSIEUR DE POURCEAUGNAC, ORONTE, LUCETTE.

LUCETTE, contrefaisant une Languedocienne.

Ah! tu es assi, et à la fi yeu te trobi aprés abé fait tant de passés. Podes-tu, scélérat, podes-tu sousteni ma bisto[1]?

MONSIEUR DE POURCEAUGNAC.

Qu'est-ce que veut cette femme-là?

LUCETTE.

Que te boli, infâme! Tu fas semblan de nou me pas con-

---

[1] « Ah! tu es ici, et à la fin je te trouve après avoir fait tant de pas. Peux-tu bien, scélérat, soutenir ma vue? »

nouisse, et nou rougisses pas; impudent que tu sios, tu ne rougisses pas de me beyre? (A Oronte.) Nou sabi pas, moussur, saquos bous¹ dont m'an dit que bouillo espousa la fillo; may yeu bous déclari que yeu soun sa fenno, et que y a set ans, moussur, qu'en passan à Pézénas, el auguet l'adresse, dambé sas mignardisos, commo sap ta pla fayre, de me gaigna lou cor, et m'obligel pra quel mouyen à ly douna la man per l'espousa².

ORONTE.

Oh! oh!

MONSIEUR DE POURCEAUGNAC.

Que diable est-ce-ci?

LUCETTE.

Lou trayté me quitel trés ans aprés, sul préteste de qualques affayrés que l'apelabon dins soun païs, et despey noun ly resçau put quaso de noubelo; may dins lou tens qui soungeabi lou mens, m'an dounat abist que begnio dins aquesto bilo, per se remarida dambé un autro jouena fillo, que sous parens ly an proucurado, sensse saupré res de son prumié mariatge. Yeu ai tout quitat en diligensso, et me souy rendu dodins aqueste loc lou pu leu qu'ay pouscut, per m'oupousa en aquel criminel mariatge, et confondre as ely de tout le mounde lou plus méchant day hommes³.

---

¹ *Saquos bous*. On doit écrire : *se aco es bous* (si cela est vous). Il y a en Languedoc et en Provence une quantité considérable de patois divers; il serait difficile de choisir le meilleur.

² « Ce que je te veux, infâme! Tu fais semblant de ne pas me connaître et tu ne rougis pas, impudent que tu es, tu ne rougis pas de me voir? (A Oronte.) Je ne sais, monsieur, si c'est vous dont on m'a dit qu'il voulait épouser la fille, mais je vous déclare que je suis sa femme, et qu'il y a sept ans, monsieur, qu'en passant à Pézénas, il eut l'adresse, avec ses mignardises, comme il sait si bien en faire, de me gagner le cœur et m'obligea par ce moyen à lui donner la main pour l'épouser. »

³ « Le traître m'a quittée après trois ans, sous le prétexte que quelques affaires l'appelaient dans son pays, et depuis je n'ai reçu aucune nouvelle; mais au moment où j'y songeais le moins, on m'a donné avis qu'il arrivait dans cette ville pour se remarier avec une autre jeune fille que

ACTE II. SCÈNE VIII.

MONSIEUR DE POURCEAUGNAC.

Voilà une étrange effrontée!

LUCETTE.

Impudent! n'as pas honte de m'injuria, alloc d'être confus day reproches secrets que ta conssiensso te deu fayre[1].

MONSIEUR DE POURCEAUGNAC.

Moi, je suis votre mari?

LUCETTE.

Infâme! gausos-tu dire lou contrari? Hé! tu sabes bé, par ma penno, que n'es que trop bertat; et plaguesso al Cel qu'aco non fougesso pas, et que m'auquessos layssado dins l'état d'innoussenço, et dins la tranquillitat oun moun amo bibio daban que tous charmes et tas trounpariés nou me'n benguesson malhurousomen fayre sourty! Yeu nou serio pas réduito à fayré lou tristé perssounatgé qu' yeu fave présentomen; à beyre un marit cruel mespresa touto l'ardou que yeu ay pel el, et me laissa sensse cap de piétat abandounado à las mourtéles doulous que yeu ressenti de sa perfidos acciûs[2].

ORONTE.

Je ne saurais m'empêcher de pleurer. (A monsieur de Pourceaugnac.) Allez, vous êtes un méchant homme.

MONSIEUR DE POURCEAUGNAC.

Je ne connais rien à tout ceci.

ses parents lui ont cherchée, sans savoir rien de son premier mariage. J'ai tout quitté aussitôt et me suis rendue dans ce lieu le plus tôt que j'ai pu pour m'opposer à ce mariage criminel et confondre aux yeux de tout le monde le plus méchant des hommes. »

[1] « Impudent! n'as-tu pas honte de m'injurier au lieu d'être confus des secrets reproches que doit te faire ta conscience? »

[2] « Infâme! oses-tu dire le contraire? Eh! tu sais bien, pour mon malheur, que ce n'est que trop la vérité, et plût au ciel que cela ne fût pas et que tu m'eusses laissée dans l'état d'innocence et dans la tranquillité où vivait mon âme avant que tes charmes et tes tromperies fussent venus malheureusement m'en faire sortir. Je ne serais pas réduite à faire le triste personnage que je fais aujourd'hui, à voir un mari cruel mépriser tout l'amour que j'ai pour lui, et me laisser sans pitié abandonnée aux mortelles douleurs que j'ai ressenties de ses perfides actions. »

SCÈNE IX.

MONSIEUR DE POURCEAUGNAC, NÉRINE, en Picarde, LUCETTE, ORONTE.

NÉRINE, contrefaisant la Picarde.

Ah! je n'en pis plus; je sis tout essoflée! Ah! finfaron, tu m'as bien fait courir : tu ne m'écaperas mie. Justice, justice! je boute empêchement au mariage. (A Oronte.) Chés mon méri, monsieur, et je veux faire pindre che bon pindard-là.

MONSIEUR DE POURCEAUGNAC.

Encore!

ORONTE, à part.

Quel diable d'homme est-ce-ci?

LUCETTE.

Et que boulez-bous dire, ambe bostre empachomen et bostro pendarié? Quaquel homo es bostre marit[1]?

NÉRINE.

Oui, medeme, et je sis sa femme.

LUCETTE.

Aquo es faus, aquos yeu que [soun sa fenno, et se deu estre pendut, aquo sera yeu que lou ferai penjat[2].

NÉRINE.

Je n'entains mie che baragoin-là.

LUCETTE.

Yeu bous disi que yeu soun sa fenno[3].

---

[1] « Et que voulez-vous dire avec votre empêchement et votre pendaison? Que cet homme est votre mari? »

[2] « Cela est faux, c'est moi qui suis sa femme, et, s'il doit être pendu, ce sera moi qui le ferai pendre. »

[3] « Moi je vous dis que je suis sa femme. »

NÉRINE.
Sa femme?

LUCETTE.
Oy[1].

NÉRINE.
Je vous dis que chest mi, encore in coup, qui le sis.

LUCETTE.
Et yeu bous sousteni, yeu, qu'aquos yeu[2].

NÉRINE.
Il y a quetre ans qu'il m'a éposée.

LUCETTE.
Et yeu set ans y a que m'a preso per fenno[3].

NÉRINE.
J'ai des gairants de tout cho que je di.

LUCETTE.
Tout mon pay lo sap[4].

NÉRINE.
No ville en est témoin.

LUCETTE.
Tout Pézénas a bist nostre mariatge[5].

NÉRINE.
Tout Chin-Quentin a assisté à no noche.

LUCETTE.
Nou y a res de tant béritable[6].

NÉRINE.
Il gn'y a rien de plus chertain.

LUCETTE, à monsieur de Pourceaugnac.
Gausos-tu dire lou contrari, valisquos[7]?

---

[1] « Oui. »
[2] « Et moi je soutiens que c'est moi. »
[3] « Et moi il y a sept ans qu'il m'a prise pour femme. »
[4] « Tout mon pays le sait. »
[5] « Tout Pézénas a vu notre mariage. »
[6] « Il n'y a rien de plus véritable. »
[7] « Oses-tu dire le contraire, vilain? »

NÉRINE, à monsieur de Pourceaugnac.

Est-che que tu me démaintiras, méchant homme?

MONSIEUR DE POURCEAUGNAC.

Il est aussi vrai l'un que l'autre.

LUCETTE.

Quaingn impudensso! Et coussy, misérable, nou te soubenes plus de la pauro Françon, et del paure Jeanet, que soun lous fruits de nostre mariatge[1].

NÉRINE.

Bayez un peu l'insolence! Quoi! tu ne te souviens mie de chette pauvre ainfain, no petite Madeleine, que tu m'as laichée pour gaige de ta foi?

MONSIEUR DE POURCEAUGNAC.

Voilà deux impudentes carognes!

LUCETTE.

Beni, Françon, beni Jeanet, beni toustou, beni toustoune, beny fayre beyre à un payre dénaturat la duretat qu'el a per nautres[2].

NÉRINE.

Venez, Madeleine, me n'ainfain, venez-ves-en ichi faire honte à vo père de l'impudainche qu'il a.

SCÈNE X.

MONSIEUR DE POURCEAUGNAC, ORONTE, LUCETTE, NÉRINE, PLUSIEURS ENFANTS.

JEAN, FRANÇOIS, MADELEINE.

Ah! mon papa! mon papa! mon papa!

---

[1] « Quelle impudence! Comment, misérable, tu ne te souviens plus de la pauvre Françoise et du pauvre Jeanet qui sont les fruits de notre mariage? »

[2] « Viens, Françoise, viens, Jeanet, venez tous, venez toutes, venez faire voir à un père dénaturé la dureté qu'il a pour nous. »

MONSIEUR DE POURCEAUGNAC.

Diantre soit des petits fils de putains !

LUCETTE.

Coussy, trayte, tu nou sios pas dins la darnière confusiu de ressaupre à tal tous enfants, et de ferma l'aureillo à la tendresso paternello? Tu nou m'escaperas pas, infâme! yeu te boly seguy pertout, et te reproucha ton crime jusquos à tant que me sio beniado, et que t'ayo fayt penja. Couquy, te boly fayré penja[1].

NÉRINE.

Ne rougis-tu mie de dire ches mots-là, et d'être insainsible aux cairesses de chette pauvre ainfaint? Tu ne te sauveras mie de mes pattes; et, en dépit de tes dains[2], je ferai bien voir que je sis ta femme, et je te ferai peindre.

LES ENFANTS, tous ensemble.

Mon papa! mon papa! mon papa!

MONSIEUR DE POURCEAUGNAC.

Au secours! au secours! Où fuirai-je? Je n'en puis plus.

ORONTE.

Allez, vous ferez bien de le faire punir; et il mérite d'être pendu.

SCÈNE XI.

SBRIGANI, seul.

Je conduis de l'œil toutes choses, et tout ceci ne va pas mal. Nous fatiguerons tant notre provincial, qu'il faudra, ma foi, qu'il déguerpisse.

---

[1] « Comment traitre, tu n'es pas dans la dernière confusion de recevoir ainsi tes enfants et de fermer l'oreille à la tendresse paternelle? Tu ne m'échapperas pas, infâme! Je veux te suivre partout et te reprocher ton crime jusqu'à tant que je me sois vengée, et que je t'aie fait pendre. Coquin! Je veux te faire pendre. »

[2] « En dépit de tes dents. » C'est le seul mot de Nérine que nous croyons devoir traduire.

SCÈNE XII.

MONSIEUR DE POURCEAUGNAC, SBRIGANI.

MONSIEUR DE POURCEAUGNAC.

Ah! je suis assommé! Quelle peine! Quelle maudite ville! Assassiné de tous côtés!

SBRIGANI.

Qu'est-ce, monsieur? Est-il encore arrivé quelque chose?

MONSIEUR DE POURCEAUGNAC.

Oui. Il pleut en ce pays des femmes et des lavements.

SBRIGANI.

Comment donc?

MONSIEUR DE POURCEAUGNAC.

Deux carognes de baragouineuses me sont venues accuser de les avoir épousées toutes deux, et me menacent de la justice.

SBRIGANI.

Voilà une méchante affaire; et la justice, en ce pays-ci, est rigoureuse en diable contre cette sorte de crime.

MONSIEUR DE POURCEAUGNAC.

Oui; mais, quand il y aurait information, ajournement, décret, et jugement obtenu par surprise, défaut et contumace, j'ai la voie de conflit de juridiction pour temporiser, et venir aux moyens de nullité qui seront dans les procédures.

SBRIGANI.

Voilà en parler dans tous les termes; et l'on voit bien, monsieur, que vous êtes du métier.

MONSIEUR DE POURCEAUGNAC.

Moi! point du tout, je suis gentilhomme.

SBRIGANI.

Il faut bien, pour parler ainsi, que vous ayez étudié la pratique.

MONSIEUR DE POURCEAUGNAC.

Point. Ce n'est que le sens commun qui me fait juger que je serai toujours reçu à mes faits justificatifs, et qu'on ne saurait condamner sur une simple accusation, sans un récolement et confrontation avec mes parties.

SBRIGANI.

En voilà du plus fin encore.

MONSIEUR DE POURCEAUGNAC.

Ces mots-là me viennent sans que je les sache.

SBRIGANI.

Il me semble que le sens commun d'un gentilhomme peut bien aller à concevoir ce qui est du droit et de l'ordre de la justice, mais non pas à savoir les vrais termes de la chicane.

MONSIEUR DE POURCEAUGNAC.

Ce sont quelques mots que j'ai retenus en lisant les romans.

SBRIGANI.

Ah! fort bien.

MONSIEUR DE POURCEAUGNAC.

Pour vous montrer que je n'entends rien du tout à la chicane, je vous prie de me mener chez quelque avocat, pour consulter mon affaire.

SBRIGANI.

Je le veux, et vais vous conduire chez deux hommes fort habiles; mais j'ai auparavant à vous avertir de n'être point surpris de leur manière de parler; ils ont contracté du barreau certaine habitude de déclamation qui fait que l'on dirait qu'ils chantent; et vous prendrez pour musique tout ce qu'ils vous diront.

MONSIEUR DE POURCEAUGNAC.

Qu'importe comme ils parlent, pourvu qu'ils me disent ce que je veux savoir!

SCÈNE XIII.

MONSIEUR DE POURCEAUGNAC, SBRIGANI,
DEUX AVOCATS, DEUX PROCUREURS,
DEUX SERGENTS.

PREMIER AVOCAT, traînant ses paroles en chantant.
La polygamie est un cas,
　Est un cas pendable.
SECOND AVOCAT, chantant fort vite en bredouillant
　　Votre fait
　　Est clair et net;
　　Et tout le droit,
　　Sur cet endroit,
　　Conclut tout droit.
Si vous consultez nos auteurs,
Législateurs et glossateurs,
Justinian, Papinian,
Ulpian, et Tribonian,
Fernand, Rebuffe, Jean Imole,
Paul Castre, Julian, Barthole,
Jason, Alciat, et Cujas,
　Ce grand homme si capable;
La polygamie est un cas,
　Est un cas pendable.

ENTRÉE DE BALLET.

Danse de deux Procureurs et de deux Sergents

Pendant que LE SECOND AVOCAT chante les paroles qui suivent :
　Tous les peuples policés
　　Et bien sensés;

Les Français, Anglais, Hollandais,
Danois, Suédois, Polonais,
Portugais, Espagnols, Flamands,
  Italiens, Allemands,
Sur ce fait tiennent loi semblable;
Et l'affaire est sans embarras.
La polygamie est un cas,
  Est un cas pendable.

LE PREMIER AVOCAT chante celles-ci :

La polygamie est un cas,
  Est un cas pendable.

(Monsieur de Pourceaugnac, impatienté, les chasse à coups de bâton.)

FIN DU DEUXIÈME ACTE.

ACTE TROISIÈME.

SCÈNE I.

ÉRASTE, SBRIGANI.

SBRIGANI.

Oui, les choses s'acheminent où nous voulons; et comme ses lumières sont fort petites, et son sens le plus borné du monde, je lui ai fait prendre une frayeur si grande de la sévérité de la justice de ce pays, et des apprêts qu'on faisait déjà pour sa mort, qu'il veut prendre la fuite; et, pour se dérober avec plus de facilité aux gens que je lui ai dit qu'on avait mis pour l'arrêter aux portes de la ville, il s'est résolu à se déguiser; et le déguisement qu'il a pris est l'habit d'une femme.

ÉRASTE.

Je voudrais bien le voir en cet équipage.

SBRIGANI.

Songez, de votre part, à achever la comédie; et tandis que je jouerai mes scènes avec lui, allez-vous-en... (Il lui parle bas à l'oreille.) Vous entendez bien?

ÉRASTE.

Oui.

SBRIGANI.

Et lorsque je l'aurai mis où je veux... (Il lui parle à l'oreille.

ÉRASTE.

Fort bien.

SBRIGANI.

Et quand le père aura été averti par moi... (Il lui parle encore à l'oreille.)

ÉRASTE.

Cela va le mieux du monde.

SBRIGANI.

Voici notre demoiselle. Allez vite, qu'il ne nous voie ensemble.

SCÈNE II.

MONSIEUR DE POURCEAUGNAC, en femme; SBRIGANI.

SBRIGANI.

Pour moi, je ne crois pas qu'en cet état on puisse jamais vous connaître; et vous avez la mine, comme cela, d'une femme de condition.

MONSIEUR DE POURCEAUGNAC.

Voilà qui m'étonne, qu'en ce pays-ci les formes de la justice ne soient point observées.

SBRIGANI.

Oui, je vous l'ai déjà dit, ils commencent ici par faire pendre un homme, et puis ils lui font son procès.

MONSIEUR DE POURCEAUGNAC.

Voilà une justice bien injuste!

SBRIGANI.

Elle est sévère comme tous les diables, particulièrement sur ces sortes de crimes.

MONSIEUR DE POURCEAUGNAC.

Mais quand on est innocent?

SBRIGANI.

N'importe, ils ne s'enquêtent point de cela; et puis, ils

ont en cette ville une haine effroyable pour les gens de votre pays; et ils ne sont point plus ravis que de voir pendre un Limosin.

MONSIEUR DE POURCEAUGNAC.

Qu'est-ce que les Limosins leur ont fait?

SBRIGANI.

Ce sont des brutaux, ennemis de la gentillesse et du mérite des autres villes. Pour moi, je vous avoue que je suis pour vous dans une peur épouvantable; et je ne me consolerais de ma vie, si vous veniez à être pendu.

MONSIEUR DE POURCEAUGNAC.

Ce n'est pas tant la peur de la mort qui me fait fuir, que de ce qu'il est fâcheux à un gentilhomme d'être pendu, et qu'une preuve comme celle-là ferait tort à nos titres de noblesse[1].

SBRIGANI.

Vous avez raison; on vous contesterait après cela le titre d'écuyer[2]. Au reste, étudiez-vous, quand je vous mènerai par la main, à bien marcher comme une femme, et prendre le langage et toutes les manières d'une personne de qualité.

MONSIEUR DE POURCEAUGNAC.

Laissez-moi faire. J'ai vu les personnes du bel air. Tout ce qu'il y a, c'est que j'ai un peu de barbe.

SBRIGANI.

Votre barbe n'est rien; il y a des femmes qui en ont autant que vous. Çà, voyons un peu comme vous ferez. (Après que monsieur de Pourceaugnac a contrefait la dame de condition.) Bon.

MONSIEUR DE POURCEAUGNAC.

Allons donc, mon carrosse! Où est-ce qu'est mon carrosse? Mon Dieu! qu'on est misérable d'avoir des gens comme

---

[1] Le supplice des nobles était la décapitation par le glaive. La pendaison était le supplice des roturiers.
[2] Le plus bas des titres de noblesse.

cela! Est-ce qu'on me fera attendre toute la journée sur le pavé, et qu'on ne me fera point venir mon carrosse?

SBRIGANI.

Fort bien.

MONSIEUR DE POURCEAUGNAC.

Holà! ho! cocher, petit laquais! Ah! petit fripon, que de coups de fouet je vous ferai donner tantôt! Petit laquais! petit laquais! Où est-ce donc qu'est ce petit laquais? Ce petit laquais ne se trouvera-t-il point? Ne me fera-t-on point venir ce petit laquais? Est-ce que je n'ai point un petit laquais dans le monde?

SBRIGANI.

Voilà qui va à merveille; mais je remarque une chose : cette coiffe est un peu trop déliée : j'en vais quérir une un peu plus épaisse, pour vous mieux cacher le visage, en cas de quelque rencontre.

MONSIEUR DE POURCEAUGNAC.

Que deviendrai-je cependant?

SBRIGANI.

Attendez-moi là. Je suis à vous dans un moment; vous n'avez qu'à vous promener.

(Monsieur de Pourceaugnac fait plusieurs tours sur le théâtre, en continuant à contrefaire la femme de qualité.)

SCÈNE III.

MONSIEUR DE POURCEAUGNAC, DEUX SUISSES.

PREMIER SUISSE, sans voir monsieur de Pourceaugnac.

Allons, dépêchons, camerade; li faut allair tous deux nous à la Crève, pour regarter un peu chousticier sti monsiu de Pourcegnac, qui l'a été contané par ortonnance à l'être pendu par son cou.

SECOND SUISSE, sans voir monsieur de Pourceaugnac.

Li faut nous loër un fenêtre pour foir sti choustice.

PREMIER SUISSE.

Li disent que l'on fait téjà planter un grand potence tout neuve, pour l'y accrocher sti Porcegnac.

SECOND SUISSE.

Li sira, mon foi, un grand plaisir, d'y regarter pendre sti Limosin.

PREMIER SUISSE.

Oui, de li foir gambiller les pieds en haut tevant tout le monde.

SECOND SUISSE.

Li est un plaiçant drôle, oui; li disent que c'être marié troy foie.

PREMIER SUISSE.

Sti diable li fouloir trois femmes à li tout seul! li est bien assez t'une.

SECOND SUISSE, en apercevant monsieur de Pourceaugnac.

Ah! pon chour, mameselle.

PREMIER SUISSE.

Que faire fous là tout seul?

MONSIEUR DE POURCEAUGNAC.

J'attends mes gens, messieurs.

SECOND SUISSE.

Li est belle, par mon foi!

MONSIEUR DE POURCEAUGNAC.

Doucement, messieurs.

PREMIER SUISSE.

Fous, mameselle, fouloir finir rechouir fous à la Crève? Nous faire foir à vous un petit pendement pien choli.

MONSIEUR DE POURCEAUGNAC.

Je vous rends grâce.

SECOND SUISSE.

L'est un gentilhomme limossin, qui sera pendu chentiment à un grand potence.

MONSIEUR DE POURCEAUGNAC.

Je n'ai pas de curiosité.

PREMIER SUISSE.

Li est là un petit teton qui l'est drôle.

MONSIEUR DE POURCEAUGNAC.

Tout beau!

PREMIER SUISSE.

Mon foi, moi couchair pien afec fous.

MONSIEUR DE POURCEAUGNAC.

Ah! c'en est trop! et ces sortes d'ordures-là ne se disent point à une femme de ma condition.

SECOND SUISSE.

Laisse, toi; l'est moi qui le veut couchair afec elle.

PREMIER SUISSE.

Moi, ne vouloir pas laisser.

SECOND SUISSE.

Moi, l'y vouloir, moi.

(Les deux Suisses tirent monsieur de Pourceaugnac avec violence.)

PREMIER SUISSE.

Moi, ne faire rien.

SECOND SUISSE.

Toi, l'avoir menti.

PREMIER SUISSE.

Toi, l'avoir menti toi-même.

MONSIEUR DE POURCEAUGNAC.

Au secours! A la force!

SCÈNE IV.

MONSIEUR DE POURCEAUGNAC, UN EXEMPT, DEUX ARCHERS, DEUX SUISSES.

L'EXEMPT.

Qu'est-ce! Quelle violence est-ce là? et que voulez-vous faire à madame? Allons, que l'on sorte de là, si vous ne voulez que je vous mette en prison.

PREMIER SUISSE.

Parti! pon, toi ne l'avoir point.

SECOND SUISSE.

Parti! pon aussi; toi ne l'avoir point encore.

SCÈNE V.

MONSIEUR DE POURCEAUGNAC, UN EXEMPT. DEUX ARCHERS.

MONSIEUR DE POURCEAUGNAC.

Je vous suis bien obligée, monsieur, de m'avoir délivrée de ces insolents.

L'EXEMPT.

Ouais! voilà un visage qui ressemble bien à celui que l'on m'a dépeint.

MONSIEUR DE POURCEAUGNAC.

Ce n'est pas moi, je vous assure.

L'EXEMPT.

Ah! ah! qu'est-ce que je veux dire?

MONSIEUR DE POURCEAUGNAC.

Je ne sais pas.

L'EXEMPT.

Pourquoi donc dites-vous cela?

MONSIEUR DE POURCEAUGNAC.

Pour rien.

L'EXEMPT.

Voilà un discours qui marque quelque chose, et je vous arrête prisonnier.

MONSIEUR DE POURCEAUGNAC.

Hé! monsieur, de grâce!

L'EXEMPT.

Non, non : à votre mine et à vos discours, il faut que vous soyez ce monsieur de Pourceaugnac, que nous cherchons, qui se soit déguisé de la sorte, et vous viendrez en prison tout à l'heure.

MONSIEUR DE POURCEAUGNAC.

Hélas!

SCÈNE VI.

MONSIEUR DE POURCEAUGNAC, SBRIGANI,
UN EXEMPT, DEUX ARCHERS.

SBRIGANI, à monsieur de Pourceaugnac.

Ah ciel! que veut dire cela?

MONSIEUR DE POURCEAUGNAC.

Ils m'ont reconnu.

L'EXEMPT.

Oui, oui : c'est de quoi je suis ravi.

SBRIGANI, à l'exempt.

Hé! monsieur, pour l'amour de moi! vous savez que nous sommes amis, il y a longtemps, je vous conjure de ne le point mener en prison.

L'EXEMPT.

Non : il m'est impossible.

SBRIGANI.

Vous êtes homme d'accommodement. N'y a-t-il pas moyen d'ajuster cela avec quelques pistoles.

L'EXEMPT, à ses archers.

Retirez-vous un peu.

SCÈNE VII.

MONSIEUR DE POURCEAUGNAC, SBRIGANI,
UN EXEMPT.

SBRIGANI, à monsieur de Pourceaugnac.

Il faut lui donner de l'argent pour vous laisser aller. Faites vite.

MONSIEUR DE POURCEAUGNAC, donnant de l'argent à Sbrigani.

Ah! maudite ville!

SBRIGANI.

Tenez, monsieur.

L'EXEMPT.

Combien y a-t-il?

SBRIGANI.

Un, deux, trois, quatre, cinq, six, sept, huit, neuf, dix.

L'EXEMPT.

Non; mon ordre est trop exprès.

SBRIGANI, à l'exempt qui veut s'en aller.

Mon Dieu! attendez. (A monsieur de Pourceaugnac.) Dépêchez, donnez-lui-en encore autant.

MONSIEUR DE POURCEAUGNAC.

Mais...

SBRIGANI.

Dépêchez-vous, vous dis-je, et ne perdez point de temps. Vous auriez un grand plaisir quand vous seriez pendu.

MONSIEUR DE POURCEAUGNAC.

Ah! (Il donne encore de l'argent à Sbrigani.)

SBRIGANI, à l'exempt.

Tenez, monsieur.

L'EXEMPT, à Sbrigani.

Il faut donc que je m'enfuie avec lui ; car il n'y aurait point de sûreté ici pour moi. Laissez-le-moi conduire, et ne bougez d'ici.

SBRIGANI.

Je vous prie donc d'en avoir un grand soin.

L'EXEMPT.

Je vous promets de ne le point quitter que je ne l'aie mis en lieu de sûreté.

MONSIEUR DE POURCEAUGNAC, à Sbrigani.

Adieu. Voilà le seul honnête homme que j'aie trouvé en cette ville.

SBRIGANI.

Ne perdez point de temps. Je vous aime tant, que je voudrais que vous fussiez déjà bien loin. (Seul.) Que le ciel te conduise! Par ma foi, voilà une grande dupe! Mais voici...

SCÈNE VIII.

ORONTE, SBRIGANI.

SBRIGANI, feignant de ne point voir Oronte.

Ah! quelle étrange aventure! quelle fâcheuse nouvelle pour un père! Pauvre Oronte, que je te plains! Que diras-tu? et de quelle façon pourras-tu supporter cette douleur mortelle ?

ORONTE.

Qu'est-ce ? Quel malheur me présages-tu ?

SBRIGANI.

Ah! monsieur! ce perfide de Limosin, ce traître de monsieur de Pourceaugnac vous enlève votre fille!

ORONTE.

Il m'enlève ma fille!

SBRIGANI.

Oui. Elle en est devenue si folle, qu'elle vous quitte pour le suivre ; et l'on dit qu'il a un caractère[1] pour se faire aimer de toutes les femmes.

ORONTE.

Allons vite à la justice! Des archers après eux!

SCÈNE IX.

ORONTE, ÉRASTE, JULIE, SBRIGANI.

ÉRASTE, à Julie.

Allons, vous viendrez malgré vous, et je veux vous remettre entre les mains de votre père. Tenez, monsieur, voilà votre fille que j'ai tirée de force d'entre les mains de l'homme avec qui elle s'enfuyait; non pas pour l'amour d'elle, mais pour votre seule considération. Car, après l'action qu'elle a faite, je dois la mépriser, et me guérir absolument de l'amour que j'avais pour elle.

ORONTE.

Ah! infâme que tu es!

ÉRASTE, à Julie.

Comment! me traiter de la sorte après toutes les marques d'amitié que je vous ai données! Je ne vous blâme point de vous être soumise aux volontés de monsieur votre père : il est sage et judicieux dans les choses qu'il fait, et

---

[1] Un talisman.

je ne me plains point de lui de m'avoir rejeté pour un autre. S'il a manqué à la parole qu'il m'avait donnée, il a ses raisons pour cela. On lui a fait croire que cet autre est plus riche que moi de quatre ou cinq mille écus; et quatre ou cinq mille écus est un denier considérable, et qui vaut bien la peine qu'un homme manque à sa parole; mais oublier en un moment toute l'ardeur que je vous ai montrée! vous laisser d'abord enflammer d'amour pour un nouveau venu, et le suivre honteusement, sans le consentement de monsieur votre père, après les crimes qu'on lui impute! c'est une chose condamnée de tout le monde, et dont mon cœur ne peut vous faire d'assez sanglants reproches.

JULIE.

Hé bien! oui. J'ai conçu de l'amour pour lui, et je l'ai voulu suivre, puisque mon père me l'avait choisi pour époux. Quoi que vous me disiez, c'est un fort honnête homme, et tous les crimes dont on l'accuse sont faussetés épouvantables.

ORONTE.

Taisez-vous, vous êtes une impertinente, et je sais mieux que vous ce qui en est.

JULIE.

Ce sont, sans doute, des pièces qu'on lui fait; et (Montrant Éraste.) c'est peut-être lui qui a trouvé cet artifice pour vous en dégoûter.

ÉRASTE.

Moi! je serais capable de cela!

JULIE.

Oui, vous.

ORONTE.

Taisez-vous, vous dis-je. Vous êtes une sotte.

ÉRASTE.

Non, non; ne vous imaginez pas que j'aie aucune envie de détourner ce mariage, et que ce soit ma passion qui m'ait forcé à courir après vous. Je vous l'ai déjà dit, ce n'est que la seule considération que j'ai pour monsieur votre père, et je n'ai pu souffrir qu'un honnête homme comme lui fût exposé à la honte de tous les bruits qui pourraient suivre une action comme la vôtre.

ORONTE.

Je vous suis, seigneur Éraste, infiniment obligé.

ÉRASTE.

Adieu, monsieur. J'avais toutes les ardeurs du monde d'entrer dans votre alliance ; j'ai fait tout ce que j'ai pu pour obtenir un tel honneur : mais j'ai été malheureux, et vous ne m'avez pas jugé digne de cette grâce. Cela n'empêchera pas que je ne conserve pour vous les sentiments d'estime et de vénération où votre personne m'oblige ; et, si je n'ai pu être votre gendre, au moins serai-je éternellement votre serviteur.

ORONTE.

Arrêtez, seigneur Éraste. Votre procédé me touche l'âme, et je vous donne ma fille en mariage.

JULIE.

Je ne veux point d'autre mari que monsieur de Pourceaugnac.

ORONTE.

Et je veux, moi, tout à l'heure, que tu prennes le seigneur Éraste. Çà, la main.

JULIE.

Non, je n'en ferai rien.

ORONTE.

Je te donnerai sur les oreilles.

ÉRASTE.

Non, non, monsieur ; ne lui faites point de violence, je vous en prie.

ORONTE.

C'est à elle à m'obéir, et je sais me montrer le maître.

ÉRASTE.

Ne voyez-vous pas l'amour qu'elle a pour cet homme-là? et voulez-vous que je possède un corps dont un autre possédera le cœur?

ORONTE.

C'est un sortilége qu'il lui a donné, et vous verrez qu'elle changera de sentiment avant qu'il soit peu. Donnez-moi votre main. Allons.

JULIE.

Je ne...

ORONTE.

Ah! que de bruit! Çà, votre main, vous dis-je. Ah! ah! ah!

ÉRASTE, à Julie.

Ne croyez pas que ce soit pour l'amour de vous que je vous donne la main : ce n'est que de monsieur votre père dont je suis amoureux, et c'est lui que j'épouse.

ORONTE.

Je vous suis beaucoup obligé; et j'augmente de dix mille écus le mariage de ma fille. Allons, qu'on fasse venir le notaire pour dresser le contrat[1].

ÉRASTE.

En attendant qu'il vienne, nous pouvons jouir du divertissement de la saison, et faire entrer les masques que le bruit des noces de monsieur de Pourceaugnac a attirés ici de tous les endroits de la ville.

---

[1] L'usage au théâtre est de terminer ici la pièce. Seulement, pour égayer ce dénoûment, monsieur de Pourceaugnac paraît dans la salle, dans quelque loge de côté.

SCÈNE X.

TROUPE DE MASQUES CHANTANTS ET DANSANTS.

(Les uns occupent des balcons, les autres sont dans la place, qui, par plusieurs chansons et diverses danses et jeux, cherchent à se donner des plaisirs innocents.)

UN MASQUE, en Égyptienne.

Sortez, sortez de ces lieux,
Soucis, Chagrins et Tristesse;
Venez, venez Ris et Jeux,
Plaisir, Amour et Tendresse.
Ne songeons qu'à nous réjouir :
La grande affaire est le plaisir.

CHOEUR DE MASQUES CHANTANTS.

Ne songeons qu'à nous réjouir :
La grande affaire est le plaisir.

L'ÉGYPTIENNE.

A me suivre tous ici
Votre ardeur est non commune,
Et vous êtes en souci
De votre bonne fortune :
Soyez toujours amoureux,
C'est le moyen d'être heureux.

UN MASQUE, en Égyptien.

Aimons jusques au trépas,
La raison nous y convie.
Hélas! si l'on n'aimait pas,
Que serait-ce de la vie?
Ah! perdons plutôt le jour,
Que de perdre notre amour.

(Tous deux en dialogue.)

L'ÉGYPTIEN.

Les biens,

L'ÉGYPTIENNE.

La gloire,

L'ÉGYPTIEN.

Les grandeurs,

L'ÉGYPTIENNE.

Les sceptres qui font tant d'envie,

L'ÉGYPTIEN.

Tout n'est rien, si l'amour n'y mêle ses ardeurs.

L'ÉGYPTIENNE.

Il n'est point, sans l'amour, de plaisir dans la vie.

TOUS DEUX ENSEMBLE.

Soyons toujours amoureux,
C'est le moyen d'être heureux.

LE PETIT CHOEUR chante, après, ces deux derniers vers.

Sus, sus, chantons tous ensemble ;
Dansons, sautons, jouons-nous.

UN MASQUE, habillé en noble Vénitien.

Lorsque pour rire on s'assemble,
Les plus sages, ce me semble,
Sont ceux qui sont les plus fous.

TOUS ENSEMBLE.

Ne songeons qu'à nous réjouir :
La grande affaire est le plaisir.

PREMIÈRE ENTRÉE DE BALLET.

Danse de deux vieilles, deux scaramouches, deux pantalons, deux docteurs et deux paysans.

DEUXIÈME ENTRÉE DE BALLET.

Danse de sauvages.

TROISIÈME ENTRÉE DE BALLET.

Danse de Biscayens.

FIN DE MONSIEUR DE POURCEAUGNAC.

LES AMANTS MAGNIFIQUES.

COMÉDIE-BALLET EN CINQ ACTES.

Représentée à Saint-Germain-en-Laye, le 4 février 1670,

SOUS LE TITRE DE

LE DIVERTISSEMENT ROYAL.

PERSONNAGES.

ARISTIONE, princesse, mère d'Ériphile.
ÉRIPHILE, fille de la princesse.
IPHICRATE, prince, amant d'Ériphile.
TIMOCLÈS, prince, amant d'Ériphile.
SOSTRATE, général d'armée, amant d'Ériphile.
CLÉONICE, confidente d'Ériphile.
ANAXARQUE, astrologue.
CLÉON, fils d'Anaxarque.
CHORÈBE, de la suite d'Aristione.
CLITIDAS, plaisant de cour, de la suite d'Ériphile.
UNE FAUSSE VÉNUS, d'intelligence avec Anaxarque.

Noms des acteurs qui ont joué d'original dans *les Amants magnifiques.*

ARISTIONE.	Mlle Hervé.
ÉRIPHILE.	Mlle Molière.
IPHICRATE.	La Grange.
TIMOCLÈS.	Du Croisy.
CLÉONICE.	Madel. Béjart.
ANAXARQUE.	Hubert.
CLITIDAS.	Molière.

La scène est en Thessalie, dans la délicieuse vallée de Tempé.

LES AMANTS MAGNIFIQUES.

AVANT-PROPOS.

Le roi, qui ne veut que des choses extraordinaires dans tout ce qu'il entreprend, s'est proposé de donner à sa cour un divertissement qui fût composé de tous ceux que le théâtre peut fournir; et, pour embrasser cette vaste idée, et enchaîner ensemble tant de choses diverses, Sa Majesté a choisi pour sujet deux princes rivaux qui, dans le champêtre séjour de la vallée de Tempé, où l'on doit célébrer la fête des jeux Pythiens, régalent à l'envi une jeune princesse et sa mère de toutes les galanteries dont ils se peuvent aviser.

PREMIER INTERMÈDE.

Le théâtre s'ouvre à l'agréable bruit de quantité d'instruments ; et d'abord il offre aux yeux une vaste mer bordée de chaque côté de quatre grands rochers, dont le sommet porte chacun un Fleuve accoudé sur les marques de ces sortes de déités. Au pied de ces rochers sont douze Tritons de chaque côté, et, dans le milieu de la mer, quatre Amours montés sur des dauphins, et derrière eux le dieu Éole, élevé au-dessus des ondes sur un petit nuage. Éole commande aux vents de se retirer, et tandis que les Amours, les Tritons et les Fleuves lui répondent, la mer se calme, et, du milieu des ondes, on voit s'élever une île. Huit Pêcheurs sortent du fond de la mer, avec des nacres de perles et des branches de corail, et, après une danse agréable, vont se placer chacun sur un rocher au-dessous d'un Fleuve. Le chœur de la musique annonce la venue de Neptune, et, tandis que ce dieu danse avec sa suite, les Pêcheurs, les Tritons et les Fleuves accompagnent ses pas de gestes différents et de bruit de conques de perles. Tout ce spectacle est une magnifique galanterie, dont l'un des princes régale sur la mer la promenade des princesses.

PREMIÈRE ENTRÉE DE BALLET.

Huit pêcheurs de corail.

DEUXIÈME ENTRÉE DE BALLET.

Neptune, et six dieux marins.

Noms des personnes qui ont chanté et dansé dans le premier intermède.

Neptune : LE ROI.

Six dieux marins : Monsieur le Grand[1], le marquis de Villeroi, le marquis de Rassent ; M. Beauchamp, les sieurs Favier et la Pierre.

---

[1] *Le Grand*, abréviation de monsieur le Grand Écuyer.

Huit Fleuves : Messieurs Beaumont, Fernon l'aîné, Noblet, Sérignan, David, Aurat, Devellois et Gillet.

Douze Tritons : Messieurs le Gros, Hédouin, Don, Gingan l'aîné, Gingan le cadet, Fernon le cadet, Rebel, Langeais, Deschamps, Morel, et deux Pages de la musique de la Chapelle.

Quatre Amours : Quatre Pages de la musique de la Chambre.

Éole : Monsieur Estival.

Huit Pécheurs : Messieurs Jouan, Chicanneau, Pezan l'aîné, Magny, Joubert, Mayeu, la Montagne et Lestang.

VERS CHANTÉS.

RÉCIT D'ÉOLE.

Vents qui troublez les plus beaux jours,
Rentrez dans vos grottes profondes,
Et laissez régner sur les ondes
Les Zéphires et les Amours.

UN TRITON.

Quels beaux yeux ont percé nos demeures humides !
Venez, venez, Tritons, cachez-vous, Néréides.

TOUS LES TRITONS.

Allons tous au-devant de ces divinités ;
Et rendons par nos chants hommage à leurs beautés.

UN AMOUR.

Ah ! que ces princesses sont belles !

UN AUTRE AMOUR.

Quels sont les cœurs qui ne s'y rendraient pas !

UN AUTRE AMOUR.

La plus belle des immortelles,
Notre mère, a bien moins d'appas.

CHŒUR.

Allons tous au-devant de ces divinités ;
Et rendons par nos chants hommage à leurs beautés.

UN TRITON.

Quel noble spectacle s'avance ?
Neptune, le grand dieu, Neptune avec sa cour,
Vient honorer ce beau jour

De son auguste présence.
CHOEUR.
Redoublons nos concerts,
Et faisons retentir dans le vague des airs
Notre réjouissance.

VERS

Pour le roi, représentant Neptune.

Le ciel, entre les dieux les plus considérés,
Me donne pour partage un rang considérable,
Et, me faisant régner sur les flots azurés,
Rend à tout l'univers mon pouvoir redoutable.

Il n'est aucune terre, à me bien regarder,
Qui ne doive trembler que je ne m'y répande ;
Point d'États qu'à l'instant je ne pusse inonder
Des flots impétueux que mon pouvoir commande.

Rien n'en peut arrêter le fier débordement ;
Et d'une triple digue à leur force opposée
On les verrait forcer le ferme empêchement,
Et se faire en tous lieux une ouverture aisée.

Mais je sais retenir la fureur de ces flots
Par la sage équité du pouvoir que j'exerce,
Et laisser en tous lieux, au gré des matelots,
La douce liberté d'un paisible commerce.

On trouve des écueils parfois dans mes États ;
On voit quelques vaisseaux y périr par l'orage,
Mais contre ma puissance on n'en murmure pas,
Et chez moi la vertu ne fait jamais naufrage.

PREMIER INTERMÈDE.

Pour M. LE GRAND, *représentant un dieu marin.*

L'empire où nous vivons est fertile en trésors,
Tous les mortels en foule accourent sur ses bords :
Et, pour faire bientôt une haute fortune,
Il ne faut rien qu'avoir la faveur de NEPTUNE.

Pour LE MARQUIS DE VILLEROI, *représentant un dieu marin.*

Sur la foi de ce dieu de l'empire flottant,
On peut bien s'embarquer avec toute assurance ;
  Les flots ont de l'inconstance,
  Mais le NEPTUNE est constant.

Pour LE MARQUIS DE RASSENT, *représentant un dieu marin.*

Voguez sur cette mer d'un zèle inébranlable :
C'est le moyen d'avoir NEPTUNE favorable.

FIN DU PREMIER INTERMÈDE.

ACTE PREMIER.

SCÈNE I.

SOSTRATE, CLITIDAS.

CLITIDAS, à part.

Il est attaché à ses pensées.

SOSTRATE, se croyant seul.

Non, Sostrate, je ne vois rien où tu puisses avoir recours; et tes maux sont d'une nature à ne te laisser nulle espérance d'en sortir.

CLITIDAS, à part.

Il raisonne tout seul.

SOSTRATE, se croyant seul.

Hélas!

CLITIDAS, à part.

Voilà des soupirs qui veulent dire quelque chose, et ma conjecture se trouvera véritable.

SOSTRATE, se croyant seul.

Sur quelles chimères, dis-moi, pourrais-tu bâtir quelque espoir? et que peux-tu envisager, que l'affreuse longueur d'une vie malheureuse, et des ennuis à ne finir que par la mort?

CLITIDAS, à part.

Cette tête-là est plus embarrassée que la mienne.

SOSTRATE, se croyant seul.

Ah! mon cœur! ah! mon cœur! où m'avez-vous jeté?

CLITIDAS.

Serviteur, seigneur Sostrate.

SOSTRATE.

Où vas-tu, Clitidas?

CLITIDAS.

Mais vous, plutôt, que faites-vous ici? et quelle secrète mélancolie, quelle humeur sombre, s'il vous plaît, vous peut retenir dans ces bois, tandis que tout le monde a couru en foule à la magnificence de la fête dont l'amour du prince Iphicrate vient de régaler sur la mer la promenade des princesses; tandis qu'elles y ont reçu des cadeaux merveilleux de musique et de danse, et qu'on a vu les rochers et les ondes se parer de divinités pour faire honneur à leurs attraits?

SOSTRATE.

Je me figure assez, sans la voir, cette magnificence; et tant de gens, d'ordinaire, s'empressent à porter de la confusion dans ces sortes de fêtes, que j'ai cru à propos de ne pas augmenter le nombre des importuns.

CLITIDAS.

Vous savez que votre présence ne gâte jamais rien, et que vous n'êtes point de trop en quelque lieu que vous soyez. Votre visage est bien venu partout, et il n'a garde d'être de ces visages disgraciés qui ne sont jamais bien reçus des regards souverains. Vous êtes également bien auprès des deux princesses; et la mère et la fille vous font assez connaître l'estime qu'elles font de vous, pour n'appréhender pas de fatiguer leurs yeux: et ce n'est pas cette crainte, enfin, qui vous a retenu.

SOSTRATE.

J'avoue que je n'ai pas naturellement grande curiosité pour ces sortes de choses.

CLITIDAS.

Mon Dieu ! quand on n'aurait nulle curiosité pour les choses, on en a toujours pour aller où l'on trouve tout le monde; et, quoi que vous puissiez dire, on ne demeure point tout seul, pendant une fête, à rêver parmi les arbres, comme vous faites, à moins d'avoir en tête quelque chose qui embarrasse.

SOSTRATE.

Que voudrais-tu que j'y pusse avoir ?

CLITIDAS.

Ouais ! je ne sais d'où cela vient ; mais il sent ici l'amour. Ce n'est pas moi. Ah ! par ma foi, c'est vous.

SOSTRATE.

Que tu es fou, Clitidas !

CLITIDAS.

Je ne suis point fou. Vous êtes amoureux ; j'ai le nez délicat, et j'ai senti cela d'abord.

SOSTRATE.

Sur quoi prends-tu cette pensée?

CLITIDAS.

Sur quoi? Vous seriez bien étonné si je vous disais encore de qui vous êtes amoureux.

SOSTRATE.

Moi?

CLITIDAS.

Oui. Je gage que je vais deviner tout à l'heure celle que vous aimez. J'ai mes secrets, aussi bien que notre astrologue dont la princesse Aristione est entêtée; et, s'il a la science de lire dans les astres la fortune des hommes, j'ai celle de lire dans les yeux le nom des personnes qu'on aime. Tenez-vous un peu, et ouvrez les yeux. É, par soi[1], é; r, i, éri; p, h, i, phi, ériphi; l, e, le : Ériphile. Vous êtes amoureux de la princesse Ériphile.

---

[1] *Par soi*, à lui seul.

ACTE I. SCÈNE I.

SOSTRATE.

Ah! Clitidas, j'avoue que je ne puis cacher mon trouble, et tu me frappes d'un coup de foudre.

CLITIDAS.

Vous voyez que je suis savant!

SOSTRATE.

Hélas! si, par quelque aventure, tu as pu découvrir le secret de mon cœur, je te conjure au moins de ne le révéler à qui que ce soit, et surtout de le tenir caché à la belle princesse dont tu viens de dire le nom.

CLITIDAS.

Et, sérieusement parlant, si dans vos actions j'ai bien pu connaître depuis un temps la passion que vous voulez tenir secrète, pensez-vous que la princesse Ériphile puisse avoir manqué de lumières pour s'en apercevoir? Les belles, croyez-moi, sont toujours les plus clairvoyantes à découvrir les ardeurs qu'elles causent; et le langage des yeux et des soupirs se fait entendre, mieux qu'à tout autre, à celle à qui il s'adresse.

SOSTRATE.

Laissons-la, Clitidas, laissons-la voir, si elle peut, dans mes soupirs et mes regards, l'amour que ses charmes m'inspirent; mais gardons bien que par nulle autre voie elle en apprenne jamais rien.

CLITIDAS.

Et qu'appréhendez-vous? Est-il possible que ce même Sostrate qui n'a pas craint ni Brennus ni tous les Gaulois, et dont le bras a si glorieusement contribué à nous défaire de ce déluge de barbares qui ravageaient la Grèce; est-il possible, dis-je, qu'un homme si assuré dans la guerre soit si timide en amour, et que je le voie trembler à dire seulement qu'il aime?

SOSTRATE.

Ah! Clitidas, je tremble avec raison; et tous les Gaulois

du monde ensemble sont bien moins redoutables que deux beaux yeux pleins de charmes.

CLITIDAS.

Je ne suis pas de cet avis ; et je sais bien, pour moi, qu'un seul Gaulois, l'épée à la main, me ferait beaucoup plus trembler que cinquante beaux yeux ensemble les plus charmants du monde. Mais, dites-moi un peu, qu'espérez-vous faire ?

SOSTRATE.

Mourir sans déclarer ma passion.

CLITIDAS.

L'espérance est belle ! Allez, allez, vous vous moquez ; un peu de hardiesse réussit toujours aux amants : il n'y a en amour que les honteux qui perdent ; et je dirais ma passion à une déesse, moi, si j'en devenais amoureux.

SOSTRATE.

Trop de choses, hélas ! condamnent mes feux à un éternel silence.

CLITIDAS.

Hé ! quoi ?

SOSTRATE.

La bassesse de ma fortune, dont il plaît au ciel de rabattre l'ambition de mon amour ; le rang de la princesse qui met entre elle et mes désirs une distance si fâcheuse ; la concurrence de deux princes appuyés de tous les grands titres qui peuvent soutenir les prétentions de leurs flammes ; de deux princes qui, par mille et mille magnificences, se disputent à tous moments la gloire de sa conquête, et sur l'amour de qui on attend tous les jours de voir son choix se déclarer ; mais plus que tout, Clitidas, le respect inviolable où ses beaux yeux assujettissent toute la violence de mon ardeur.

CLITIDAS.

Le respect bien souvent n'oblige pas tant que l'amour ; et

je me trompe fort, ou la jeune princesse a connu votre flamme, et n'y est pas insensible.

SOSTRATE.

Ah! ne t'avise point de vouloir flatter par pitié le cœur d'un misérable.

CLITIDAS.

Ma conjecture est fondée. Je lui vois reculer beaucoup le choix de son époux, et je veux éclaircir un peu cette petite affaire-là. Vous savez que je suis auprès d'elle en quelque espèce de faveur, que j'y ai les accès ouverts, et qu'à force de me tourmenter je me suis acquis le privilége de me mêler à la conversation, et parler à tort et à travers de toutes choses. Quelquefois cela ne me réussit pas, mais quelquefois aussi cela me réussit. Laissez-moi faire, je suis de vos amis, les gens de mérite me touchent, et je veux prendre mon temps pour entretenir la princesse de...

SOSTRATE.

Ah ! de grâce, quelque bonté que mon malheur t'inspire, garde-toi bien de lui rien dire de ma flamme. J'aimerais mieux mourir que de pouvoir être accusé par elle de la moindre témérité; et ce profond respect où ses charmes divins...

CLITIDAS.

Taisons-nous, voici tout le monde.

SCÈNE II.

ARISTIONE, IPHICRATE, TIMOCLÈS, SOSTRATE, ANAXARQUE, CLÉON, CLITIDAS.

ARISTIONE, à Iphicrate.

Prince, je ne puis me lasser de le dire, il n'est point de spectacle au monde qui puisse le disputer en magnificence à celui que vous venez de nous donner. Cette fête a eu des ornements qui l'emportent sans doute sur tout ce que l'on saurait voir ; et elle vient de produire à nos yeux quelque chose de si noble, de si grand et de si majestueux, que le ciel même ne saurait aller au delà ; et je puis dire assurément qu'il n'y a rien dans l'univers qui s'y puisse égaler.

TIMOCLÈS.

Ce sont des ornements dont on ne peut pas espérer que toutes les fêtes soient embellies ; et je dois fort trembler, madame, pour la simplicité du petit divertissement que je m'apprête à vous donner dans le bois de Diane.

ARISTIONE.

Je crois que nous n'y verrons rien que de fort agréable ; et, certes, il faut avouer que la campagne a lieu de nous paraître belle, et que nous n'avons pas le temps de nous ennuyer dans cet agréable séjour qu'ont célébré tous les poëtes sous le nom de Tempé. Car enfin, sans parler des plaisirs de la chasse que nous y prenons à toute heure, et de la solennité des jeux Pythiens que l'on y célèbre tantôt, vous prenez soin l'un et l'autre de nous y combler de tous les divertissements qui peuvent charmer les chagrins des plus mélancoliques. D'où vient, Sostrate, qu'on ne vous a point vu dans notre promenade?

SOSTRATE.

Une petite indisposition, madame, m'a empêché de m'y trouver.

IPHICRATE.

Sostrate est de ces gens, madame, qui croient qu'il ne sied pas bien d'être curieux comme les autres ; et il est beau d'affecter de ne pas courir où tout le monde court.

SOSTRATE.

Seigneur, l'affectation n'a guère de part à tout ce que je fais ; et, sans vous faire compliment, il y avait des choses à voir dans cette fête qui pouvaient m'attirer, si quelque autre motif ne m'avait retenu.

ARISTIONE.

Et Clitidas a-t-il vu cela?

CLITIDAS.

Oui, madame, mais du rivage.

ARISTIONE.

Et pourquoi du rivage?

CLITIDAS.

Ma foi, madame, j'ai craint quelqu'un des accidents qui arrivent d'ordinaire dans ces confusions. Cette nuit j'ai songé de poissons morts et d'œufs cassés; et j'ai appris du seigneur Anaxarque que les œufs cassés et le poisson mort signifient malencontre.

ANAXARQUE.

Je remarque une chose : que Clitidas n'aurait rien à dire, s'il ne parlait de moi.

CLITIDAS.

C'est qu'il y a tant de choses à dire de vous, qu'on n'en saurait parler assez.

ANAXARQUE.

Vous pourriez prendre d'autres matières, puisque je vous en ai prié.

CLITIDAS.

Le moyen? Ne dites-vous pas que l'ascendant est plus fort que tout? Et s'il est écrit dans les astres que je sois enclin à parler de vous, comment voulez-vous que je résiste à ma destinée?

ANAXARQUE.

Avec tout le respect, madame, que je vous dois, il y a une chose qui est fâcheuse dans votre cour, que tout le monde y prenne liberté de parler, et que le plus honnête homme y soit exposé aux railleries du premier méchant plaisant.

CLITIDAS.

Je vous rends grâce de l'honneur.

ARISTIONE, à Anaxarque.

Que vous êtes fou de vous chagriner de ce qu'il dit !

CLITIDAS.

Avec tout le respect que je dois à madame, il y a une chose qui m'étonne dans l'astrologie : comment des gens qui savent tous les secrets des dieux, et qui possèdent des connaissances à se mettre au-dessus de tous les hommes, aient besoin de faire leur cour, et de demander quelque chose.

ANAXARQUE.

Vous devriez gagner un peu mieux votre argent, et donner à madame de meilleures plaisanteries.

CLITIDAS.

Ma foi, on les donne telles qu'on peut. Vous en parlez fort à votre aise ; et le métier de plaisant n'est pas comme celui d'astrologue : bien mentir et bien plaisanter sont deux choses fort différentes ; et il est bien plus facile de tromper les gens que de les faire rire.

ARISTIONE.

Hé ! qu'est-ce donc que cela veut dire ?

CLITIDAS, se parlant à lui-même

Paix, impertinent que vous êtes! Ne savez-vous pas bien que l'astrologie est une affaire d'État, et qu'il ne faut point toucher à cette corde-là? Je vous l'ai dit plusieurs fois, vous vous émancipez trop, et vous prenez de certaines libertés qui vous joueront un mauvais tour, je vous en avertis. Vous verrez qu'un de ces jours on vous donnera du pied au cul, et qu'on vous chassera comme un faquin. Taisez-vous, si vous êtes sage.

ARISTIONE.

Où est ma fille?

TIMOCLÈS.

Madame, elle s'est écartée ; et je lui ai présenté une main qu'elle a refusé d'accepter.

ARISTIONE.

Princes, puisque l'amour que vous avez pour Ériphile a

bien voulu se soumettre aux lois que j'ai voulu vous imposer ; puisque j'ai su obtenir de vous que vous fussiez rivaux sans devenir ennemis, et qu'avec pleine soumission aux sentiments de ma fille vous attendez un choix dont je l'ai faite seule maîtresse, ouvrez-moi tous deux le fond de votre âme, et me dites sincèrement quel progrès vous croyez l'un et l'autre avoir fait sur son cœur.

TIMOCLÈS.

Madame, je ne suis point pour me flatter ; j'ai fait ce que j'ai pu pour toucher le cœur de la princesse Ériphile, et je m'y suis pris, que je crois, de toutes les tendres manières dont un amant se peut servir : je lui ai fait des hommages soumis de tous mes vœux ; j'ai montré des assiduités, j'ai rendu des soins chaque jour : j'ai fait chanter ma passion aux voix les plus touchantes, et l'ai fait exprimer en vers aux plumes les plus délicates ; je me suis plaint de mon martyre en des termes passionnés ; j'ai fait dire à mes yeux, aussi bien qu'à ma bouche, le désespoir de mon amour ; j'ai poussé à ses pieds des soupirs languissants ; j'ai même répandu des larmes ; mais tout cela inutilement, et je n'ai point connu qu'elle ait dans l'âme aucun ressentiment de mon ardeur.

ARISTIONE.

Et vous, prince ?

IPHICRATE.

Pour moi, madame, connaissant son indifférence, et le peu de cas qu'elle fait des devoirs qu'on lui rend, je n'ai voulu perdre auprès d'elle ni plaintes, ni soupirs, ni larmes. Je sais qu'elle est toute soumise à vos volontés, et que ce n'est que de votre main seule qu'elle voudra prendre un époux, aussi n'est-ce qu'à vous que je m'adresse pour l'obtenir, à vous plutôt qu'à elle que je rends tous mes soins et tous mes hommages. Et plût au ciel, madame, que vous eussiez pu vous résoudre à tenir sa place ; que vous eussiez voulu jouir des conquêtes que vous lui faites, et recevoir pour vous les vœux que vous lui renvoyez !

ARISTIONE.

Prince, le compliment est d'un amant adroit, et vous avez entendu dire qu'il fallait cajoler les mères pour obtenir les filles ; mais ici, par malheur, tout cela devient inutile, et je me suis engagée à laisser le choix tout entier à l'inclination de ma fille.

IPHICRATE.

Quelque pouvoir que vous lui donniez pour ce choix, ce n'est point compliment, madame, que ce que je vous dis. Je ne recherche la princesse Ériphile que parce qu'elle est votre sang ; je la trouve charmante par tout ce qu'elle tient de vous, et c'est vous que j'adore en elle.

ARISTIONE.

Voilà qui est fort bien.

IPHICRATE.

Oui, madame, toute la terre voit en vous des attraits et des charmes que je...

ARISTIONE.

De grâce, prince, ôtons ces charmes et ces attraits : vous savez que ce sont des mots que je retranche des compliments qu'on me veut faire. Je souffre qu'on me loue de ma sincérité ; qu'on dise que je suis une bonne princesse, que j'ai de la parole pour tout le monde, de la chaleur pour mes amis et de l'estime pour le mérite et la vertu : je puis tâter de tout cela ; mais pour les douceurs de charmes et d'attraits, je suis bien aise qu'on ne m'en serve point ; et, quelque vérité qui s'y pût rencontrer, on doit faire quelque scrupule d'en goûter la louange, quand on est mère d'une fille comme la mienne.

IPHICRATE.

Ah ! madame, c'est vous qui voulez être mère malgré tout le monde ; il n'est point d'yeux qui ne s'y opposent ;

et, si vous le vouliez, la princesse Ériphile ne serait que votre sœur.

ARISTIONE.

Mon dieu! prince, je ne donne point dans tous ces galimatias où donnent la plupart des femmes : je veux être mère parce que je la suis, et ce serait en vain que je ne la voudrais pas être. Ce titre n'a rien qui me choque, puisque, de mon consentement, je me suis exposée à le recevoir. C'est un faible de notre sexe dont, grâce au ciel, je suis exempte; et je ne m'embarrasse point de ces grandes disputes d'âge sur quoi nous voyons tant de folles. Revenons à notre discours. Est-il possible que jusqu'ici vous n'ayez pu connaître où penche l'inclination d'Ériphile?

IPHICRATE.

Ce sont obscurités pour moi.

TIMOCLÈS.

C'est pour moi un mystère impénétrable.

ARISTIONE.

La pudeur peut-être l'empêche de s'expliquer à vous et à moi. Servons-nous de quelque autre pour découvrir le secret de son cœur. Sostrate, prenez de ma part cette commission, et rendez cet office à ces princes, de savoir adroitement de ma fille vers qui des deux ses sentiments peuvent tourner.

SOSTRATE.

Madame, vous avez cent personnes dans votre cour sur qui vous pourriez mieux verser l'honneur d'un tel emploi, et je me sens mal propre à bien exécuter ce que vous souhaitez de moi.

ARISTIONE.

Votre mérite, Sostrate, n'est point borné aux seuls emplois de la guerre. Vous avez de l'esprit, de la conduite, de l'adresse; et ma fille fait cas de vous.

SOSTRATE.

Quelque autre mieux que moi, madame...

ARISTIONE.

Non, non; en vain vous vous en défendez.

SOSTRATE.

Puisque vous le voulez, madame, il vous faut obéir; mais je vous jure que, dans toute votre cour, vous ne pouviez choisir personne qui ne fût en état de s'acquitter beaucoup mieux que moi d'une telle commission.

ARISTIONE.

C'est trop de modestie; et vous vous acquitterez toujours bien de toutes les choses dont on vous chargera. Découvrez doucement les sentiments d'Ériphile, et faites-la ressouvenir qu'il faut se rendre de bonne heure dans le bois de Diane.

SCÈNE III.

IPHICRATE, TIMOCLÈS, SOSTRATE, CLITIDAS.

IPHICRATE, à Sostrate.

Vous pouvez croire que je prends part à l'estime que la princesse vous témoigne.

TIMOCLÈS, à Sostrate.

Vous pouvez croire que je suis ravi du choix que l'on a fait de vous.

IPHICRATE.

Vous voilà en état de servir vos amis.

TIMOCLÈS.

Vous avez de quoi rendre de bons offices aux gens qu'il vous plaira.

IPHICRATE.

Je ne vous recommande point mes intérêts.

TIMOCLÈS.

Je ne vous dis point de parler pour moi.

SOSTRATE.

Seigneurs, il serait inutile. J'aurais tort de passer les ordres de ma commission; et vous trouverez bon que je ne parle ni pour l'un ni pour l'autre.

IPHICRATE.

Je vous laisse agir comme il vous plaira.

TIMOCLÈS.

Vous en userez comme vous voudrez.

SCÈNE IV.

IPHICRATE, TIMOCLÈS, CLITIDAS.

IPHICRATE, bas à Clitidas.

Clitidas se ressouvient bien qu'il est de mes amis; je lui recommande toujours de prendre mes intérêts auprès de sa maîtresse contre ceux de mon rival.

CLITIDAS, bas à Iphicrate.

Laissez-moi faire. Il y a bien de la comparaison de lui à vous! et c'est un prince bien bâti pour vous le disputer!

IPHICRATE, bas à Clitidas.

Je reconnaîtrai ce service.

SCÈNE V.

TIMOCLÈS, CLITIDAS.

TIMOCLÈS.

Mon rival fait sa cour à Clitidas; mais Clitidas sait bien qu'il m'a promis d'appuyer contre lui les prétentions de mon amour.

CLITIDAS.

Assurément; et il se moque, de croire l'emporter sur vous. Voilà, auprès de vous, un beau petit morveux de prince !

TIMOCLÈS.

Il n'y a rien que je ne fasse pour Clitidas.

CLITIDAS, seul.

Belles paroles de tous côtés ! Voici la princesse ; prenons mon temps pour l'aborder.

SCÈNE VI.

ÉRIPHILE, CLÉONICE.

CLÉONICE.

On trouvera étrange, madame, que vous vous soyez ainsi écartée de tout le monde.

ÉRIPHILE.

Ah ! qu'aux personnes comme nous, qui sommes toujours accablées de tant de gens, un peu de solitude est parfois agréable ! et qu'après mille impertinents entretiens il est doux de s'entretenir avec ses pensées ! Qu'on me laisse ici promener toute seule.

CLÉONICE.

Ne voudriez-vous pas, madame, voir un petit essai de la disposition de ces gens admirables qui veulent se donner à vous ? Ce sont des personnes qui, par leurs pas, leurs gestes et leurs mouvements, expriment aux yeux toutes choses ; et on appelle cela pantomimes. J'ai tremblé à vous dire ce mot, et il y a des gens dans votre cour qui ne me le pardonneraient pas.

ÉRIPHILE.

Vous avez bien la mine, Cléonice, de me venir ici régaler

ACTE I. SCÈNE VI.

d'un mauvais divertissement; car, grâce au ciel, vous ne manquez pas de vouloir produire indifféremment tout ce qui se présente à vous; et vous avez une affabilité qui ne rejette rien; aussi est-ce à vous seule qu'on voit avoir recours toutes les muses nécessitantes[1]; vous êtes la grande protectrice du mérite incommodé; et tout ce qu'il y a de vertueux indigents au monde va débarquer chez vous.

CLÉONICE.

Si vous n'avez pas envie de les voir, madame, il ne faut que les laisser là.

ÉRIPHILE.

Non, non; voyons-les : faites-les venir.

CLÉONICE.

Mais peut-être, madame, que leur danse sera méchante.

ÉRIPHILE.

Méchante ou non, il la faut voir. Ce ne serait, avec vous, que reculer la chose, et il vaut mieux en être quitte.

CLÉONICE.

Ce ne sera ici, madame qu'une danse ordinaire; une autre fois...

ÉRIPHILE.

Point de préambule, Cléonice; qu'ils dansent.

FIN DU PREMIER ACTE.

---

[1] *Nécessitantes*, dans le sens de nécessiteuses.

DEUXIÈME INTERMÈDE.

La confidente de la jeune princesse lui produit trois danseurs sous le nom de Pantomimes; c'est-à-dire qui expriment par leurs gestes toutes sortes de choses. La princesse les voit danser, et les reçoit à son service.

ENTRÉE DE BALLET DE TROIS PANTOMIMES.

Pantomimes : MM. Beauchamp, Saint-André et Favier.

FIN DU DEUXIÈME INTERMÈDE.

ACTE DEUXIÈME.

SCÈNE I.

ÉRIPHILE, CLÉONICE.

ÉRIPHILE.

Voilà qui est admirable. Je ne crois pas qu'on puisse mieux danser qu'ils dansent, et je suis bien aise de les avoir à moi.

CLÉONICE.

Et moi, madame, je suis bien aise que vous ayez vu que je n'ai pas si méchant goût que vous avez pensé.

ÉRIPHILE.

Ne triomphez point tant; vous ne tarderez guère à me faire avoir ma revanche. Qu'on me laisse ici.

SCÈNE II.

ÉRIPHILE, CLÉONICE, CLITIDAS.

CLÉONICE, allant au-devant de Clitidas.

Je vous avertis, Clitidas, que la princesse veut être seule.

CLITIDAS.

Laissez-moi faire : je suis homme qui sais ma cour.

SCÈNE III.

ÉRIPHILE, CLITIDAS.

CLITIDAS, en chantant.

La, la la, la. (Faisant l'étonné en voyant Ériphile.) Ah !

ÉRIPHILE, à Clitidas qui feint de vouloir s'éloigner.

Clitidas.

CLITIDAS.

Je ne vous avais pas vue là, madame.

ÉRIPHILE.

Approche. D'où viens-tu?

CLITIDAS.

De laisser la princesse votre mère, qui s'en allait vers le temple d'Apollon, accompagnée de beaucoup de gens.

ÉRIPHILE.

Ne trouves-tu pas ces lieux les plus charmants du monde?

CLITIDAS.

Assurément. Les princes vos amants y étaient.

ÉRIPHILE.

Le fleuve Pénée fait ici d'agréables détours.

CLITIDAS.

Fort agréables. Sostrate y était aussi.

ÉRIPHILE.

D'où vient qu'il n'est pas venu à la promenade?

CLITIDAS.

Il a quelque chose dans la tête qui l'empêche de prendre plaisir à tous ces beaux régals. Il m'a voulu entretenir; mais vous m'avez défendu si expressément de me charger d'aucune affaire auprès de vous, que je n'ai point voulu lui prêter l'oreille, et je lui ai dit nettement que je n'avais pas le loisir de l'entendre.

ÉRIPHILE.

Tu as eu tort de lui dire cela, et tu devais l'écouter.

CLITIDAS.

Je lui ai dit d'abord que je n'avais pas le loisir de l'entendre, mais après je lui ai donné audience.

ÉRIPHILE.

Tu as bien fait.

CLITIDAS.

En vérité, c'est un homme qui me revient, un homme fait comme je veux que les hommes soient faits, ne prenant point des manières bruyantes et des tons de voix assommants; sage et posé en toutes choses, ne parlant jamais que bien à propos, point prompt à décider, point du tout exagérateur incommode; et, quelques beaux vers que nos poëtes lui aient récités, je ne lui ai jamais ouï dire : « Voilà qui est plus beau que tout ce qu'a jamais fait Homère. » Enfin, c'est un homme pour qui je me sens de l'inclination, et si j'étais princesse, il ne serait pas malheureux.

ÉRIPHILE.

C'est un homme d'un grand mérite, assurément. Mais de quoi t'a-t-il parlé?

CLITIDAS.

Il m'a demandé si vous aviez témoigné grande joie au magnifique régal que l'on vous a donné, m'a parlé de votre personne avec des transports les plus grands du monde, vous a mise au-dessus du ciel, et vous a donné toutes les louanges qu'on peut donner à la princesse la plus accomplie de la terre, entremêlant tout cela de plusieurs soupirs qui disaient plus qu'il ne voulait. Enfin, à force de le tourner de tous côtés, et de le presser sur la cause de cette profonde mélancolie dont toute la cour s'aperçoit, il a été contraint de m'avouer qu'il était amoureux.

ÉRIPHILE.

Comment, amoureux! Quelle témérité est la sienne? C'est un extravagant que je ne verrai de ma vie.

CLITIDAS.

De quoi vous plaignez-vous, madame?

ÉRIPHILE.

Avoir l'audace de m'aimer! et, de plus, avoir l'audace de le dire!

CLITIDAS.

Ce n'est pas vous, madame, dont il est amoureux.

ÉRIPHILE.

Ce n'est pas moi?

CLITIDAS.

Non, madame; il vous respecte trop pour cela, et est trop sage pour y penser.

ÉRIPHILE.

Et de qui donc, Clitidas?

CLITIDAS.

D'une de vos filles, la jeune Arsinoé.

ÉRIPHILE.

A-t-elle tant d'appas, qu'il n'ait trouvé qu'elle digne de son amour?

CLITIDAS.

Il l'aime éperdument, et vous conjure d'honorer sa flamme de votre protection.

ÉRIPHILE.

Moi?

CLITIDAS.

Non, non, madame. Je vois que la chose ne vous plaît pas. Votre colère m'a obligé à prendre ce détour, et, pour vous dire la vérité, c'est vous qu'il aime éperdument.

ÉRIPHILE.

Vous êtes un insolent de venir ainsi surprendre mes sentiments. Allons, sortez d'ici; vous vous mêlez de vouloir lire dans les âmes, de vouloir pénétrer dans les secrets du cœur d'une princesse! Otez-vous de mes yeux, et que je ne vous voie jamais, Clitidas.

CLITIDAS.

Madame.

ÉRIPHILE.

Venez ici. Je vous pardonne cette affaire-là.

CLITIDAS.

Trop de bonté, madame.

ÉRIPHILE.

Mais à condition, prenez bien garde à ce que je vous dis, que vous n'en ouvrirez la bouche à personne du monde, sur peine de la vie.

CLITIDAS.

Il suffit.

ÉRIPHILE.

Sostrate t'a donc dit qu'il m'aimait?

CLITIDAS.

Non, madame. Il vous faut dire la vérité. J'ai tiré de son cœur, par surprise, un secret qu'il veut cacher à tout le monde, et avec lequel il est, dit-il, résolu de mourir. Il a été au désespoir du vol subtil que je lui en ai fait, et, bien loin de me charger de vous le découvrir, il m'a conjuré, avec toutes les instantes prières qu'on saurait faire, de ne vous en rien révéler, et c'est trahison contre lui que ce que je viens de vous dire.

ÉRIPHILE.

Tant mieux! c'est par son seul respect qu'il peut me plaire, et s'il était si hardi de me déclarer son amour, il perdrait pour jamais et ma présence et mon estime.

CLITIDAS.

Ne craignez point, madame...

ÉRIPHILE.

Le voici. Souvenez-vous, au moins, si vous êtes sage, de la défense que je vous ai faite.

CLITIDAS.

Cela est fait, madame. Il ne faut pas être courtisan indiscret.

SCÈNE IV.

ÉRIPHILE, SOSTRATE.

SOSTRATE.

J'ai une excuse, madame, pour oser interrompre votre solitude, et j'ai reçu de la princesse votre mère une commission qui autorise la hardiesse que je prends maintenant.

ÉRIPHILE.

Quelle commission, Sostrate?

SOSTRATE.

Celle, madame, de tâcher d'apprendre de vous vers lequel des deux princes peut incliner votre cœur.

ÉRIPHILE.

La princesse ma mère montre un esprit judicieux dans le choix qu'elle a fait de vous pour un pareil emploi. Cette commission, Sostrate, vous a été agréable sans doute, et vous l'avez acceptée avec beaucoup de joie?

SOSTRATE.

Je l'ai acceptée, madame, par la nécessité que mon devoir m'impose d'obéir, et si la princesse avait voulu recevoir mes excuses, elle aurait honoré quelque autre de cet emploi.

ÉRIPHILE.

Quelle cause, Sostrate, vous obligeait à le refuser?

SOSTRATE.

La crainte, madame, de m'en acquitter mal.

ÉRIPHILE.

Croyez-vous que je ne vous estime pas assez pour vous ouvrir mon cœur, et vous donner toutes les lumières que vous pourrez désirer de moi sur le sujet de ces deux princes?

SOSTRATE.

Je ne désire rien pour moi là-dessus, madame, et je ne

ACTE II. SCÈNE IV.

vous demande que ce que vous croirez devoir donner aux ordres qui m'amènent.

ÉRIPHILE.

Jusques ici je me suis défendue de m'expliquer, et la princesse ma mère a eu la bonté de souffrir que j'aie reculé toujours ce choix qui me doit engager; mais je serai bien aise de témoigner à tout le monde que je veux faire quelque chose pour l'amour de vous, et si vous m'en pressez, je rendrai cet arrêt qu'on attend depuis si longtemps.

SOSTRATE.

C'est une chose, madame, dont vous ne serez point importunée par moi, et je ne saurais me résoudre à presser une princesse qui sait trop ce qu'elle a à faire.

ÉRIPHILE.

Mais c'est ce que la princesse ma mère attend de vous.

SOSTRATE.

Ne lui ai-je pas dit aussi que je m'acquitterais mal de cette commission?

ÉRIPHILE.

Oh çà, Sostrate, les gens comme vous ont toujours les yeux pénétrants, et je pense qu'il ne doit y avoir guère de choses qui échappent aux vôtres. N'ont-ils pu découvrir, vos yeux, ce dont tout le monde est en peine? et ne vous ont-ils point donné quelques petites lumières du penchant de mon cœur? Vous voyez les soins qu'on me rend, l'empressement qu'on me témoigne. Quel est celui de ces deux princes que vous croyez que je regarde d'un œil plus doux?

SOSTRATE.

Les doutes que l'on forme sur ces sortes de choses ne sont réglés d'ordinaire que par les intérêts qu'on prend.

ÉRIPHILE.

Pour qui, Sostrate, pencheriez-vous des deux? Quel est celui, dites-moi, que vous souhaiteriez que j'épousasse?

SOSTRATE.

Ah! madame, ce ne seront pas mes souhaits, mais votre inclination qui décidera de la chose.

ÉRIPHILE.

Mais si je me conseillais à vous pour ce choix?

SOSTRATE.

Si vous vous conseilliez à moi, je serais fort embarrassé.

ÉRIPHILE.

Vous ne pourriez pas dire qui des deux vous semble plus digne de cette préférence?

SOSTRATE.

Si l'on s'en rapporte à mes yeux, il n'y aura personne qui soit digne de cet honneur. Tous les princes du monde seront trop peu de chose pour aspirer à vous; les dieux seuls y pourront prétendre, et vous ne souffrirez des hommes que l'encens et les sacrifices.

ÉRIPHILE.

Cela est obligeant, et vous êtes de mes amis. Mais je veux que vous me disiez pour qui des deux vous vous sentez plus d'inclination, quel est celui que vous mettez le plus au rang de vos amis.

SCÈNE V.

ÉRIPHILE, SOSTRATE, CHORÈBE.

CHORÈBE.

Madame, voilà la princesse qui vient vous prendre ici pour aller au bois de Diane.

SOSTRATE, à part.

Hélas! petit garçon, que tu es venu à propos!

SCÈNE VI.

ARISTIONE, ÉRIPHILE, IPHICRATE, TIMOCLÈS,
SOSTRATE, ANAXARQUE, CLITIDAS.

ARISTIONE.

On vous a demandée, ma fille; et il y a des gens que votre absence chagrine fort.

ÉRIPHILE.

Je pense, madame, qu'on m'a demandée par compliment; et on ne s'inquiète pas tant qu'on vous dit.

ARISTIONE.

On enchaîne pour nous ici tant de divertissements les uns aux autres, que toutes nos heures sont retenues, et nous n'avons aucun moment à perdre, si nous voulons les goûter tous. Entrons vite dans le bois, et voyons ce qui nous y attend. Ce lieu est le plus beau du monde : prenons vite nos places.

FIN DU DEUXIÈME ACTE.

TROISIÈME INTERMÈDE.

Le théâtre est une forêt où la princesse est invitée d'aller. Une nymphe lui en fait les honneurs, en chantant; et, pour la divertir, on lui joue une petite comédie en musique, dont voici le sujet : un berger se plaint à deux bergers, ses amis, des froideurs de celle qu'il aime; les deux amis le consolent; et, comme la bergère aimée arrive, tous trois se retirent pour l'observer. Après quelque plainte amoureuse, elle se repose sur un gazon, et s'abandonne aux douceurs du sommeil. L'amant fait approcher ses amis, pour contempler les grâces de sa bergère, et invite toutes choses à contribuer à son repos. La bergère, en s'éveillant, voit son berger à ses pieds, se plaint de sa poursuite; mais, considérant sa constance, elle lui accorde sa demande, consent d'en être aimée, en présence des deux bergers amis. Deux satyres arrivant se plaignent de son changement, et, étant touchés de cette disgrâce, cherchent leur consolation dans le vin.

PERSONNAGES DE LA PASTORALE.

LA NYMPHE DE LA VALLÉE DE TEMPÉ.	Mlle des Fronteaux.
TYRCIS.	M. Gaye.
LYCASTE.	M. Langeais.
MÉNANDRE.	M. Fernon le cadet.
CALISTE.	Mlle Hilaire.
DEUX SATYRES.	MM. Estival et Morel.

PROLOGUE.

LA NYMPHE DE TEMPÉ, seule.

Venez, grande princesse, avec tous vos appas,
Venez prêter vos yeux aux innocents ébats
  Que notre désert vous présente :

N'y cherchez point l'éclat des fêtes de la cour;
On ne sent ici que l'amour,
Ce n'est que d'amour qu'on y chante.

PASTORALE.

SCÈNE I.

TYRCIS, seul.

Vous chantez sous ces feuillages,
Doux rossignols pleins d'amour;
Et de vos tendres ramages
Vous réveillez tour à tour
Les échos de ces bocages :
Hélas! petits oiseaux, hélas!
Si vous aviez mes maux, vous ne chanteriez pas.

SCÈNE II.

LYCASTE, MÉNANDRE, TYRCIS.

LYCASTE.
Hé quoi! toujours languissant, sombre et triste?
MÉNANDRE.
Hé quoi! toujours aux pleurs abandonné?
TYRCIS.
Toujours adorant Caliste,
Et toujours infortuné.

LYCASTE.

Dompte, dompte, berger, l'ennui qui te possède.

TYRCIS.

Hé! le moyen, hélas!

MÉNANDRE.

Fais, fais-toi quelque effort.

TYRCIS.

Hé! le moyen, hélas! quand le mal est trop fort?

LYCASTE.

Ce mal trouvera son remède.

TYRCIS.

Je ne guérirai qu'à ma mort.

LYCASTE ET MÉNANDRE.

Ah! Tyrcis!

TYRCIS.

Ah! bergers!

LYCASTE ET MÉNANDRE.

Prends sur toi plus d'empire.

TYRCIS.

Rien ne me peut plus secourir.

LYCASTE ET MÉNANDRE.

C'est trop, c'est trop céder.

TYRCIS.

C'est trop, c'est trop souffrir.

LYCASTE ET MÉNANDRE.

Quelle faiblesse!

TYRCIS.

Quel martyre!

LYCASTE ET MÉNANDRE.

Il faut prendre courage.

TYRCIS.

Il faut plutôt mourir.

LYCASTE.

Il n'est point de bergère,
Si froide et si sévère,
Dont la pressante ardeur

D'un cœur qui persévère
Ne vainque la froideur.
          MÉNANDRE.
Il est, dans les affaires
Des amoureux mystères,
Certains petits moments
Qui changent les plus fières,
Et font d'heureux amants.
          TYRCIS.
Je la vois, la cruelle,
Qui porte ici ses pas;
Gardons d'être vu d'elle :
  L'ingrate, hélas!
  N'y viendrait pas.

SCÈNE III.

CALISTE, seule.

Ah! que sur notre cœur
  La sévère loi de l'honneur
    Prend un cruel empire!
Je ne fais voir que rigueurs pour Tyrcis;
Et cependant, sensible à ses cuisants soucis,
 De sa langueur en secret je soupire,
  Et voudrais bien soulager son martyre.
    C'est à vous seuls que je le dis,
    Arbres, n'allez pas le redire.
Puisque le ciel a voulu nous former
  Avec un cœur qu'Amour peut enflammer,
    Quelle rigueur impitoyable
Contre des traits si doux nous force à nous armer
    Et pourquoi, sans être blâmable,
      Ne peut-on pas aimer

Ce que l'on trouve aimable?
Hélas! que vous êtes heureux,
Innocents animaux, de vivre sans contrainte,
Et de pouvoir suivre sans crainte
Les doux emportements de vos cœurs amoureux!
Hélas! petits oiseaux, que vous êtes heureux
De ne sentir nulle contrainte,
Et de pouvoir suivre sans crainte
Les doux emportements de vos cœurs amoureux!
Mais le sommeil sur ma paupière
Verse de ses pavots l'agréable fraîcheur :
Donnons-nous à lui tout entière;
Nous n'avons pas de loi sévère
Qui défende à nos sens d'en goûter la douceur.

SCÈNE IV.

CALISTE, endormie; TYRCIS, LYCASTE, MÉNANDRE

TYRCIS.

Vers ma belle ennemie,
Portons sans bruit nos pas,
Et ne réveillons pas
Sa rigueur endormie.

TOUS TROIS.

Dormez, dormez, beaux yeux, adorables vainqueurs
Et goûtez le repos que vous ôtez aux cœurs.
Dormez, dormez, beaux yeux.

TYRCIS.

Silence, petits oiseaux;
Vents, n'agitez nulle chose;
Coulez doucement, ruisseaux.
C'est Caliste qui repose.

TROISIÈME INTERMÈDE.

TOUS TROIS.

Dormez, dormez, beaux yeux, adorables vainqueurs,
Et goûtez le repos que vous ôtez aux cœurs.
Dormez, dormez, beaux yeux.

CALISTE, en se réveillant, à Tyrcis.

Ah! quelle peine extrême!
Suivre partout mes pas!

TYRCIS.

Que voulez-vous qu'on suive, hélas!
Que ce qu'on aime?

CALISTE.

Berger, que voulez-vous?

TYRCIS.

Mourir, belle bergère,
Mourir à vos genoux,
Et finir ma misère.
Puisque en vain à vos pieds on me voit soupirer,
Il y faut expirer.

CALISTE.

Ah! Tyrcis, ôtez-vous : j'ai peur que dans ce jour
La pitié dans mon cœur n'introduise l'amour.

LYCASTE ET MÉNANDRE, l'un après l'autre.

Soit amour, soit pitié,
Il sied bien d'être tendre.
C'est par trop vous défendre;
Bergère, il faut se rendre
A sa longue amitié.
Soit amour, soit pitié,
Il sied bien d'être tendre.

CALISTE, à Tyrcis.

C'est trop, c'est trop de rigueur.
J'ai maltraité votre ardeur,
Chérissant votre personne;
Vengez-vous de mon cœur,
Tyrcis, je vous le donne.

TYRCIS.

O ciel! bergers! Caliste! Ah! je suis hors de moi.
Si l'on meurt de plaisir, je dois perdre la vie.

LYCASTE.

Digne prix de ta foi!

MÉNANDRE.

O sort digne d'envie!

SCÈNE V.

UX SATYRES, CALISTE, TYRCIS, LYCASTE,
MÉNANDRE.

PREMIER SATYRE, à Caliste.

Quoi! tu me fuis, ingrate; et je te vois ici
De ce berger à moi faire une préférence!

SECOND SATYRE.

Quoi! mes soins n'ont rien pu sur ton indifférence,
Et pour ce langoureux ton cœur s'est adouci?

CALISTE.

Le destin le veut ainsi;
Prenez tous deux patience.

PREMIER SATYRE.

Aux amants qu'on pousse à bout
L'amour fait verser des larmes;
Mais ce n'est pas notre goût,
Et la bouteille a des charmes
Qui nous consolent de tout.

SECOND SATYRE.

Notre amour n'a pas toujours
Tout le bonheur qu'il désire;
Mais nous avons un secours,
Et le bon vin nous fait rire

Quand on rit de nos amours.
TOUS.

Champêtres divinités,
Faunes, dryades, sortez
De vos paisibles retraites;
Mêlez vos pas à nos sons,
Et tracez sur les herbettes
L'image de nos chansons.

PREMIÈRE ENTRÉE DE BALLET.

(En même temps six dryades et six faunes sortent de leurs demeures, et font ensemble une danse agréable qui, s'ouvrant tout d'un coup, laisse voir un berger et une bergère qui font en musique une petite scène d'un dépit amoureux.)

DÉPIT AMOUREUX.

CLIMÈNE, PHILINTE.

PHILINTE.

Quand je plaisais à tes yeux,
J'étais content de ma vie,
Et ne voyais roi ni dieux
Dont le sort me fît envie.
CLIMÈNE.
Lorsqu'à toute autre personne
Me préférait ton ardeur,
J'aurais quitté la couronne
Pour régner dessus ton cœur.
PHILINTE.
Une autre a guéri mon âme
Des feux que j'avais pour toi.
CLIMÈNE.
Un autre a vengé ma flamme

Des faiblesses de ta foi.
PHILINTE.

Chloris, qu'on vante si fort,
M'aime d'une ardeur fidèle ;
Si ses yeux voulaient ma mort,
Je mourrais content pour elle.
CLIMÈNE.

Myrtil, si digne d'envie,
Me chérit plus que le jour;
Et moi, je perdrais la vie
Pour lui montrer mon amour.
PHILINTE.

Mais si d'une douce ardeur
Quelque renaissante trace
Chassait Chloris de mon cœur,
Pour te remettre en sa place?
CLIMÈNE.

Bien qu'avec pleine tendresse
Myrtil me puisse chérir,
Avec toi, je le confesse,
Je voudrais vivre et mourir.
TOUS DEUX ENSEMBLE.

Ah ! plus que jamais aimons-nous,
Et vivons et mourons en des liens si doux.
TOUS LES ACTEURS DE LA PASTORALE.

Amants, que vos querelles
Sont aimables et belles !
Qu'on y voit succéder
De plaisirs, de tendresse !
Querellez-vous sans cesse
Pour vous raccommoder.

Amants, que vos querelles
Sont aimables et belles ! etc.

DEUXIÈME ENTRÉE DE BALLET.

(Les faunes et les dryades recommencent leurs danses, que les bergères et bergers musiciens entremêlent de leurs chansons, tandis que trois petites dryades et trois petits faunes font paraître dans l'enfoncement du théâtre tout ce qui se passe sur le devant.)

LES BERGERS ET LES BERGÈRES.

Jouissons, jouissons des plaisirs innocents
Dont les feux de l'amour savent charmer nos sens.
   Des grandeurs qui voudra se soucie ;
    Tous ces honneurs dont on a tant d'envie
   Ont des chagrins qui sont trop cuisants.
Jouissons, jouissons des plaisirs innocents
Dont les feux de l'amour savent charmer nos sens.
   En aimant, tout nous plaît dans la vie ;
  Deux cœurs unis de leur sort sont contents :
    Cette ardeur, de plaisirs suivie,
  De tous nos jours fait d'éternels printemps.
Jouissons, jouissons des plaisirs innocents
Dont les feux de l'amour savent charmer nos sens.

Noms des personnes qui ont chanté et dansé dans le troisième intermède.

Six dryades : les sieurs Arnald, Noblet, Lestang, Favier le cadet, Foignard l'aîné et Isaac.
Six faunes : MM. Beauchamp, Saint-André, Magny, Joubert, Favier l'aîné et Mayeu.
Philinte : M. Blondel.
Climène : Mlle de Saint-Christophe.
Trois petites dyrades : les sieurs Bouilland, Vaignard et Thibaud.
Trois petits faunes : les sieurs la Montagne, Daluseau et Foignard.

FIN DU TROISIÈME INTERMÈDE.

ACTE TROISIÈME.

SCÈNE I.

ARISTIONE, IPHICRATE, TIMOCLÈS, ÉRIPHILE,
ANAXARQUE, SOSTRATE, CLITIDAS.

ARISTIONE.

Les mêmes paroles toujours se présentent à dire; il faut toujours s'écrier : Voilà qui est admirable! il ne se peut rien de plus beau! cela passe tout ce qu'on a jamais vu!

TIMOCLÈS.

C'est donner de trop grandes paroles, madame, à de petites bagatelles.

ARISTIONE.

Des bagatelles comme celles-là peuvent occuper agréablement les plus sérieuses personnes. En vérité, ma fille, vous êtes bien obligée à ces princes, et vous ne sauriez assez reconnaître tous les soins qu'ils prennent pour vous.

ÉRIPHILE.

J'en ai, madame, tout le ressentiment qu'il est possible.

ARISTIONE.

Cependant vous les faites longtemps languir sur ce qu'ils attendent de vous. J'ai promis de ne vous point contraindre; mais leur amour vous presse de vous déclarer, et de ne plus traîner en longueur la récompense de leurs services.

J'ai chargé Sostrate d'apprendre doucement de vous les sentiments de votre cœur, et je ne sais pas s'il a commencé à s'acquitter de cette commission.

ÉRIPHILE.

Oui, madame; mais il me semble que je ne puis assez reculer ce choix dont on me presse, et que je ne saurais le faire sans mériter quelque blâme. Je me sens également obligée à l'amour, aux empressements, aux services de ces deux princes; et je trouve une espèce d'injustice bien grande à me montrer ingrate, ou vers l'un, ou vers l'autre, par le refus qu'il m'en faudra faire dans la préférence de son rival.

IPHICRATE.

Cela s'appelle, madame, un fort honnête compliment pour nous refuser tous deux.

ARISTIONE.

Ce scrupule, ma fille, ne doit point vous inquiéter; et ces princes tous deux se sont soumis, il y a longtemps, à la préférence que pourra faire votre inclination.

ÉRIPHILE.

L'inclination, madame, est fort sujette à se tromper; et des yeux désintéressés sont beaucoup plus capables de faire un juste choix.

ARISTIONE.

Vous savez que je suis engagée de parole à ne rien prononcer là-dessus; et, parmi ces deux princes, votre inclination ne peut point se tromper, et faire un choix qui soit mauvais.

ÉRIPHILE.

Pour ne point violenter votre parole ni mon scrupule, agréez, madame, un moyen que j'ose proposer.

ARISTIONE.

Quoi, ma fille?

ÉRIPHILE.

Que Sostrate décide de cette préférence. Vous l'avez pris

pour découvrir le secret de mon cœur, souffrez que je le prenne pour me tirer de l'embarras où je me trouve.

ARISTIONE.

J'estime tant Sostrate, que, soit que vous vouliez vous servir de lui pour expliquer vos sentiments, ou soit que vous vous en remettiez absolument à sa conduite; je fais, dis-je, tant d'estime de sa vertu et de son jugement, que je consens de tout mon cœur à la proposition que vous me faites.

IPHICRATE.

C'est-à-dire, madame, qu'il nous faut faire notre cour à Sostrate ?

SOSTRATE.

Non, seigneur, vous n'aurez point de cour à me faire; et, avec tout le respect que je dois aux princesses, je renonce à la gloire où elles veulent m'élever.

ARISTIONE.

D'où vient cela, Sostrate?

SOSTRATE.

J'ai des raisons, madame, qui ne permettent pas que je reçoive l'honneur que vous me présentez.

IPHICRATE.

Craignez-vous, Sostrate, de vous faire un ennemi?

SOSTRATE.

Je craindrais peu, seigneur, les ennemis que je pourrais me faire en obéissant à mes souveraines.

TIMOCLÈS.

Par quelle raison donc refusez-vous d'accepter le pouvoir qu'on vous donne, et de vous acquérir l'amitié d'un prince qui vous devrait tout son bonheur?

SOSTRATE.

Par la raison que je ne suis pas en état d'accorder à ce prince ce qu'il souhaiterait de moi.

IPHICRATE.
Quelle pourrait être cette raison?
SOSTRATE.
Pourquoi me tant presser là-dessus? Peut-être ai-je, seigneur, quelque intérêt secret qui s'oppose aux prétentions de votre amour. Peut-être ai-je un ami qui brûle, sans oser le dire, d'une flamme respectueuse pour les charmes divins dont vous êtes épris. Peut-être cet ami me fait-il tous les jours confidence de son martyre, qu'il se plaint à moi tous les jours des rigueurs de sa destinée, et regarde l'hymen de la princesse ainsi que l'arrêt redoutable qui le doit pousser au tombeau; et si cela était, seigneur, serait-il raisonnable que ce fût de ma main qu'il reçût le coup de sa mort?
IPHICRATE.
Vous auriez bien la mine, Sostrate, d'être vous-même cet ami dont vous prenez les intérêts.
SOSTRATE.
Ne cherchez point, de grâce, à me rendre odieux aux personnes qui vous écoutent. Je sais me connaître, seigneur; et les malheureux comme moi n'ignorent pas jusqu'où leur fortune leur permet d'aspirer.
ARISTIONE.
Laissons cela; nous trouverons moyen de terminer l'irrésolution de ma fille.
ANAXARQUE.
En est-il un meilleur, madame, pour terminer les choses au contentement de tout le monde, que les lumières que le ciel peut donner sur ce mariage? J'ai commencé, comme je vous ai dit, à jeter pour cela les figures mystérieuses que notre art nous enseigne; et j'espère vous faire voir tantôt ce que l'avenir garde à cette union souhaitée. Après cela, pourra-t-on balancer encore? La gloire et les prospérités que

le ciel promettra ou à l'un ou à l'autre choix ne seront-elles pas suffisantes pour le déterminer; et celui qui sera exclu pourra-t-il s'offenser, quand ce sera le ciel qui décidera cette préférence?

IPHICRATE.

Pour moi, je m'y soumets entièrement; et je déclare que cette voie me semble la plus raisonnable.

TIMOCLÈS.

Je suis de même avis, et le ciel ne saurait rien faire où je ne souscrive sans répugnance.

ÉRIPHILE.

Mais, seigneur Anaxarque, voyez-vous si clair dans les destinées, que vous ne vous trompiez jamais? et ces prospérités et cette gloire que vous dites que le ciel nous promet, qui en sera caution, je vous prie?

ARISTIONE.

Ma fille, vous avez une petite incrédulité qui ne vous quitte point.

ANAXARQUE.

Les épreuves, madame, que tout le monde a vues de l'infaillibilité de mes prédictions sont les cautions suffisantes des promesses que je puis faire. Mais enfin, quand je vous aurai fait voir ce que le ciel vous marque, vous vous réglerez là-dessus à votre fantaisie; et ce sera à vous à prendre la fortune de l'un ou de l'autre choix.

ÉRIPHILE.

Le ciel, Anaxarque, me marquera les deux fortunes qui m'attendent?

ANAXARQUE.

Oui, madame : les félicités qui vous suivront, si vous épousez l'un; et les disgrâces qui vous accompagneront, si vous épousez l'autre.

ÉRIPHILE.

Mais comme il est impossible que je les épouse tous deux,

il faut donc qu'on trouve écrit dans le ciel non-seulement ce qui doit arriver, mais aussi ce qui ne doit pas arriver.

CLITIDAS, à part.

Voilà mon astrologue embarrassé.

ANAXARQUE.

Il faudrait vous faire, madame, une longue discussion des principes de l'astrologie, pour vous faire comprendre cela.

CLITIDAS.

Bien répondu. Madame, je ne dis point de mal de l'astrologie : l'astrologie est une belle chose, et le seigneur Anaxarque est un grand homme.

IPHICRATE.

La vérité de l'astrologie est une chose incontestable; et il n'y a personne qui puisse discuter contre la certitude de ses prédictions.

CLITIDAS.

Assurément.

TIMOCLÈS.

Je suis assez incrédule pour quantité de choses; mais pour ce qui est de l'astrologie, il n'y a rien de plus sûr et de plus constant que le succès des horoscopes qu'elle tire.

CLITIDAS.

Ce sont des choses les plus claires du monde.

IPHICRATE.

Cent aventures prédites arrivent tous les jours, qui convainquent les plus opiniâtres.

CLITIDAS.

Il est vrai.

TIMOCLÈS.

Peut-on contester, sur cette matière, les incidents célèbres dont les histoires nous font foi?

CLITIDAS.

Il faut n'avoir pas le sens commun. Le moyen de contester ce qui est moulé[1]?

ARISTIONE.

Sostrate n'en dit mot. Quel est son sentiment là-dessus?

SOSTRATE.

Madame, tous les esprits ne sont pas nés avec les qualités qu'il faut pour la délicatesse de ces belles sciences, qu'on nomme curieuses; et il y en a de si matériels, qu'ils ne peuvent aucunement comprendre ce que d'autres conçoivent le plus facilement du monde. Il n'est rien de plus agréable, madame, que toutes les grandes promesses de ces connaissances sublimes. Transformer tout en or; faire vivre éternellement; guérir par des paroles; se faire aimer de qui l'on veut; savoir tous les secrets de l'avenir; faire descendre comme on veut du ciel, sur des métaux, des impressions de bonheur; commander aux démons; se faire des armées invisibles et des soldats invulnérables; tout cela est charmant, sans doute, et il y a des gens qui n'ont aucune peine à en comprendre la possibilité, cela leur est le plus aisé du monde à concevoir. Mais, pour moi, je vous avoue que mon esprit grossier a quelque peine à le comprendre et à le croire; et j'ai toujours trouvé cela trop beau pour être véritable. Toutes ces belles raisons de sympathie, de force magnétique et de vertu occulte sont si subtiles et délicates, qu'elles échappent à mon sens matériel; et sans parler du reste, jamais il n'a été en ma puissance de concevoir comme on trouve écrit dans le ciel jusqu'aux plus petites particularités de la fortune du moindre homme. Quel rapport, quel commerce, quelle correspondance peut-il y avoir entre nous et des globes éloignés de notre terre d'une distance si effroyable? et d'où cette belle science, enfin, peut-elle être venue aux hommes? quel dieu l'a révélée? ou quelle expé-

---

[1] Ce qui est imprimé.

rience l'a pu former de l'observation de ce grand nombre d'astres qu'on n'a pu voir encore deux fois dans la même disposition?

ANAXARQUE.

Il ne sera pas difficile de vous le faire concevoir.

SOSTRATE.

Vous serez plus habile que tous les autres.

CLITIDAS, à Sostrate.

Il vous fera une discussion de tout cela, quand vous voudrez.

IPHICRATE, à Sostrate.

Si vous ne comprenez pas les choses, au moins les pouvez-vous croire sur ce que l'on voit tous les jours.

SOSTRATE.

Comme mon sens est si grossier qu'il n'a pu rien comprendre, mes yeux aussi sont si malheureux qu'ils n'ont jamais rien vu.

IPHICRATE.

Pour moi, j'ai vu, et des choses tout à fait convaincantes.

TIMOCLÈS.

Et moi aussi.

SOSTRATE.

Comme vous avez vu, vous faites bien de croire; et il faut que vos yeux soient faits autrement que les miens.

IPHICRATE.

Mais enfin la princesse croit à l'astrologie; et il me semble qu'on y peut bien croire après elle. Est-ce que madame, Sostrate, n'a pas de l'esprit et du sens.

SOSTRATE.

Seigneur, la question est un peu violente. L'esprit de la princesse n'est pas une règle pour le mien; et son intelligence peut l'élever à des lumières où mon sens ne peut pas atteindre.

ARISTIONE.

Non, Sostrate, je ne vous dirai rien sur quantité de choses

auxquelles je ne donne guère plus de créance que vous; mais, pour l'astrologie, on m'a dit et fait voir des choses si positives, que je ne la puis mettre en doute.

SOSTRATE.

Madame, je n'ai rien à répondre à cela.

ARISTIONE.

Quittons ce discours, et qu'on nous laisse un moment. Dressons notre promenade, ma fille, vers cette belle grotte où j'ai promis d'aller. Des galanteries à chaque pas !

FIN DU TROISIÈME ACTE.

QUATRIÈME INTERMÈDE.

Le théâtre représente une grotte où les princesses vont se promener; et, dans le temps qu'elles y entrent, huit statues, portant chacune un flambeau à la main, sortent de leurs niches, et font une danse variée de plusieurs figures et de plusieurs belles attitudes, où elles demeurent par intervalles.

ENTRÉE DE BALLET DE HUIT STATUES.

Huit statues dansantes : MM. Dolivet, le Chantre, Saint-André, Magny, Lestang Foignard l'aîné, Dolivet fils, et Foignard le cadet.

FIN DU QUATRIÈME INTERMÈDE.

ACTE QUATRIÈME.

SCÈNE I.

ARISTIONE, ÉRIPHILE.

ARISTIONE.

De qui que cela soit, on ne peut rien de plus galant et de mieux entendu. Ma fille, j'ai voulu me séparer de tout le monde pour vous entretenir; et je veux que vous ne me cachiez rien de la vérité. N'auriez-vous point dans l'âme quelque inclination secrète que vous ne voulez pas nous dire?

ÉRIPHILE.

Moi, madame?

ARISTIONE.

Parlez à cœur ouvert, ma fille. Ce que j'ai fait pour vous mérite bien que vous usiez avec moi de franchise. Tourner vers vous toutes mes pensées, vous préférer à toutes choses, et fermer l'oreille, en l'état où je suis, à toutes les propositions que cent princesses en ma place écouteraient avec bienséance; tout cela vous doit assez persuader que je suis une bonne mère, et que je ne suis pas pour recevoir avec sévérité les ouvertures que vous pourriez me faire de votre cœur.

ÉRIPHILE.

Si j'avais si mal suivi votre exemple, que de m'être laissée aller à quelques sentiments d'inclination que j'eusse raison de cacher, j'aurais, madame, assez de pouvoir sur moi-même pour imposer silence à cette passion, et me mettre en état de ne rien faire voir qui fût indigne de votre sang.

ARISTIONE.

Non, non, ma fille; vous pouvez, sans scrupule, m'ouvrir vos sentiments. Je n'ai point renfermé votre inclination dans le choix de deux princes : vous pouvez l'étendre où vous voudrez; et le mérite, auprès de moi, tient un rang si considérable, que je l'égale à tout; et si vous m'avouez franchement les choses, vous me verrez souscrire sans répugnance au choix qu'aura fait votre cœur.

ÉRIPHILE.

Vous avez des bontés pour moi, madame, dont je ne puis assez me louer; mais je ne les mettrai point à l'épreuve sur le sujet dont vous me parlez; et tout ce que je leur demande c'est de ne point presser un mariage où je ne me sens pas encore bien résolue.

ARISTIONE.

Jusqu'ici je vous ai laissée assez maîtresse de tout; et l'impatience des princes vos amants... Mais quel bruit est-ce que j'entends? Ah! ma fille, quel spectacle s'offre à nos yeux! Quelque divinité descend ici, et c'est la déesse Vénus qui semble nous vouloir parler.

SCÈNE II.

VÉNUS, accompagnée de QUATRE PETITS AMOURS, dans une machine
ARISTIONE, ÉRIPHILE.

VÉNUS, à Aristione.

Princesse, dans tes soins brille un zèle exemplaire
Qui par les Immortels doit être couronné;
Et, pour te voir un gendre illustre et fortuné,
Leur main te veut marquer le choix que tu dois faire.
 Ils t'annoncent tous par ma voix
La gloire et les grandeurs que, par ce digne choix,
Ils feront pour jamais entrer dans ta famille.
De tes difficultés termine donc le cours;
 Et pense à donner ta fille
 A qui sauvera tes jours.

SCÈNE III.

ARISTIONE, ÉRIPHILE.

ARISTIONE.

Ma fille, les dieux imposent silence à tous nos raisonnements. Après cela, nous n'avons plus rien à faire qu'à recevoir ce qu'ils s'apprêtent à nous donner; et vous venez d'entendre distinctement leur volonté. Allons dans le premier temple les assurer de notre obéissance, et leur rendre grâces de leurs bontés.

SCÈNE IV.

ANAXARQUE, CLÉON.

CLÉON.

Voilà la princesse qui s'en va; ne voulez-vous pas lui parler ?

ANAXARQUE.

Attendons que sa fille soit séparée d'elle. C'est un esprit que je redoute, et qui n'est pas de trempe à se laisser mener ainsi que celui de sa mère. Enfin, mon fils, comme nous venons de voir par cette ouverture, le stratagème a réussi. Notre Vénus a fait des merveilles, et l'admirable ingénieur qui s'est employé à cet artifice a si bien disposé tout, a coupé avec tant d'adresse le plancher de cette grotte, si bien caché ses fils de fer et tous ses ressorts, si bien ajusté ses lumières et habillé ses personnages, qu'il y a peu de gens qui n'y eussent été trompés; et, comme la princesse Aristione est fort superstitieuse, il ne faut point douter qu'elle ne donne à pleine tête dans cette tromperie. Il y a longtemps, mon fils, que je prépare cette machine, et me voilà tantôt au but de mes prétentions.

CLÉON.

Mais pour lequel des deux princes, au moins, dressez-vous tout cet artifice ?

ANAXARQUE.

Tous deux ont recherché mon assistance, et je leur promets à tous deux la faveur de mon art. Mais les présents du prince Iphicrate et les promesses qu'il m'a faites l'emportent de beaucoup sur tout ce qu'a pu faire l'autre. Ainsi ce sera lui qui recevra les effets favorables de tous les ressorts que je fais jouer; et, comme son ambition me devra toute chose, voilà, mon fils, notre fortune faite. Je vais prendre mon temps pour affermir dans son erreur l'esprit de la princesse, pour la mieux prévenir encore par le rapport que je lui ferai voir adroitement des paroles de Vénus avec les prédictions des figures célestes que je lui dis que j'ai jetées. Va-t'en tenir la main au reste de l'ouvrage, préparer nos six hommes à se bien cacher dans leur barque derrière le rocher, à posément attendre le temps que la princesse Aristione vient tous les soirs se promener seule sur le rivage, à se jeter bien à propos sur elle ainsi que des corsaires, et donner lieu au prince Iphicrate de lui apporter ce secours qui, sur les paroles du ciel, doit mettre entre ses mains la princesse Ériphile. Ce prince est averti par moi; et, sur la foi de ma prédiction, il doit se tenir dans ce petit bois qui borde le rivage. Mais sortons de cette grotte; je te dirai, en marchant, toutes les choses qu'il faut bien observer. Voilà la princesse Ériphile : évitons sa rencontre.

SCÈNE V.

ÉRIPHILE, seule.

Hélas! quelle est ma destinée! et qu'ai-je fait aux dieux pour mériter les soins qu'ils veulent prendre de moi?

SCÈNE VI.

ÉRIPHILE, CLÉONICE.

CLÉONICE.

Le voici, madame, que j'ai trouvé; et, à vos premiers ordres, il n'a pas manqué de me suivre.

ÉRIPHILE.

Qu'il approche, Cléonice; et qu'on nous laisse seuls un moment.

SCÈNE VII.

ÉRIPHILE, SOSTRATE.

ÉRIPHILE.
Sostrate, vous m'aimez?
SOSTRATE.
Moi, madame?
ÉRIPHILE.

Laissons cela, Sostrate; je le sais, je l'approuve, et vous permets de me le dire. Votre passion a paru à mes yeux accompagnée de tout le mérite qui me la pouvait rendre agréable. Si ce n'était le rang où le ciel m'a fait naître, je puis vous dire que cette passion n'aurait pas été malheureuse, et que cent fois je lui ai souhaité l'appui d'une fortune qui pût mettre pour elle en pleine liberté les secrets sentiments de mon âme. Ce n'est pas, Sostrate, que le mérite seul n'ait à mes yeux tout le prix qu'il doit avoir, et que, dans mon cœur, je ne préfère les vertus qui sont en vous à tous les titres magnifiques dont les autres sont revêtus. Ce n'est pas même que la princesse ma mère ne m'ait assez laissé la disposition de mes vœux; et je ne doute point, je vous l'avoue, que mes prières n'eussent pu tourner son consentement du côté que j'aurais voulu. Mais il est des états, Sostrate, où il n'est pas honnête de vouloir tout ce qu'on peut faire. Il y a des chagrins à se mettre au-dessus de toutes choses; et les bruits fâcheux de la renommée vous font trop acheter le plaisir que l'on trouve à contenter son inclination. C'est à quoi, Sostrate, je ne me serais jamais résolue; et j'ai cru faire assez de fuir l'engagement dont j'étais sollicitée. Mais, enfin, les dieux veulent prendre eux-mêmes le soin de me donner un époux; et tous ces longs délais avec lesquels j'ai reculé mon mariage, et que les bontés de la princesse ma mère ont accordés à mes désirs; ces délais, dis-je, ne me sont plus permis, et il me faut résoudre à subir cet arrêt du ciel. Soyez sûr, Sostrate, que c'est avec toutes les répugnances du monde que je m'abandonne à cet hyménée; et que, si j'avais pu être maîtresse de moi, ou j'aurais été à vous, ou je n'aurais été à personne. Voilà, Sostrate, ce que j'avais à vous dire; voilà ce que j'ai cru devoir à votre mérite, et la consolation que toute ma tendresse peut donner à votre flamme.

SOSTRATE.

Ah! madame, c'en est trop pour un malheureux! Je ne m'étais pas préparé à mourir avec tant de gloire, et je cesse, dans ce moment, de me plaindre des destinées. Si elles m'ont fait naître dans un rang beaucoup moins élevé que mes désirs, elles m'ont fait naître assez heureux pour attirer quelque pitié du cœur d'une grande princesse; et cette pitié glorieuse vaut des sceptres et des couronnes, vaut la fortune des plus grands princes de la terre. Oui, madame, dès que j'ai osé vous aimer (c'est vous, madame, qui voulez bien que je me serve de ce mot téméraire), dès que j'ai, dis-je, osé vous aimer, j'ai condamné d'abord l'orgueil de mes désirs; je me suis fait moi-même la destinée que je devais attendre. Le coup de mon trépas, madame, n'aura rien qui me surprenne, puisque je m'y étais préparé; mais vos bontés le comblent d'un honneur que mon amour jamais n'eût osé espérer; et je m'en vais mourir, après cela, le plus content et le plus glorieux de tous les hommes. Si je puis encore souhaiter quelque chose, ce sont deux grâces, madame, que je prends la hardiesse de vous demander à genoux : de vouloir souffrir ma présence jusqu'à cet heureux hyménée qui doit mettre fin à ma vie; et, parmi cette grande gloire et ces longues prospérités que le ciel promet à votre union, de vous souvenir quelquefois de l'amoureux Sostrate. Puis-je, divine princesse, me promettre de vous cette précieuse faveur?

ÉRIPHILE.

Allez, Sostrate, sortez d'ici. Ce n'est pas aimer mon repos que de me demander que je me souvienne de vous.

SOSTRATE.

Ah! madame, si votre repos...

ÉRIPHILE.

Otez-vous, vous dis-je, Sostrate; épargnez ma faiblesse, et ne m'exposez point à plus que je n'ai résolu.

SCÈNE VIII.

ÉRIPHILE, CLÉONICE.

CLÉONICE.

Madame, je vous vois l'esprit tout chagrin : vous plaît-il que vos danseurs, qui expriment si bien toutes les passions, vous donnent maintenant quelque épreuve de leur adresse?

ÉRIPHILE.

Oui, Cléonice : qu'ils fassent tout ce qu'ils voudront, pourvu qu'ils me laissent à mes pensées.

FIN DU QUATRIÈME ACTE.

CINQUIÈME INTERMÈDE.

Quatre Pantomimes, pour épreuves de leur adresse, ajustent leurs gestes et leurs pas aux inquiétudes de la jeune princesse Ériphile.

ENTRÉE DE BALLET DE QUATRE PANTOMIMES.

Quatre Pantomimes dansants : Messieurs Dolivet, le Chantre, Saint-André et Magny.

FIN DU CINQUIÈME INTERMÈDE.

ACTE CINQUIÈME.

SCÈNE I.

ÉRIPHILE, CLITIDAS.

CLITIDAS.

De quel côté porter mes pas? où m'aviserai-je d'aller? et en quel lieu puis-je croire que je trouverai maintenant la princesse Ériphile? Ce n'est pas un petit avantage que d'être le premier à porter une nouvelle. Ah! la voilà! Madame, je vous annonce que le ciel vient de vous donner l'époux qu'il vous destinait.

ÉRIPHILE.

Eh! laisse-moi, Clitidas, dans ma sombre mélancolie.

CLITIDAS.

Madame, je vous demande pardon. Je pensais faire bien de vous venir dire que le ciel vient de vous donner Sostrate pour époux; mais, puisque cela vous incommode, je rengaîne ma nouvelle, et m'en retourne droit comme je suis venu.

ÉRIPHILE.

Clitidas! holà, Clitidas!

CLITIDAS.

Je vous laisse, madame, dans votre sombre mélancolie.

ÉRIPHILE.

Arrête, te dis-je ; approche. Que viens-tu me dire?

CLITIDAS.

Rien, madame; on a parfois des empressements de venir dire aux grands de certaines choses dont ils ne se soucient pas; et je vous prie de m'excuser.

ÉRIPHILE.

Que tu es cruel !

CLITIDAS.

Une autre fois j'aurai la discrétion de ne vous pas venir interrompre.

ÉRIPHILE.

Ne me tiens point dans l'inquiétude. Qu'est-ce que tu viens m'annoncer?

CLITIDAS.

C'est une bagatelle de Sostrate, madame, que je vous dirai une autre fois, quand vous ne serez point embarrassée.

ÉRIPHILE.

Ne me fais point languir davantage, te dis-je, et m'apprends cette nouvelle.

CLITIDAS.

Vous la voulez savoir, madame?

ÉRIPHILE.

Oui; dépêche. Qu'as-tu à me dire de Sostrate?

CLITIDAS.

Une aventure merveilleuse, où personne ne s'attendait.

ÉRIPHILE.

Dis-moi vite ce que c'est.

CLITIDAS.

Cela ne troublera-t-il point, madame, votre sombre mélancolie?

ÉRIPHILE.

Ah! parle promptement.

CLITIDAS.

J'ai donc à vous dire, madame, que la princesse votre

mère passait presque seule dans la forêt, par ces petites routes qui sont si agréables, lorsqu'un sanglier hideux (ces vilains sangliers-là font toujours du désordre, et l'on devrait les bannir des forêts bien policées), lors, dis-je, qu'un sanglier hideux, poussé, je crois, par des chasseurs, est venu traverser la route où nous étions. Je devrais vous faire peut-être, pour orner mon récit, une description étendue du sanglier dont je parle; mais vous vous en passerez, s'il vous plaît, et je me contenterai de vous dire que c'était un fort vilain animal. Il passait son chemin, et il était bon de ne lui rien dire, de ne point chercher de noise avec lui; mais la princesse a voulu égayer sa dextérité, et de son dard, qu'elle lui a lancé un peu mal à propos, ne lui en déplaise, lui a fait au-dessus de l'oreille une assez petite blessure. Le sanglier, mal morigéné, s'est impertinemment détourné contre nous : nous étions là deux ou trois misérables qui avons pâli de frayeur, chacun gagnait son arbre, et la princesse, sans défense, demeurait exposée à la furie de la bête, lorsque Sostrate a paru, comme si les dieux l'eussent envoyé.

ÉRIPHILE.

Hé bien! Clitidas?

CLITIDAS.

Si mon récit vous ennuie, madame, je remettrai le reste à une autre fois.

ÉRIPHILE.

Achève promptement.

CLITIDAS.

Ma foi, c'est promptement de vrai que j'achèverai; car un peu de poltronnerie m'a empêché de voir tout le détail de ce combat; et tout ce que je puis vous dire, c'est que, retournant sur la place, nous avons vu le sanglier mort, tout vautré dans son sang; et la princesse pleine de joie, nommant Sostrate son libérateur, et l'époux digne et fortuné que les dieux lui marquaient pour vous. A ces paroles, j'ai cru que j'en avais assez entendu; et je me suis hâté de vous en venir, avant tous, apporter la nouvelle.

ÉRIPHILE.

Ah! Clitidas, pouvais-tu m'en donner une qui me pût être plus agréable?

CLITIDAS.

Voilà qu'on vient vous trouver.

SCÈNE II.

ARISTIONE, SOSTRATE, ÉRIPHILE, CLITIDAS.

ARISTIONE.

Je vois, ma fille, que vous savez déjà tout ce que nous pourrions vous dire. Vous voyez que les dieux se sont expliqués bien plus tôt que nous n'eussions pensé : mon péril n'a guère tardé à nous marquer leurs volontés, et l'on connaît assez que ce sont eux qui se sont mêlés de ce choix, puisque le mérite tout seul brille dans cette préférence. Aurez-vous quelque répugnance à récompenser de votre cœur celui à qui je dois la vie? et refuserez-vous Sostrate pour époux?

ÉRIPHILE.

Et de la main des dieux, et de la vôtre, madame, je ne puis rien recevoir qui ne me soit fort agréable.

SOSTRATE.

Ciel! n'est-ce point ici quelque songe tout plein de gloire dont les dieux me veulent flatter? et quelque réveil malheureux ne me replongera-t-il point dans la bassesse de ma fortune?

SCÈNE III.

ARISTIONE, ÉRIPHILE, SOSTRATE, CLÉONICE, CLITIDAS.

CLÉONICE.

Madame, je viens vous dire qu'Anaxarque a jusqu'ici abusé l'un et l'autre prince par l'espérance de ce choix qu'ils poursuivent depuis longtemps, et qu'au bruit qui s'est répandu de votre aventure, ils ont fait éclater tous deux leur ressentiment contre lui, jusque-là que, de paroles en paroles, les choses se sont échauffées, et il en a reçu quelques blessures dont on ne sait pas bien ce qui arrivera. Mais les voici.

SCÈNE IV.

ARISTIONE, ÉRIPHILE, IPHICRATE, TIMOCLÈS, SOSTRATE. CLÉONICE, CLITIDAS.

ARISTIONE.

Princes, vous agissez tous deux avec une violence bien grande! et si Anaxarque a pu vous offenser, j'étais pour vous en faire justice moi-même.

IPHICRATE.

Et quelle justice, madame, auriez-vous pu nous faire de lui, si vous la faites si peu à notre rang dans le choix que vous embrassez?

ARISTIONE.

Ne vous êtes-vous pas soumis l'un et l'autre à ce que pourraient décider, ou les ordres du ciel, ou l'inclination de ma fille?

TIMOCLÈS.

Oui, madame, nous nous sommes soumis à ce qu'ils pourraient décider entre le prince Iphicrate et moi, mais non pas à nous voir rebutés tous deux.

ARISTIONE.

Et si chacun de vous a bien pu se résoudre à souffrir une préférence, que vous arrive-t-il à tous deux où vous ne soyez préparés? et que peuvent importer à l'un et à l'autre les intérêts de son rival?

IPHICRATE.

Oui, madame, il importe. C'est quelque consolation de se voir préférer un homme qui vous est égal; et votre aveuglement est une chose épouvantable.

ARISTIONE.

Prince, je ne veux pas me brouiller avec une personne qui m'a fait tant de grâce que de me dire des douceurs; et je vous prie, avec toute l'honnêteté qu'il m'est possible, de donner à votre chagrin un fondement plus raisonnable; de vous souvenir, s'il vous plaît, que Sostrate est revêtu d'un mérite qui s'est fait connaître à toute la Grèce, et que le rang où le ciel l'élève aujourd'hui va remplir toute la distance qui était entre lui et vous.

IPHICRATE.

Oui, oui, madame, nous nous en souviendrons. Mais peut-être aussi vous souviendrez-vous que deux princes outragés ne sont pas deux ennemis peu redoutables.

TIMOCLÈS.

Peut-être, madame, qu'on ne goûtera pas longtemps la joie du mépris que l'on fait de nous.

ARISTIONE.

Je pardonne toutes ces menaces aux chagrins d'un amour qui se croit offensé; et nous n'en verrons pas avec moins de tranquillité la fête des jeux Pythiens. Allons-y de ce pas, et couronnons, par ce pompeux spectacle, cette merveilleuse journée.

FIN DU CINQUIÈME ACTE.

SIXIÈME INTERMÈDE

QUI EST LA SOLENNITÉ DES JEUX PYTHIENS.

Le théâtre est une grande salle, en manière d'amphithéâtre ouvert d'une grande arcade dans le fond, au-dessus de laquelle est une tribune fermée d'un rideau, et dans l'éloignement paraît un autel pour le sacrifice. Six hommes, habillés comme s'ils étaient presque nus, portant chacun une hache sur l'épaule, comme ministres du sacrifice, entrent par le portique, au son des violons, et sont suivis de deux sacrificateurs musiciens et d'une prêtresse musicienne et leur suite.

LA PRÊTRESSE.

Chantez, peuples, chantez, en mille et mille lieux,
Du dieu que nous servons les brillantes merveilles;
 Parcourez la terre et les cieux :
Vous ne sauriez chanter rien de plus précieux,
 Rien de plus doux pour les oreilles.

UNE GRECQUE.

A ce dieu plein de force, à ce dieu plein d'appas,
 Il n'est rien qui résiste.

AUTRE GRECQUE.

Il n'est rien ici-bas
Qui par ses bienfaits ne subsiste.

AUTRE GRECQUE.

Toute la terre est triste
Quand on ne le voit pas.

LE CHOEUR.

Poussons à sa mémoire
Des concerts si touchants,
Que, du haut de sa gloire,
Il écoute nos chants.

PREMIÈRE ENTRÉE DE BALLET.

Les six hommes portant les haches font entre eux une danse ornée de toutes les attitudes que peuvent exprimer des gens qui étudient leurs forces; puis ils se retirent aux deux côtés du théâtre, pour faire place à six voltigeurs.

DEUXIÈME ENTRÉE DE BALLET.

Six voltigeurs font paraître, en cadence, leur adresse sur des chevaux de bois, qui sont apportés par des esclaves.

TROISIÈME ENTRÉE DE BALLET.

Quatre conducteurs d'esclaves amènent, en cadence, douze esclaves qui dansent en marquant la joie qu'ils ont d'avoir recouvré leur liberté.

QUATRIÈME ENTRÉE DE BALLET.

Quatre femmes et quatre hommes, armés à la grecque, font ensemble une manière de jeu pour les armes.
La tribune s'ouvre. Un héraut, six trompettes, et un timbalier, se mêlant à tous les instruments, annoncent avec un grand bruit la venue d'Apollon.

LE CHOEUR.

Ouvrons tous nos yeux
A l'éclat suprême
Qui brille en ces lieux.
Quelle grâce extrême!
Quel port glorieux!

Où voit-on des dieux
Qui soient faits de même?

(Apollon, au bruit des trompettes et des violons, entre par le portique, précédé de six jeunes gens qui portent des lauriers entrelacés autour d'un bâton, et un soleil d'or au-dessus, avec la devise royale, en manière de trophée. Les six jeunes gens, pour danser avec Apollon, donnent leur trophée à tenir aux six hommes qui portent les haches, et commencent avec Apollon une danse héroïque, à laquelle se joignent en diverses manières les six hommes portant les trophées, les quatre femmes armées avec leurs timbres, et les quatre hommes armés avec leurs tambours, tandis que les trompettes, le timbalier, les sacrificateurs, la prêtresse et le chœur de musique accompagnent tout cela en s'y mêlant par diverses reprises ce qui finit la fête des jeux Pythiens, et tout le divertissement.)

CINQUIÈME ENTRÉE DE BALLET.

APOLLON ET SIX JEUNES GENS DE SA SUITE; CHŒUR DE MUSIQUE.

Noms des personnes qui ont chanté et dansé dans le sixième intermède.

La prêtresse : Mlle Hilaire.
Le premier sacrificateur : M. Gaye.
Le second sacrificateur : M. Langeais.
Six ministres du sacrifice : MM. Dolivet, le Chantre, Saint-André, Magny, Foignard l'aîné et Foignard le cadet.
Six voltigeurs : MM. Joly, Doyat, de Launoy, Beaumont, du Gard l'aîné et du Gard le cadet.
Quatre conducteurs d'esclaves : MM. le Prêtre et Jouan, et les sieurs Pezan l'aîné et Joubert.
Huit esclaves : les sieurs Paysan, la Vallée Pezan le cadet, Favre, Vaignard, Dolivet fils, Girard et Charpentier.
Quatre hommes armés à la grecque : les sieurs Noblet, Chicanneau, Mayeu et Desgranges.
Quatre femmes armées à la grecque : les sieurs la Montagne, Lestang, Favier le cadet et Arnald.
Un héraut : M. Rebel.
Six trompettes : les sieurs la Plaine, Lorange, du Clos, Beaupré, Cardonnet et Férier.
Un timbalier : le sieur Daicre.
Apollon : LE ROI.
Six suivants d'Apollon : M. le Grand, le marquis de Villeroi, le marquis de Rasent ; MM. Beauchamp, Raynal et Favier.

Chœur de musique : MM. le Gros, Hédouin, Estival, Don, Beaumont, Bony, Gingan l'aîné, Fernon l'aîné, Fernon le cadet, Rebel, Gingan le cadet, Deschamps, Morel, Aurat, David, Devellois, Serignan, quatre pages de la musique de la Chapelle, et deux de la Chambre.

VERS

Pour LE ROI, *représentant le Soleil.*

Je suis la source des clartés ;
Et les astres les plus vantés,
Dont le beau cercle m'environne,
Ne sont brillants et respectés
Que par l'éclat que je leur donne.

Du char où je me puis asseoir,
Je vois le désir de me voir
Posséder la nature entière ;
Et le monde n'a son espoir
Qu'aux seuls bienfaits de ma lumière.

Bienheureuses de toutes parts,
Et pleines d'exquises richesses,
Les terres où de mes regards
J'arrête les douces caresses !

Pour M. LE GRAND, *suivant d'Apollon.*

Bien qu'auprès du soleil tout autre éclat s'efface,
S'en éloigner pourtant n'est pas ce que l'on veut ;
  Et vous voyez bien, quoi qu'il fasse,
Que l'on s'en tient toujours le plus près que l'on peut.

Pour LE MARQUIS DE VILLEROI, *suivant d'Apollon.*

De notre maître incomparable
Vous me voyez inséparable ;

Et le zèle puissant qui m'attache à ses vœux
Le suit parmi les eaux, le suit parmi les feux.

Pour LE MARQUIS DE RASSENT, *suivant d'Apollon.*

Je ne serai pas vain, quand je ne croirai pas
Qu'un autre, mieux que moi, suive partout ses pas.

FIN DES AMANTS MAGNIFIQUES.

LE BOURGEOIS GENTILHOMME.

COMÉDIE-BALLET EN CINQ ACTES.

13 octobre 1670.

PERSONNAGES.

MONSIEUR JOURDAIN, bourgeois.

MADAME JOURDAIN, sa femme.

LUCILE, fille de M. Jourdain.

CLÉONTE, amoureux de Lucile.

DORIMÈNE, marquise.

DORANTE, comte, amant de Dorimène.

NICOLE, servante de M. Jourdain.

COVIELLE, valet de Cléonte.

UN MAITRE DE MUSIQUE.

UN ÉLÈVE du maître de musique.

UN MAITRE A DANSER.

UN MAITRE D'ARMES.

UN MAITRE DE PHILOSOPHIE.

UN MAITRE TAILLEUR.

UN GARÇON TAILLEUR.

DEUX LAQUAIS.

PLUSIEURS MUSICIENS, MUSICIENNES, JOUEURS D'INSTRUMENTS, DANSEURS, CUISINIERS, GARÇONS TAILLEURS, ET AUTRES PERSONNAGES DES INTERMÈDES DU BALLET.

Noms des acteurs qui ont joué d'original dans *le Bourgeois gentilhomme.*

MONSIEUR JOURDAIN.	Molière.
MADAME JOURDAIN.	Hubert.
LUCILE.	Mlle Molière.
CLÉONTE.	La Grange.
DORIMÈNE.	Mlle Debrie.
DORANTE.	La Thorillière
NICOLE.	Mlle Beauval.
UN ÉLÈVE.	Gaye.
UN MAITRE D'ARMES.	Debrie.
UN MAITRE DE PHILOSOPHIE.	Du Croisy.

La scène est à Paris.

LE BOURGEOIS GENTILHOMME.

ACTE PREMIER.

L'ouverture se fait par un grand assemblage d'instruments ; et dans le milieu du théâtre on voit un élève du maître de musique qui compose sur une table un air que le bourgeois a demandé pour une sérénade.

SCÈNE I.

UN MAITRE DE MUSIQUE, UN MAITRE A DANSER, TROIS MUSICIENS, DEUX VIOLONS, QUATRE DANSEURS.

LE MAITRE DE MUSIQUE, parlant à ses musiciens.

Venez, entrez dans cette salle, et vous reposez là, en attendant qu'il vienne.

UN MAITRE A DANSER, à ses danseurs.

Et vous aussi, de ce côté.

LE MAITRE DE MUSIQUE, à l'élève.

Est-ce fait ?

L'ÉLÈVE.

Oui.

LE MAITRE DE MUSIQUE.

Voyons... Voilà qui est bien.

LE MAITRE A DANSER.

Est-ce quelque chose de nouveau?

LE MAITRE DE MUSIQUE.

Oui, c'est un air pour une sérénade, que je lui ai fait composer ici, en attendant que notre homme fût éveillé.

LE MAITRE A DANSER.

Peut-on voir ce que c'est?

LE MAITRE DE MUSIQUE.

Vous l'allez entendre avec le dialogue, quand il viendra. Il ne tardera guère.

LE MAITRE A DANSER.

Nos occupations, à vous et à moi, ne sont pas petites maintenant.

LE MAITRE DE MUSIQUE.

Il est vrai. Nous avons trouvé ici un homme comme il nous le faut à tous deux. Ce nous est une douce rente que ce monsieur Jourdain, avec les visions de noblesse et de galanterie qu'il est allé se mettre en tête. Et votre danse et ma musique auraient à souhaiter que tout le monde lui ressemblât.

LE MAITRE A DANSER.

Non pas entièrement; et je voudrais pour lui qu'il se connût mieux qu'il ne fait aux choses que nous lui donnons.

LE MAITRE DE MUSIQUE.

Il est vrai qu'il les connaît mal, mais il les paye bien; et c'est de quoi maintenant nos arts ont plus besoin que de toute autre chose.

LE MAITRE A DANSER.

Pour moi, je vous l'avoue, je me repais un peu de gloire. Les applaudissements me touchent, et je tiens que, dans tous les beaux-arts, c'est un supplice assez fâcheux que de se produire à des sots, que d'essuyer, sur des compositions, la barbarie d'un stupide. Il y a plaisir, ne m'en parlez point, à travailler pour des personnes qui soient capables de sentir les délicatesses d'un art, qui sachent faire un doux accueil aux beautés d'un ouvrage, et, par de chatouillantes approbations, vous régaler de votre travail. Oui, la récompense la plus agréable qu'on puisse recevoir des choses que l'on fait, c'est de les voir connues, de les voir caressées d'un applaudissement qui vous honore. Il n'y a rien, à mon avis, qui nous paye mieux que cela de toutes nos fatigues; et ce sont des douceurs exquises que des louanges éclairées.

LE MAITRE DE MUSIQUE.

J'en demeure d'accord, et je les goûte comme vous. Il n'y a rien assurément qui chatouille davantage que les applaudissements que vous dites; mais cet encens ne fait pas vivre. Des louanges toutes pures ne mettent point un homme à son aise : il y faut mêler du solide; et la meilleure façon de louer, c'est de louer avec les mains. C'est un homme, à la vérité, dont les lumières sont petites, qui parle à tort et à travers de toutes choses, et n'applaudit qu'à contre-sens; mais son argent redresse les jugements de son esprit. Il a du discernement dans sa bourse; ses louanges sont monnoyées; et ce bourgeois ignorant nous vaut mieux, comme vous voyez, que le grand seigneur éclairé qui nous a introduits ici.

LE MAITRE A DANSER.

Il y a quelque chose de vrai dans ce que vous dites; mais je trouve que vous appuyez un peu trop sur l'argent; et l'intérêt est quelque chose de si bas, qu'il ne faut jamais qu'un honnête homme montre pour lui de l'attachement.

LE MAITRE DE MUSIQUE.

Vous recevez fort bien pourtant l'argent que notre homme vous donne.

LE MAITRE A DANSER.

Assurément; mais je n'en fais pas tout mon bonheur; et je voudrais qu'avec son bien il eût encore quelque bon goût des choses.

LE MAITRE DE MUSIQUE.

Je le voudrais aussi; et c'est à quoi nous travaillons tous deux autant que nous pouvons. Mais, en tout cas, il nous donne moyen de nous faire connaître dans le monde; et il paiera pour.les autres ce que les autres loueront pour lui.

LE MAITRE A DANSER.

Le voilà qui vient.

SCÈNE II.

MONSIEUR JOURDAIN, en robe de chambre et en bonnet de nuit;
LE MAITRE DE MUSIQUE, LE MAITRE A DANSER,
L'ÉLÈVE DU MAITRE DE MUSIQUE, UNE MUSICIENNE, DEUX MUSICIENS,
DANSEURS, DEUX LAQUAIS.

MONSIEUR JOURDAIN.

Hé bien, messieurs? Qu'est-ce? Me ferez-vous voir votre petite drôlerie?

LE MAITRE A DANSER.

Comment? Quelle petite drôlerie?

MONSIEUR JOURDAIN.

Hé! la... Comment appelez-vous cela? Votre prologue ou dialogue de chansons et de danse.

LE MAITRE A DANSER.

Ah! ah!

LE MAITRE DE MUSIQUE.

Vous nous y voyez préparés.

MONSIEUR JOURDAIN.

Je vous ai fait un peu attendre; mais c'est que je me fais habiller aujourd'hui comme les gens de qualité; et mon tailleur m'a envoyé des bas de soie que j'ai pensé ne mettre jamais.

LE MAITRE DE MUSIQUE.

Nous ne sommes ici que pour attendre votre loisir.

MONSIEUR JOURDAIN.

Je vous prie tous deux de ne vous point en aller qu'on ne m'ait apporté mon habit, afin que vous me puissiez voir.

LE MAITRE A DANSER.

Tout ce qu'il vous plaira.

MONSIEUR JOURDAIN.

Vous me verrez équipé comme il faut, depuis les pieds jusqu'à la tête.

LE MAITRE DE MUSIQUE.

Nous n'en doutons point.

MONSIEUR JOURDAIN.

Je me suis fait faire cette indienne-ci[1].

LE MAITRE A DANSER.

Elle est fort belle.

MONSIEUR JOURDAIN.

Mon tailleur m'a dit que les gens de qualité étaient comme cela le matin.

LE MAITRE DE MUSIQUE.

Cela vous sied à merveille.

MONSIEUR JOURDAIN.

Laquais! holà, mes deux laquais!

PREMIER LAQUAIS.

Que voulez-vous, monsieur?

MONSIEUR JOURDAIN.

Rien. C'est pour voir si vous m'entendez bien. (Au maître de musique et au maître à danser.) Que dites-vous de mes livrées?

LE MAITRE A DANSER.

Elles sont magnifiques.

---

[1] Étoffe de luxe venant de l'Inde.

MONSIEUR JOURDAIN. Il entr'ouvre sa robe, et ait voir un haut-de-chausses étroit de velours rouge, et une camisole de velours vert dont il est vêtu.

Voici encore un petit déshabillé pour faire le matin mes exercices.

LE MAITRE DE MUSIQUE.

Il est galant.

MONSIEUR JOURDAIN.

Laquais !

PREMIER LAQUAIS.

Monsieur.

MONSIEUR JOURDAIN.

L'autre laquais !

SECOND LAQUAIS.

Monsieur.

MONSIEUR JOURDAIN, ôtant sa robe de chambre.

Tenez ma robe. (Au maître de musique et au maître à danser.) Me trouvez-vous bien comme cela ?

LE MAITRE A DANSER.

Fort bien. On ne peut pas mieux.

MONSIEUR JOURDAIN.

Voyons un peu votre affaire.

LE MAITRE DE MUSIQUE.

Je voudrais bien auparavant vous faire entendre un air (Montrant son élève.) qu'il vient de composer pour la sérénade que vous m'avez demandée. C'est un de mes écoliers, qui a pour ces sortes de choses un talent admirable.

MONSIEUR JOURDAIN.

Oui, mais il ne fallait pas faire faire cela par un écolier; et vous n'étiez pas trop bon vous-même pour cette besogne-là.

LE MAITRE DE MUSIQUE.

Il ne faut pas, monsieur, que le nom d'écolier vous abuse. Ces sortes d'écoliers en savent autant que les plus grands maîtres ; et l'air est aussi beau qu'il s'en puisse faire. Écoutez seulement.

ACTE I. SCÈNE II.

MONSIEUR JOURDAIN, à ses laquais.

Donnez-moi ma robe pour mieux entendre... Attendez, je crois que je serai mieux sans robe. Non, redonnez-la-moi: cela ira mieux.

UN MUSICIEN, chantant.

Je languis nuit et jour, et mon mal est extrême
Depuis qu'à vos rigueurs vos beaux yeux m'ont soumis.
Si vous traitez ainsi, belle Iris, qui vous aime,
Hélas! que pourriez-vous faire à vos ennemis?

MONSIEUR JOURDAIN.

Cette chanson me semble un peu lugubre; elle endort, et je voudrais que vous la puissiez un peu ragaillardir par-ci par-là.

LE MAITRE DE MUSIQUE.

Il faut, monsieur, que l'air soit accommodé aux paroles.

MONSIEUR JOURDAIN.

On m'en apprit un tout à fait joli, il y a quelque temps. Attendez... la... Comment est-ce qu'il dit?

LE MAITRE A DANSER.

Par ma foi, je ne sais.

MONSIEUR JOURDAIN.

Il y a du mouton dedans.

LE MAITRE A DANSER.

Du mouton?

MONSIEUR JOURDAIN.

Oui. Ah! (Il chante.)

Je croyais Jeanneton
Aussi douce que belle;
Je croyais Jeanneton
Plus douce qu'un mouton.
Hélas! hélas!
Elle est cent fois, mille fois plus cruelle
Que n'est le tigre au bois.

N'est-il pas joli?

LE MAITRE DE MUSIQUE.

Le plus joli du monde!

LE MAITRE A DANSER.

Et vous le chantez bien.

MONSIEUR JOURDAIN.

C'est sans avoir appris la musique.

LE MAITRE DE MUSIQUE.

Vous devriez l'apprendre, monsieur, comme vous faites la danse. Ce sont deux arts qui ont une étroite liaison ensemble.

LE MAITRE A DANSER.

Et qui ouvrent l'esprit d'un homme aux belles choses.

MONSIEUR JOURDAIN.

Est-ce que les gens de qualité apprennent aussi la musique?

LE MAITRE DE MUSIQUE.

Oui, monsieur.

MONSIEUR JOURDAIN.

Je l'apprendrai donc. Mais je ne sais quel temps je pourrai prendre; car, outre le maître d'armes qui me montre, j'ai arrêté encore un maître de philosophie qui doit commencer ce matin.

LE MAITRE DE MUSIQUE.

La philosophie est quelque chose; mais la musique, monsieur, la musique...

LE MAITRE A DANSER.

La musique et la danse... La musique et la danse, c'est là tout ce qu'il faut.

LE MAITRE DE MUSIQUE.

Il n'y a rien qui soit si utile dans un État que la musique.

LE MAITRE A DANSER.

Il n'y a rien qui soit si nécessaire aux hommes que la danse.

LE MAITRE DE MUSIQUE.

Sans la musique, un État ne peut subsister.

LE MAITRE A DANSER.

Sans la danse, un homme ne saurait rien faire.

LE MAITRE DE MUSIQUE.

Tous les désordres, toutes les guerres qu'on voit dans le monde, n'arrivent que pour n'apprendre pas la musique.

LE MAITRE A DANSER.

Tous les malheurs des hommes, tous les revers funestes dont les histoires sont remplies, les bévues des politiques, et les manquements des grands capitaines, tout cela n'est venu que faute de savoir danser.

MONSIEUR JOURDAIN.

Comment cela?

LE MAITRE DE MUSIQUE.

La guerre ne vient-elle pas d'un manque d'union entre les hommes?

MONSIEUR JOURDAIN.

Cela est vrai.

LE MAITRE DE MUSIQUE.

Et si tous les hommes apprenaient la musique, ne serait-ce pas le moyen de s'accorder ensemble, et de voir dans le monde la paix universelle?

MONSIEUR JOURDAIN.

Vous avez raison.

LE MAITRE A DANSER.

Lorsqu'un homme a commis un manquement dans sa conduite, soit aux affaires de sa famille, ou au gouvernement d'un État, ou au commandement d'une armée, ne dit-on pas toujours : Un tel a fait un mauvais pas dans une telle affaire?

MONSIEUR JOURDAIN.

Oui, on dit cela.

LE MAITRE A DANSER.

Et faire un mauvais pas peut-il procéder d'autre chose que de ne savoir pas danser?

MONSIEUR JOURDAIN.

Cela est vrai, vous avez raison tous deux.

LE MAITRE A DANSER

C'est pour vous faire voir l'excellence et l'utilité de la danse et de la musique.

MONSIEUR JOURDAIN.

Je comprends cela à cette heure.

LE MAITRE DE MUSIQUE.

Voulez-vous voir nos deux affaires?

MONSIEUR JOURDAIN.

Oui.

LE MAITRE DE MUSIQUE.

Je vous l'ai déjà dit, c'est un petit essai que j'ai fait autrefois des diverses passions que peut exprimer la musique.

MONSIEUR JOURDAIN.

Fort bien.

LE MAITRE DE MUSIQUE, aux musiciens.

Allons, avancez. (A monsieur Jourdain.) Il faut vous figurer qu'ils sont habillés en bergers.

MONSIEUR JOURDAIN.

Pourquoi toujours des bergers? On ne voit que cela partout.

LE MAITRE A DANSER.

Lorsqu'on a des personnes à faire parler en musique, il faut bien que, pour la vraisemblance, on donne dans la bergerie. Le chant a été de tout temps affecté aux bergers; et il n'est guère naturel, en dialogue, que des princes ou des bourgeois chantent leurs passions.

MONSIEUR JOURDAIN.

Passe, passe. Voyons.

DIALOGUE EN MUSIQUE.

UNE MUSICIENNE ET DEUX MUSICIENS.

LA MUSICIENNE.

Un cœur, dans l'amoureux empire,
De mille soins est toujours agité.
On dit qu'avec plaisir on languit, on soupire;
  Mais quoi qu'on puisse dire,
Il n'est rien de si doux que notre liberté.

PREMIER MUSICIEN.

Il n'est rien de si doux que les tendres ardeurs
  Qui font vivre deux cœurs
  Dans une même envie;
On ne peut être heureux sans amoureux désirs.
  Otez l'amour de la vie,
  Vous en ôtez les plaisirs.

SECOND MUSICIEN.

Il serait doux d'entrer sous l'amoureuse loi,
  Si l'on trouvait en amour de la foi;
  Mais, hélas! ô rigueur cruelle!
On ne voit point de bergère fidèle;
Et ce sexe inconstant, trop indigne du jour,
Doit faire pour jamais renoncer à l'amour.

PREMIER MUSICIEN.

  Aimable ardeur!

LA MUSICIENNE.

  Franchise heureuse!

SECOND MUSICIEN.

  Sexe trompeur!

PREMIER MUSICIEN.

  Que tu m'es précieuse!

LA MUSICIENNE.

Que tu plais à mon cœur!

SECOND MUSICIEN.

Que tu me fais d'horreur!

PREMIER MUSICIEN.

Ah! quitte, pour aimer, cette haine mortelle!

LA MUSICIENNE.

On peut, on peut te montrer
Une bergère fidèle.

SECOND MUSICIEN.

Hélas! où la rencontrer?

LA MUSICIENNE.

Pour défendre notre gloire,
Je te veux offrir mon cœur.

SECOND MUSICIEN.

Mais, bergère, puis-je croire
Qu'il ne sera point trompeur?

LA MUSICIENNE.

Voyons, par expérience,
Qui des deux aimera mieux.

SECOND MUSICIEN.

Qui manquera de constance,
Le puissent perdre les dieux!

TOUS TROIS ENSEMBLE.

A des ardeurs si belles
Laissons-nous enflammer;
Ah! qu'il est doux d'aimer
Quand deux cœurs sont fidèles!

MONSIEUR JOURDAIN.

Est-ce tout?

LE MAITRE DE MUSIQUE.

Oui.

ACTE I. SCÈNE II.

MONSIEUR JOURDAIN.

Je trouve cela bien troussé, et il y a là dedans de petits dictons assez jolis.

LE MAITRE A DANSER.

Voici, pour mon affaire, un petit essai des plus beaux mouvements et des plus belles attitudes dont une danse puisse être variée.

MONSIEUR JOURDAIN.

Sont-ce encore des bergers?

LE MAITRE A DANSER.

C'est ce qu'il vous plaira. (Aux danseurs.) Allons.

ENTRÉE DE BALLET.

Quatre danseurs exécutent tous les mouvements différents et toutes les sortes de pas que le maître à danser leur commande : et cette danse fait le premier intermède.

Noms des personnes qui ont chanté et dansé dans le dialogue en musique et dans le premier intermède.

Une musicienne : Mlle Hilaire.
Premier musicien : M. Langeais.
Second musicien : M. Gaye.
Deux violons : les sieurs Laquaisse et Marchand.
Quatre danseurs : MM. la Pierre, Favier, Saint-André et Magny.

FIN DU PREMIER ACTE.

ACTE DEUXIÈME.

SCÈNE I.

MONSIEUR JOURDAIN, LE MAITRE DE MUSIQUE, LE MAITRE A DANSER, UN LAQUAIS.

MONSIEUR JOURDAIN.

Voilà qui n'est point sot, et ces gens-là se trémoussent bien.

LE MAITRE DE MUSIQUE.

Lorsque la danse sera mêlée avec la musique, cela fera plus d'effet encore ; et vous verrez quelque chose de galant dans le petit ballet que nous avons ajusté pour vous.

MONSIEUR JOURDAIN.

C'est pour tantôt, au moins, et la personne pour qui j'ai fait faire tout cela me doit faire l'honneur de venir dîner céans.

LE MAITRE A DANSER.

Tout est prêt.

LE MAITRE DE MUSIQUE.

Au reste, monsieur, ce n'est pas assez ; il faut qu'une personne comme vous, qui êtes magnifique, et qui avez de l'inclination pour les belles choses, ait un concert de musique chez soi tous les mercredis ou tous les jeudis.

MONSIEUR JOURDAIN.
Est-ce que les gens de qualité en ont?
LE MAITRE DE MUSIQUE.
Oui, monsieur.
MONSIEUR JOURDAIN.
J'en aurai donc. Cela sera-t-il beau?
LE MAITRE DE MUSIQUE.
Sans doute. Il vous faudra trois voix, un dessus, une haute-contre, et une basse, qui seront accompagnées d'une basse de viole, d'un téorbe, et d'un clavecin pour les basses continues, avec deux dessus de violon pour les ritournelles.
MONSIEUR JOURDAIN.
Il y faudra mettre aussi une trompette marine. La trompette marine est un instrument qui me plaît, et qui est harmonieux.
LE MAITRE DE MUSIQUE.
Laissez-nous gouverner les choses.
MONSIEUR JOURDAIN.
Au moins, n'oubliez pas tantôt de m'envoyer des musiciens pour chanter à table.
LE MAITRE DE MUSIQUE.
Vous aurez tout ce qu'il vous faut.
MONSIEUR JOURDAIN.
Mais, surtout, que le ballet soit beau.
LE MAITRE DE MUSIQUE.
Vous en serez content, et, entre autres choses, de certains menuets que vous y verrez.
MONSIEUR JOURDAIN.
Ah! les menuets sont ma danse, et je veux que vous me les voyiez danser. Allons, mon maître.
LE MAITRE A DANSER.
Un chapeau, monsieur, s'il vous plaît. (Monsieur Jourdain va prendre le chapeau de son laquais, et le met par-dessus son bonnet de nuit. Son maître lui prend les mains, et le fait danser sur un air de menuet qu'il chante.) La, la, la; la, la la, la, la, la; la, la, la (*bis*); la, la, la; la, la. En cadence,

s'il vous plaît. La, la, la, la, la. La jambe droite. La, la, la. Ne remuez point tant les épaules. La, la, la, la, la, la, la, la, la, la. Vos deux bras sont estropiés. La, la, la, la, la. Haussez la tête. Tournez la pointe du pied en dehors. La, la, la. Dressez votre corps.

MONSIEUR JOURDAIN.

Euh?

LE MAITRE DE MUSIQUE.

Voilà qui est le mieux du monde.

MONSIEUR JOURDAIN.

A propos. Apprenez-moi comme il faut faire une révérence pour saluer une marquise; j'en aurai besoin tantôt.

LE MAITRE A DANSER.

Une révérence pour saluer une marquise?

MONSIEUR JOURDAIN.

Oui. Une marquise qui s'appelle Dorimène.

LE MAITRE A DANSER.

Donnez-moi la main.

MONSIEUR JOURDAIN.

Non. Vous n'avez qu'à faire; je le retiendrai bien.

LE MAITRE A DANSER.

Si vous voulez la saluer avec beaucoup de respect, il faut faire d'abord une révérence en arrière, puis marcher vers elle avec trois révérences en avant, et à la dernière vous baisser jusqu'à ses genoux.

MONSIEUR JOURDAIN.

Faites un peu. (Après que le maître à danser a fait trois révérences.) Bon.

SCÈNE II.

MONSIEUR JOURDAIN, LE MAITRE DE MUSIQUE, LE MAITRE A DANSER, UN LAQUAIS.

LE LAQUAIS.

Monsieur, voilà votre maître d'armes qui est là.

MONSIEUR JOURDAIN.

Dis-lui qu'il entre ici pour me donner leçon. (Au maître de musique et au maître à danser.) Je veux que vous me voyiez faire.

SCÈNE III.

MONSIEUR JOURDAIN, UN MAITRE D'ARMES, LE MAITRE DE MUSIQUE, LE MAITRE A DANSER UN LAQUAIS, tenant deux fleurets.

LE MAITRE D'ARMES, après avoir pris les deux fleurets de la main du laquais, et en avoir présenté un à monsieur Jourdain.

Allons, monsieur, la révérence. Votre corps droit. Un peu penché sur la cuisse gauche. Les jambes point tant écartées. Vos pieds sur une même ligne. Votre poignet à l'opposite de votre hanche. La pointe de votre épée vis-à-vis de votre épaule. Le bras pas tout à fait si étendu. La main gauche à la hauteur de l'œil. L'épaule gauche plus quartée [1]. La tête droite. Le regard assuré. Avancez. Le corps ferme. Touchez-moi l'épée de quarte, et achevez de même. Une, deux. Remettez-

---

[1] *Quartée*, terme d'escrime qui indique la position que doit avoir l'épaule gauche lorsqu'on est en quarte.

vous. Redoublez de pied ferme. Une, deux. Un saut en arrière. Quand vous portez la botte, monsieur, il faut que l'épée parte la première, et que le corps soit bien effacé. Une, deux. Allons, touchez-moi l'épée de tierce, et achevez de même. Avancez. Le corps ferme. Avancez. Partez de là. Une, deux. Remettez-vous. Redoublez. Une, deux. Un saut en arrière. En garde, monsieur, en garde. (Le maître d'armes lui pousse deux ou trois bottes, en lui disant : En garde.)

MONSIEUR JOURDAIN.

Euh?

LE MAITRE DE MUSIQUE.

Vous faites des merveilles.

LE MAITRE D'ARMES.

Je vous l'ai déjà dit; tout le secret des armes ne consiste qu'en deux choses : à donner et à ne point recevoir; et, comme je vous fis voir l'autre jour par raison démonstrative, il est impossible que vous receviez si vous savez détourner l'épée de votre ennemi de la ligne de votre corps; ce qui ne dépend seulement que d'un petit mouvement du poignet, ou en dedans, ou en dehors.

MONSIEUR JOURDAIN.

De cette façon, donc, un homme, sans avoir du cœur, est sûr de tuer son homme, et de n'être point tué?

LE MAITRE D'ARMES.

Sans doute; n'en vîtes-vous pas la démonstration?

MONSIEUR JOURDAIN.

Oui.

LE MAITRE D'ARMES.

Et c'est en quoi l'on voit de quelle considération nous autres nous devons être dans un État, et combien la science des armes l'emporte hautement sur toutes les autres sciences inutiles, comme la danse, la musique, la...

LE MAITRE A DANSER.

Tout beau, monsieur le tireur d'armes; ne parlez de la danse qu'avec respect.

LE MAITRE DE MUSIQUE.

Apprenez, je vous prie, à mieux traiter l'excellence de la musique.

LE MAITRE D'ARMES.

Vous êtes de plaisantes gens, de vouloir comparer vos sciences à la mienne!

LE MAITRE DE MUSIQUE.

Voyez un peu l'homme d'importance!

LE MAITRE A DANSER.

Voilà un plaisant animal, avec son plastron!

LE MAITRE D'ARMES.

Mon petit maître à danser, je vous ferais danser comme il faut. Et vous, mon petit musicien, je vous ferais chanter de la belle manière.

LE MAITRE A DANSER.

Monsieur le batteur de fer, je vous apprendrai votre métier.

MONSIEUR JOURDAIN, au maître à danser.

Êtes-vous fou de l'aller quereller, lui qui entend la tierce et la quarte, et qui sait tuer un homme par raison démonstrative?

LE MAITRE A DANSER.

Je me moque de sa raison démonstrative, et de sa tierce, et de sa quarte.

MONSIEUR JOURDAIN, au maître à danser.

Tout doux, vous dis-je.

LE MAITRE D'ARMES, au maître à danser.

Comment! petit impertinent!

MONSIEUR JOURDAIN.

Hé! mon maître d'armes!

LE MAITRE A DANSER, au maître d'armes.

Comment! grand cheval de carrosse!

MONSIEUR JOURDAIN.

Hé! mon maître à danser!

LE MAITRE D'ARMES.

Si je me jette sur vous...

MONSIEUR JOURDAIN, au maître d'armes.

Doucement.

LE MAITRE A DANSER.

Si je mets sur vous la main...

MONSIEUR JOURDAIN, au maître à danser.

Tout beau!

LE MAITRE D'ARMES.

Je vous étrillerai d'un air...

MONSIEUR JOURDAIN, au maître d'armes.

De grâce!

LE MAITRE A DANSER.

Je vous rosserai d'une manière...

MONSIEUR JOURDAIN, au maître à danser.

Je vous prie...

LE MAITRE DE MUSIQUE.

Laissez-nous un peu lui apprendre à parler.

MONSIEUR JOURDAIN, au maître de musique.

Mon Dieu! arrêtez-vous!

SCÈNE IV.

UN MAITRE DE PHILOSOPHIE, MONSIEUR JOURDAIN, LE MAITRE DE MUSIQUE, LE MAITRE A DANSER, LE MAITRE D'ARMES, UN LAQUAIS.

MONSIEUR JOURDAIN.

Holà! monsieur le philosophe, vous arrivez tout à propos avec votre philosophie. Venez un peu mettre la paix entre ces personnes-ci.

LE MAITRE DE PHILOSOPHIE.

Qu'est-ce donc? qu'y a-t-il, messieurs?

MONSIEUR JOURDAIN.

Ils se sont mis en colère pour la préférence de leurs professions, jusqu'à se dire des injures, et en vouloir venir aux mains.

LE MAITRE DE PHILOSOPHIE.

Hé quoi, messieurs! faut-il s'emporter de la sorte? et n'avez-vous point lu le docte *Traité* que Sénèque a composé *de la colère?* Y a-t-il rien de plus bas et de plus honteux que cette passion, qui fait d'un homme une bête féroce? Et la raison ne doit-elle pas être maîtresse de tous nos mouvements?

LE MAITRE A DANSER.

Comment, monsieur! il vient nous dire des injures à tous deux, en méprisant la danse, que j'exerce, et la musique, dont il fait profession.

LE MAITRE DE PHILOSOPHIE.

Un homme sage est au-dessus de toutes les injures qu'on lui peut dire; et la grande réponse qu'on doit faire aux outrages, c'est la modération et la patience.

LE MAITRE D'ARMES.

Ils ont tous deux l'audace de vouloir comparer leurs professions à la mienne!

LE MAITRE DE PHILOSOPHIE.

Faut-il que cela vous émeuve! Ce n'est pas de vaine gloire et de condition que les hommes doivent disputer entre eux; et ce qui nous distingue parfaitement les uns des autres, c'est la sagesse et la vertu.

LE MAITRE A DANSER.

Je lui soutiens que la danse est une science à laquelle on ne peut faire assez d'honneur.

LE MAITRE DE MUSIQUE.

Et moi, que la musique en est une que tous les siècles ont révérée.

LE MAITRE D'ARMES.

Et moi, je leur soutiens à tous deux que la science de tirer des armes est la plus belle et la plus nécessaire de toutes les sciences.

LE MAITRE DE PHILOSOPHIE.

Et que sera donc la philosophie? Je vous trouve tous trois bien impertinents de parler devant moi avec cette arrogance, et de donner impudemment le nom de science à des choses que l'on ne doit pas même honorer du nom d'art, et qui ne peuvent être comprises que sous le nom de métier misérable de gladiateur, de chanteur, et de baladin !

LE MAITRE D'ARMES.

Allez, philosophe de chien.

LE MAITRE DE MUSIQUE.

Allez, belître de pédant.

LE MAITRE A DANSER.

Allez, cuistre fieffé.

LE MAITRE DE PHILOSOPHIE.

Comment! marauds que vous êtes... (Le philosophe se jette sur eux, tous trois le chargent de coups.)

MONSIEUR JOURDAIN.

Monsieur le philosophe !

LE MAITRE DE PHILOSOPHIE.

Infâmes! coquins! insolents !

MONSIEUR JOURDAIN.

Monsieur le philosophe !

LE MAITRE D'ARMES.

La peste l'animal !

MONSIEUR JOURDAIN.

Messieurs!

LE MAITRE DE PHILOSOPHIE.

Impudents !

MONSIEUR JOURDAIN.

Monsieur le philosophe!

LE MAITRE A DANSER.

Diantre soit de l'âne bâté !

MONSIEUR JOURDAIN.

Messieurs !

LE MAITRE DE PHILOSOPHIE.

Scélérats !

MONSIEUR JOURDAIN.

Monsieur le philosophe !

LE MAITRE DE MUSIQUE.

Au diable l'impertinent !

MONSIEUR JOURDAIN.

Messieurs !

LE MAITRE DE PHILOSOPHIE.

Fripons ! gueux ! traîtres ! imposteurs !

MONSIEUR JOURDAIN.

Monsieur le philosophe ! Messieurs ! Monsieur le philosophe ! Messieurs ! Monsieur le philosophe !

(Ils sortent en se battant.)

SCÈNE V.

MONSIEUR JOURDAIN, UN LAQUAIS.

MONSIEUR JOURDAIN.

Oh ! battez-vous tant qu'il vous plaira : je n'y saurais que faire, et je n'irai pas gâter ma robe pour vous séparer. Je serais bien fou de m'aller fourrer parmi eux, pour recevoir quelque coup qui me ferait mal.

SCÈNE VI.

LE MAITRE DE PHILOSOPHIE, MONSIEUR JOURDAIN, UN LAQUAIS.

LE MAITRE DE PHILOSOPHIE, raccommodant son collet.

Venons à notre leçon.

MONSIEUR JOURDAIN.

Ah! monsieur, je suis fâché des coups qu'ils vous ont donnés.

LE MAITRE DE PHILOSOPHIE.

Cela n'est rien. Un philosophe sait recevoir comme il faut les choses; et je vais composer contre eux une satire du style de Juvénal, qui les déchirera de la belle façon. Laissons cela. Que voulez-vous apprendre?

MONSIEUR JOURDAIN.

Tout ce que je pourrai, car j'ai toutes les envies du monde d'être savant; et j'enrage que mon père et ma mère ne m'aient pas fait bien étudier dans toutes les sciences, quand j'étais jeune.

LE MAITRE DE PHILOSOPHIE.

Ce sentiment est raisonnable; *nam, sine doctrina, vita est quasi mortis imago.* Vous entendez cela, et vous savez le latin, sans doute.

MONSIEUR JOURDAIN.

Oui; mais faites comme si je ne le savais pas. Expliquez-moi ce que cela veut dire.

LE MAITRE DE PHILOSOPHIE.

Cela veut dire que, *sans la science, la vie est presque une image de la mort.*

MONSIEUR JOURDAIN.

Ce latin-là a raison.

LE MAITRE DE PHILOSOPHIE.

N'avez-vous point quelques principes, quelques commencements des sciences?

MONSIEUR JOURDAIN.

Oh! oui, je sais lire et écrire.

LE MAITRE DE PHILOSOPHIE.

Par où vous plaît-il que nous commencions? Voulez-vous que je vous apprenne la logique?

MONSIEUR JOURDAIN.

Qu'est-ce que c'est que cette logique?

LE MAITRE DE PHILOSOPHIE.

C'est elle qui enseigne les trois opérations de l'esprit.

MONSIEUR JOURDAIN.

Qui sont-elles, ces trois opérations de l'esprit?

LE MAITRE DE PHILOSOPHIE.

La première, la seconde, et la troisième. La première est de bien concevoir, par le moyen des universaux; la seconde, de bien juger, par le moyen des catégories; et la troisième, de bien tirer une conséquence, par le moyen des figures : *Barbara, Celarent, Darii, Ferio, Baralipton.*

MONSIEUR JOURDAIN.

Voilà des mots qui sont trop rébarbatifs. Cette logique-là ne me revient point. Apprenons autre chose qui soit plus joli.

LE MAITRE DE PHILOSOPHIE.

Voulez-vous apprendre la morale?

MONSIEUR JOURDAIN.

La morale?

LE MAITRE DE PHILOSOPHIE.

Oui.

MONSIEUR JOURDAIN.

Qu'est-ce qu'elle dit, cette morale?

LE MAITRE DE PHILOSOPHIE.

Elle traite de la félicité, enseigne aux hommes à modérer leurs passions, et...

MONSIEUR JOURDAIN.

Non ; laissons cela. Je suis bilieux comme tous les diables, et il n'y a morale qui tienne : je me veux mettre en colère tout mon soûl, quand il m'en prend envie.

LE MAITRE DE PHILOSOPHIE.

Est-ce la physique que vous voulez apprendre?

MONSIEUR JOURDAIN.

Qu'est-ce qu'elle chante, cette physique?

LE MAITRE DE PHILOSOPHIE.

La physique est celle qui explique les principes des choses naturelles, et les propriétés des corps ; qui discourt de la nature des éléments, des métaux, des minéraux, des pierres, des plantes et des animaux, et nous enseigne les causes de tous les météores, l'arc-en-ciel, les feux volants, les comètes, les éclairs, le tonnerre, la foudre, la pluie, la neige, la grêle, les vents, et les tourbillons.

MONSIEUR JOURDAIN.

Il y a trop de tintamarre là dedans, trop de brouillamini.

LE MAITRE DE PHILOSOPHIE.

Que voulez-vous donc que je vous apprenne?

MONSIEUR JOURDAIN.

Apprenez-moi l'orthographe.

LE MAITRE DE PHILOSOPHIE.

Très-volontiers.

MONSIEUR JOURDAIN.

Après, vous m'apprendrez l'almanach, pour savoir quand il y a de la lune, et quand il n'y en a point.

LE MAITRE DE PHILOSOPHIE.

Soit. Pour bien suivre votre pensée, et traiter cette matière en philosophe, il faut commencer, selon l'ordre des choses, par une exacte connaissance de la nature des lettres, et de la différente manière de les prononcer toutes. Et là-dessus j'ai à vous dire que les lettres sont divisées en voyelles, ainsi dites voyelles, parce qu'elles expriment les voix; et en consonnes, ainsi appelées consonnes, parce qu'elles sonnent avec les voyelles, et ne font que marquer les diverses articulations des voix. Il y a cinq voyelles, ou voix : A, E, I, O, U.

MONSIEUR JOURDAIN.

J'entends tout cela.

LE MAITRE DE PHILOSOPHIE.

La voix A se forme en ouvrant fort la bouche : A.

MONSIEUR JOURDAIN.

A, A. Oui.

LE MAITRE DE PHILOSOPHIE.

La voix E se forme en rapprochant la mâchoire d'en bas de celle d'en haut : A, E.

MONSIEUR JOURDAIN.

A, E; A, E. Ma foi, oui. Ah! que cela est beau!

LE MAITRE DE PHILOSOPHIE.

Et la voix I, en rapprochant encore davantage les mâchoires l'une de l'autre, et écartant les deux coins de la bouche vers les oreilles : A, E, I.

MONSIEUR JOURDAIN.

A, E, I, I, I, I. Cela est vrai. Vive la science!

LE MAITRE DE PHILOSOPHIE.

La voix O se forme en rouvrant les mâchoires, et rapprochant les lèvres par les deux coins, le haut et le bas : O.

MONSIEUR JOURDAIN.

O, O. Il n'y a rien de plus juste : A, E, I, O, I, O. Cela est admirable! I, O; I, O.

LE MAITRE DE PHILOSOPHIE.

L'ouverture de la bouche fait justement comme un petit rond qu représente un O.

MONSIEUR JOURDAIN.

O, O, O. Vous avez raison. O. Ah! la belle chose que de savoir quelque chose!

LE MAITRE DE PHILOSOPHIE.

La voix U se forme en rapprochant les dents sans les

joindre entièrement, et allongeant les deux lèvres en dehors, les approchant aussi l'une de l'autre, sans les joindre tout à fait : U.

MONSIEUR JOURDAIN.

U, U. Il n'y a rien de plus véritable : U.

LE MAITRE DE PHILOSOPHIE.

Vos deux lèvres s'allongent comme si vous faisiez la moue : d'où vient que si vous la voulez faire à quelqu'un et vous moquer de lui, vous ne sauriez lui dire que U.

MONSIEUR JOURDAIN.

U, U. Cela est vrai. Ah! que n'ai-je étudié plus tôt, pour savoir tout cela!

LE MAITRE DE PHILOSOPHIE.

Demain, nous verrons les autres lettres, qui sont les consonnes.

MONSIEUR JOURDAIN.

Est-ce qu'il y a des choses aussi curieuses qu'à celles-ci?

LE MAITRE DE PHILOSOPHIE.

Sans doute. La consonne D, par exemple, se prononce en donnant du bout de la langue au-dessus des dents d'en haut : DA.

MONSIEUR JOURDAIN.

DA, DA. Oui! Ah! les belles choses! les belles choses!

LE MAITRE DE PHILOSOPHIE.

L'F, en appuyant les dents d'en haut sur la lèvre de dessous : FA.

MONSIEUR JOURDAIN.

FA, FA. C'est la vérité. Ah! mon père et ma mère, que je vous veux de mal!

LE MAITRE DE PHILOSOPHIE.

Et l'R, en portant le bout de la langue jusqu'au haut du palais; de sorte qu'étant frôlée par l'air qui sort avec force, elle lui cède, et revient toujours au même endroit, faisant une manière de tremblement : R, RA.

MONSIEUR JOURDAIN.

R, R, RA; R, R, R. R, R, RA. Cela est vrai. Ah! l'habile homme que vous êtes, et que j'ai perdu de temps! R, R, R, RA.

LE MAITRE DE PHILOSOPHIE.

Je vous expliquerai à fond toutes ces curiosités.

MONSIEUR JOURDAIN.

Je vous en prie. Au reste, il faut que je vous fasse une confidence. Je suis amoureux d'une personne de grande qualité, et je souhaiterais que vous m'aidassiez à lui écrire quelque chose dans un petit billet que je veux laisser tomber à ses pieds.

LE MAITRE DE PHILOSOPHIE.

Fort bien!

MONSIEUR JOURDAIN.

Cela sera galant, oui.

LE MAITRE DE PHILOSOPHIE.

Sans doute. Sont-ce des vers que vous lui voulez écrire?

MONSIEUR JOURDAIN.

Non, non; point de vers.

LE MAITRE DE PHILOSOPHIE.

Vous ne voulez que de la prose?

MONSIEUR JOURDAIN.

Non, je ne veux ni prose ni vers.

LE MAITRE DE PHILOSOPHIE.

Il faut bien que ce soit l'un ou l'autre.

MONSIEUR JOURDAIN.

Pourquoi?

LE MAITRE DE PHILOSOPHIE.

Par la raison, monsieur, qu'il n'y a, pour s'exprimer, que la prose ou les vers.

MONSIEUR JOURDAIN.

Il n'y a que la prose ou les vers?

LE MAITRE DE PHILOSOPHIE.

Non, monsieur. Tout ce qui n'est point prose est vers, et tout ce qui n'est point vers est prose.

MONSIEUR JOURDAIN.

Et comme l'on parle, qu'est-ce que c'est donc que cela ?

LE MAITRE DE PHILOSOPHIE.

De la prose.

MONSIEUR JOURDAIN.

Quoi ! quand je dis : Nicole, apportez-moi mes pantoufles, et me donnez mon bonnet de nuit, c'est de la prose ?

LE MAITRE DE PHILOSOPHIE.

Oui, monsieur.

MONSIEUR JOURDAIN.

Par ma foi, il y a plus de quarante ans que je dis de la prose, sans que j'en susse rien; et je vous suis le plus obligé du monde de m'avoir appris cela. Je voudrais donc lui mettre dans un billet : *Belle marquise, vos beaux yeux me font mourir d'amour;* mais je voudrais que cela fût mis d'une manière galante, que cela fût tourné gentiment.

LE MAITRE DE PHILOSOPHIE.

Mettre que les feux de ses yeux réduisent votre cœur en cendres; que vous souffrez nuit et jour pour elle les violences d'un...

MONSIEUR JOURDAIN.

Non, non, non, je ne veux point tout cela. Je ne veux que ce que je vous ai dit : *Belle marquise, vos beaux yeux me font mourir d'amour.*

LE MAITRE DE PHILOSOPHIE.

Il faut bien étendre un peu la chose.

MONSIEUR JOURDAIN.

Non, vous dis-je. Je ne veux que ces seules paroles-là dans le billet, mais tournées à la mode, bien arrangées comme il faut. Je vous prie de me dire un peu, pour voir, les diverses manières dont on les peut mettre.

LE MAITRE DE PHILOSOPHIE.

On les peut mettre premièrement comme vous avez dit : *Belle marquise, vos beaux yeux me font mourir d'amour.* Ou bien : *D'amour mourir me font, belle marquise, vos beaux yeux.* Ou bien : *Vos yeux beaux d'amour me font, belle marquise, mourir.* Ou bien : *Mourir vos beaux yeux, belle marquise, d'amour me font.* Ou bien : *Me font vos yeux beaux mourir, belle marquise, d'amour.*

MONSIEUR JOURDAIN.

Mais de toutes ces façons-là, laquelle est la meilleure?

LE MAITRE DE PHILOSOPHIE.

Celle que vous avez dite : *Belle marquise, vos beaux yeux me font mourir d'amour.*

MONSIEUR JOURDAIN.

Cependant je n'ai point étudié, et j'ai fait cela tout du premier coup. Je vous remercie de tout mon cœur, et vous prie de venir demain de bonne heure.

LE MAITRE DE PHILOSOPHIE.

Je n'y manquerai pas.

SCÈNE VII.

MONSIEUR JOURDAIN, UN LAQUAIS.

MONSIEUR JOURDAIN, à son laquais.

Comment! mon habit n'est point encore arrivé?

LE LAQUAIS.

Non, monsieur.

MONSIEUR JOURDAIN.

Ce maudit tailleur me fait bien attendre pour un jour où j'ai tant d'affaires. J'enrage. Que la fièvre quartaine puisse serrer bien fort le bourreau de tailleur! Au diable le tailleur! La peste étouffe le tailleur! Si je le tenais maintenant, ce tailleur détestable, ce chien de tailleur-là, ce traître de tailleur, je...

SCÈNE VIII.

MONSIEUR JOURDAIN, UN MAITRE TAILLEUR,
UN GARÇON TAILLEUR portant l'habit de monsieur Jourdain;
UN LAQUAIS.

MONSIEUR JOURDAIN.

Ah! vous voilà! je m'allais mettre en colère contre vous.

LE MAITRE TAILLEUR.

Je n'ai pas pu venir plus tôt, et j'ai mis vingt garçons après votre habit.

MONSIEUR JOURDAIN.

Vous m'avez envoyé des bas de soie si étroits, que j'ai eu toutes les peines du monde à les mettre, et il y a déjà deux mailles de rompues.

LE MAITRE TAILLEUR.

Ils ne s'élargiront que trop.

MONSIEUR JOURDAIN.

Oui, si je romps toujours des mailles. Vous m'avez aussi fait faire des souliers qui me blessent furieusement.

LE MAITRE TAILLEUR.

Point du tout, monsieur.

MONSIEUR JOURDAIN.

Comment! point du tout?

LE MAITRE TAILLEUR.

Non, ils ne vous blessent point.

MONSIEUR JOURDAIN.

Je vous dis qu'ils me blessent, moi.

LE MAITRE TAILLEUR.

Vous vous imaginez cela.

MONSIEUR JOURDAIN.

Je me l'imagine parce que je le sens. Voyez la belle raison!

LE MAITRE TAILLEUR.

Tenez, voilà le plus bel habit de la cour, et le mieux assorti. C'est un chef-d'œuvre que d'avoir inventé un habit sérieux qui ne fût pas noir; et je le donne en six coups aux tailleurs les plus éclairés.

MONSIEUR JOURDAIN.

Qu'est-ce que c'est que ceci? vous avez mis les fleurs en en bas.

LE MAITRE TAILLEUR.

Vous ne m'avez pas dit que vous les vouliez en en haut.

MONSIEUR JOURDAIN.

Est-ce qu'il faut dire cela?

LE MAITRE TAILLEUR.

Oui, vraiment. Toutes les personnes de qualité les portent de la sorte.

MONSIEUR JOURDAIN.

Les personnes de qualité portent les fleurs en en bas?

LE MAITRE TAILLEUR.

Oui, monsieur.

MONSIEUR JOURDAIN.

Oh! voilà qui est donc bien.

LE MAITRE TAILLEUR.

Si vous voulez, je les mettrai en en haut.

MONSIEUR JOURDAIN.

Non, non.

LE MAITRE TAILLEUR.

Vous n'avez qu'à dire.

MONSIEUR JOURDAIN.

Non, vous dis-je; vous avez bien fait. Croyez-vous que l'habit m'aille bien?

LE MAITRE TAILLEUR.

Belle demande! Je défie un peintre, avec son pinceau, de

vous faire rien de plus juste. J'ai chez moi un garçon qui, pour monter une ringrave, est le plus grand génie du monde; et un autre qui, pour assembler un pourpoint, est le héros de notre temps.

MONSIEUR JOURDAIN.

La perruque et les plumes sont-elles comme il faut?

LE MAITRE TAILLEUR.

Tout est bien.

MONSIEUR JOURDAIN, en regardant l'habit du tailleur.

Ah! ah! monsieur le tailleur, voilà de mon étoffe du dernier habit que vous m'avez fait. Je la reconnais bien.

LE MAITRE TAILLEUR.

C'est que l'étoffe me sembla si belle, que j'en ai voulu lever un habit pour moi.

MONSIEUR JOURDAIN.

Oui; mais il ne fallait pas le lever avec le mien.

LE MAITRE TAILLEUR.

Voulez-vous mettre votre habit?

MONSIEUR JOURDAIN.

Oui : donnez-le-moi.

LE MAITRE TAILLEUR.

Attendez. Cela ne va pas comme cela. J'ai amené des gens pour vous habiller en cadence, et ces sortes d'habits se mettent avec cérémonie. Holà! entrez, vous autres.

SCÈNE IX.

MONSIEUR JOURDAIN, LE MAITRE TAILLEUR,
LE GARÇON TAILLEUR, GARÇONS TAILLEURS DANSANTS,
UN LAQUAIS.

LE MAITRE TAILLEUR, à ses garçons.

Mettez cet habit à monsieur, de la manière que vous faites aux personnes de qualité.

PREMIÈRE ENTRÉE DE BALLET.

(Les quatre garçons tailleurs dansants s'approchent de monsieur Jourdain. Deux lui arrachent le haut-de-chausses de ses exercices; les deux autres lui ôtent la camisole; après quoi, toujours en cadence, ils lui mettent son habit neuf. Monsieur Jourdain se promène au milieu d'eux, et leur montre son habit pour voir s'il est bien.)

GARÇON TAILLEUR.

Mon gentilhomme, donnez, s'il vous plaît, aux garçons quelque chose pour boire.

MONSIEUR JOURDAIN.

Comment m'appelez-vous?

GARÇON TAILLEUR.

Mon gentilhomme.

MONSIEUR JOURDAIN.

Mon gentilhomme! Voilà ce que c'est, de se mettre en personne de qualité! Allez-vous-en demeurer toujours habillé en bourgeois, on ne vous dira point : Mon gentilhomme. (Donnant de l'argent.) Tenez, voilà pour Mon gentilhomme.

GARÇON TAILLEUR.

Monseigneur, nous vous sommes bien obligés.

MONSIEUR JOURDAIN.

Monseigneur! Oh! oh! Monseigneur! Attendez, mon ami; Monseigneur mérite quelque chose, et ce n'est pas une petite parole que Monseigneur! Tenez, voilà ce que Monseigneur vous donne.

GARÇON TAILLEUR.

Monseigneur, nous allons boire tous à la santé de Votre Grandeur.

MONSIEUR JOURDAIN.

Votre Grandeur! Oh! oh! oh! Attendez; ne vous en allez pas. A moi, Votre Grandeur! (Bas, à part.) Ma foi, s'il va jusqu'à l'Altesse, il aura toute la bourse. (Haut.) Tenez, voilà pour Ma Grandeur.

GARÇON TAILLEUR.

Monseigneur, nous la remercions très-humblement de ses libéralités.

MONSIEUR JOURDAIN.

Il a bien fait, je lui allais tout donner.

DEUXIÈME ENTRÉE DE BALLET.

Les garçons tailleurs se réjouissent de la libéralité de monsieur Jourdain par une danse qui fait le deuxième intermède.

Noms des personnes qui ont dansé dans le deuxième intermede.

Garçons tailleurs dansants : MM. Dolivet, le Chantre, Bonard, Isaac, Magny et Saint-André.

FIN DU DEUXIÈME ACTE.

ACTE TROISIÈME.

SCÈNE I.

MONSIEUR JOURDAIN, DEUX LAQUAIS.

MONSIEUR JOURDAIN.

Suivez-moi, que j'aille un peu montrer mon habit par la ville ; et surtout ayez soin tous deux de marcher immédiatement sur mes pas, afin qu'on voie bien que vous êtes à moi.

LAQUAIS.

Oui, monsieur.

MONSIEUR JOURDAIN.

Appelez-moi Nicole, que je lui donne quelques ordres. Ne bougez : la voilà.

SCÈNE II.

MONSIEUR JOURDAIN, NICOLE, DEUX LAQUAIS.

MONSIEUR JOURDAIN.

Nicole!

NICOLE.

Plaît-il ?

MONSIEUR JOURDAIN.

Écoutez.

NICOLE, riant.

Hi, hi, hi, hi, hi.

MONSIEUR JOURDAIN.

Qu'as-tu à rire?

NICOLE.

Hi, hi, hi, hi, hi, hi.

MONSIEUR JOURDAIN.

Que veut dire cette coquine-là?

NICOLE.

Hi, hi, hi. Comme vous voilà bâti! Hi, hi, hi.

MONSIEUR JOURDAIN.

Comment donc?

NICOLE.

Ah! ah! mon Dieu! Hi, hi, hi, hi, hi.

MONSIEUR JOURDAIN.

Quelle friponne est-ce là! Te moques-tu de moi?

NICOLE.

Nenni, monsieur; j'en serais bien fâchée. Hi, hi, hi, hi, hi, hi.

MONSIEUR JOURDAIN.

Je te baillerai sur le nez, si tu ris davantage.

NICOLE.

Monsieur, je ne puis pas m'en empêcher. Hi, hi, hi, hi, hi, hi.

MONSIEUR JOURDAIN.

Tu ne t'arrêteras pas?

NICOLE.

Monsieur, je vous demande pardon; mais vous êtes si plaisant, que je ne saurais me tenir de rire. Hi, hi, hi.

MONSIEUR JOURDAIN.

Mais voyez quelle insolence!

NICOLE.

Vous êtes tout à fait drôle comme cela. Hi, hi.

MONSIEUR JOURDAIN.

Je te...

NICOLE.

Je vous prie de m'excuser. Hi, hi, hi, hi.

MONSIEUR JOURDAIN.

Tiens, si tu ris encore le moins du monde, je te jure que je t'appliquerai sur la joue le plus grand soufflet qui se soit jamais donné.

NICOLE.

Hé bien! monsieur, voilà qui est fait : je ne rirai plus.

MONSIEUR JOURDAIN.

Prends-y bien garde. Il faut que, pour tantôt, tu nettoies...

NICOLE.

Hi, hi.

MONSIEUR JOURDAIN.

Que tu nettoies comme il faut...

NICOLE.

Hi, hi.

MONSIEUR JOURDAIN.

Il faut, dis-je, que tu nettoies la salle, et...

NICOLE.

Hi, hi.

MONSIEUR JOURDAIN.

Encore?

NICOLE, tombant à force de rire.

Tenez, monsieur, battez-moi plutôt, et me laissez rire tout mon soûl; cela me fera plus de bien. Hi, hi, hi, hi.

MONSIEUR JOURDAIN.

J'enrage!

NICOLE.

De grâce, monsieur, je vous prie de me laisser rire. Hi, hi, hi.

MONSIEUR JOURDAIN.

Si je te prends...

NICOLE.

Monsieur, eur, je crèverai, ai, si je ne ris. Hi, hi, hi.

MONSIEUR JOURDAIN.

Mais a-t-on jamais vu une pendarde comme celle-là, qui me vient rire insolemment au nez, au lieu de recevoir mes ordres?

NICOLE.

Que voulez-vous que je fasse, monsieur?

MONSIEUR JOURDAIN.

Que tu songes, coquine, à préparer ma maison pour la compagnie qui doit venir tantôt.

NICOLE, se relevant.

Ah! par ma foi, je n'ai plus envie de rire; et toutes vos compagnies font tant de désordre céans, que ce mot est assez pour me mettre en mauvaise humeur.

MONSIEUR JOURDAIN.

Ne dois-je point pour toi fermer ma porte à tout le monde?

NICOLE.

Vous devriez au moins la fermer à certaines gens.

SCÈNE III.

MADAME JOURDAIN, MONSIEUR JOURDAIN, NICOLE, DEUX LAQUAIS.

MADAME JOURDAIN.

Ah! ah! voici une nouvelle histoire! Qu'est-ce que c'est donc, mon mari, que cet équipage-là? Vous moquez-vous du monde, de vous être fait enharnacher de la sorte? et avez-vous envie qu'on se raille partout de vous?

MONSIEUR JOURDAIN.

Il n'y a que des sots et des sottes, ma femme, qui se railleront de moi.

MADAME JOURDAIN.

Vraiment, on n'a pas attendu jusqu'à cette heure; et il y a longtemps que vos façons de faire donnent à rire à tout le monde.

MONSIEUR JOURDAIN.

Qui est donc tout ce monde-là, s'il vous plaît?

MADAME JOURDAIN.

Tout ce monde-là est un monde qui a raison, et qui est plus sage que vous. Pour moi je suis scandalisée de la vie que vous menez. Je ne sais plus ce que c'est que notre maison. On dirait qu'il est céans carême-prenant[1] tous les jours; et dès le matin, de peur d'y manquer, on y entend des vacarmes de violons et de chanteurs dont tout le voisinage se trouve incommodé.

NICOLE.

Madame parle bien. Je ne saurais plus voir mon ménage propre avec cet attirail de gens que vous faites venir chez vous. Ils ont des pieds qui vont chercher de la boue dans tous les quartiers de la ville, pour l'apporter ici; et la pauvre Françoise est presque sur les dents, à frotter les planchers que vos biaux maîtres viennent crotter régulièrement tous les jours.

MONSIEUR JOURDAIN.

Ouais! notre servante Nicole, vous avez le caquet bien affilé, pour une paysanne!

MADAME JOURDAIN.

Nicole a raison; et son sens est meilleur que le vôtre. Je voudrais bien savoir ce que vous pensez faire d'un maître à danser, à l'âge que vous avez.

---

[1] *Carême-prenant*, les jours gras avant le carême.

NICOLE.

Et d'un grand maître tireur d'armes, qui vient, avec ses battements de pied, ébranler toute la maison, et nous déraciner tous les carriaux de notre salle.

MONSIEUR JOURDAIN.

Taisez-vous, ma servante et ma femme.

MADAME JOURDAIN.

Est-ce que vous voulez apprendre à danser pour quand vous n'aurez plus de jambes?

NICOLE.

Est-ce que vous avez envie de tuer quelqu'un?

MONSIEUR JOURDAIN.

Taisez-vous, vous dis-je : vous êtes des ignorantes l'une et l'autre; et vous ne savez pas les prérogatives de tout cela.

MADAME JOURDAIN.

Vous devriez bien plutôt songer à marier votre fille, qui est en âge d'être pourvue.

MONSIEUR JOURDAIN.

Je songerai à marier ma fille quand il se présentera un parti pour elle; mais je veux songer aussi à apprendre les belles choses.

NICOLE.

J'ai encore ouï dire, madame, qu'il a pris aujourd'hui, pour renfort de potage, un maître de philosophie.

MONSIEUR JOURDAIN.

Fort bien. Je veux avoir de l'esprit, et savoir raisonner des choses parmi les honnêtes gens.

MADAME JOURDAIN.

N'irez-vous point, l'un de ces jours, au collége, vous faire donner le fouet, à votre âge?

MONSIEUR JOURDAIN.

Pourquoi non? Plût à Dieu l'avoir tout à l'heure, le fouet, devant tout le monde, et savoir ce qu'on apprend au collége!

ACTE III. SCÈNE III.

NICOLE.

Oui, ma foi, cela vous rendrait la jambe bien mieux faite.

MONSIEUR JOURDAIN.

Sans doute.

MADAME JOURDAIN.

Tout cela est fort nécessaire pour conduire votre maison!

MONSIEUR JOURDAIN.

Assurément. Vous parlez toutes deux comme des bêtes, et j'ai honte de votre ignorance. (A madame Jourdain.) Par exemple, savez-vous, vous, ce que c'est que vous dites à cette heure?

MADAME JOURDAIN.

Oui. Je sais que ce que je dis est fort bien dit, et que vous devriez songer à vivre d'autre sorte.

MONSIEUR JOURDAIN.

Je ne parle pas de cela. Je vous demande ce que c'est que les paroles que vous dites ici.

MADAME JOURDAIN.

Ce sont des paroles bien sensées, et votre conduite ne l'est guère.

MONSIEUR JOURDAIN.

Je ne parle pas de cela, vous dis-je. Je vous demande, ce que je parle avec vous, ce que je vous dis à cette heure, qu'est-ce que c'est?

MADAME JOURDAIN.

Des chansons.

MONSIEUR JOURDAIN.

Hé! non, ce n'est pas cela. Ce que nous disons tous deux, le langage que nous parlons à cette heure?

MADAME JOURDAIN.

Hé bien?

MONSIEUR JOURDAIN.

Comment est-ce que cela s'appelle?

MADAME JOURDAIN.

Cela s'appelle comme on veut l'appeler.

MONSIEUR JOURDAIN.

C'est de la prose, ignorante.

MADAME JOURDAIN.

De la prose?

MONSIEUR JOURDAIN.

Oui, de la prose. Tout ce qui est prose n'est point vers; et tout ce qui n'est point vers est prose. Heu! voilà ce que c'est d'étudier. (A Nicole.) Et toi, sais-tu bien comme il faut faire pour dire un U?

NICOLE.

Comment?

MONSIEUR JOURDAIN.

Oui. Qu'est-ce que tu fais quand tu dis un U?

NICOLE.

Quoi?

MONSIEUR JOURDAIN.

Dis un peu U, pour voir.

NICOLE.

Hé bien! U.

MONSIEUR JOURDAIN.

Qu'est-ce que tu fais?

NICOLE.

Je dis U.

MONSIEUR JOURDAIN.

Oui; mais quand tu dis U, qu'est-ce que tu fais?

NICOLE.

Je fais ce que vous me dites.

MONSIEUR JOURDAIN.

Oh! l'étrange chose que d'avoir affaire à des bêtes! Tu allonges les lèvres en dehors, et approches la mâchoire d'en haut de celle d'en bas; U, vois-tu? Je fais la moue : U.

NICOLE.

Oui, cela est biau.

MADAME JOURDAIN.

Voilà qui est admirable!

MONSIEUR JOURDAIN.

C'est bien autre chose, si vous aviez vu O, et DA, DA, et FA, FA.

MADAME JOURDAIN.

Qu'est-ce que c'est donc que tout ce galimatias-là?

NICOLE.

De quoi est-ce que tout cela guérit?

MONSIEUR JOURDAIN.

J'enrage quand je vois des femmes ignorantes.

MADAME JOURDAIN.

Allez, vous devriez envoyer promener tous ces gens-là, avec leurs fariboles.

NICOLE.

Et surtout ce grand escogriffe de maître d'armes, qui remplit de poudre tout mon ménage.

MONSIEUR JOURDAIN.

Ouais! ce maître d'armes vous tient au cœur! Je te veux faire voir ton impertinence tout à l'heure. (Il fait apporter des fleurets, et en donne un à Nicole.) Tiens, raison démonstrative. La ligne du corps. Quand on pousse en quarte, on n'a qu'à faire cela, et, quand on pousse en tierce, on n'a qu'à faire cela. Voilà le moyen de n'être jamais tué; et cela n'est-il pas beau, d'être assuré de son fait quand on se bat contre quelqu'un? Là, pousse-moi un peu, pour voir.

NICOLE.

Hé bien! quoi! (Nicole pousse plusieurs coups à monsieur Jourdain.)

MONSIEUR JOURDAIN.

Tout beau! holà! ho! Doucement. Diantre soit la coquine!

NICOLE.

Vous me dites de pousser.

MONSIEUR JOURDAIN.

Oui; mais tu me pousses en tierce avant que de pousser en quarte, et tu n'as pas la patience que je pare.

MADAME JOURDAIN.

Vous êtes fou, mon mari, avec toutes vos fantaisies; et cela vous est venu depuis que vous vous mêlez de hanter la noblesse.

MONSIEUR JOURDAIN.

Lorsque je hante la noblesse, je fais paraître mon jugement, et cela est plus beau que de hanter votre bourgeoisie.

MADAME JOURDAIN.

Çamon [1] vraiment! il y a fort à gagner à fréquenter vos nobles, et vous avez bien opéré avec ce beau monsieur le comte, dont vous vous êtes embéguiné!

MONSIEUR JOURDAIN.

Paix! songez à ce que vous dites. Savez-vous bien, ma femme, que vous ne savez pas de qui vous parlez, quand vous parlez de lui? C'est une personne d'importance plus que vous ne pensez, un seigneur que l'on considère à la cour, et qui parle au roi tout comme je vous parle. N'est-ce pas une chose qui m'est tout à fait honorable, que l'on voie venir chez moi si souvent une personne de cette qualité, qui m'appelle son cher ami et me traite comme si j'étais son égal? Il a pour moi des bontés qu'on ne devinerait jamais; et, devant tout le monde, il me fait des caresses dont je suis moi-même confus.

MADAME JOURDAIN.

Oui, il a des bontés pour vous, et vous fait des caresses; mais il vous emprunte votre argent.

---

[1] *Çamon*, abrégé de *ce a mon*. On disait aussi et plus ordinairement : *c'est mon*.

Ardez, vraiment c'est mon, on vous l'endurera !
(CORNEILLE, *la Galerie du Palais*, IV, XII.)

MONSIEUR JOURDAIN.

Hé bien! ne m'est-ce pas de l'honneur, de prêter de l'argent à un homme de cette condition-là? et puis-je faire moins pour un seigneur qui m'appelle son cher ami?

MADAME JOURDAIN.

Et ce seigneur, que fait-il pour vous?

MONSIEUR JOURDAIN.

Des choses dont on serait étonné, si on les savait.

MADAME JOURDAIN.

Et quoi?

MONSIEUR JOURDAIN.

Baste! je ne puis pas m'expliquer. Il suffit que si je lui ai prêté de l'argent, il me le rendra bien, et avant qu'il soit peu.

MADAME JOURDAIN.

Oui. Attendez-vous à cela.

MONSIEUR JOURDAIN.

Assurément. Ne me l'a-t-il pas dit?

MADAME JOURDAIN.

Oui, oui, il ne manquera pas d'y faillir.

MONSIEUR JOURDAIN.

Il m'a juré sa foi de gentilhomme.

MADAME JOURDAIN.

Chansons!

MONSIEUR JOURDAIN.

Ouais! Vous êtes bien obstinée, ma femme! Je vous dis qu'il me tiendra sa parole; j'en suis sûr.

MADAME JOURDAIN.

Et moi, je suis sûre que non, et que toutes les caresses qu'il vous fait ne sont que pour vous enjôler.

MONSIEUR JOURDAIN.

Taisez-vous. Le voici.

MADAME JOURDAIN.

Il ne nous faut plus que cela. Il vient peut-être encore

vous faire quelque emprunt; et il me semble que j'ai dîné quand je le vois.

MONSIEUR JOURDAIN.

Taisez-vous, vous dis-je.

SCÈNE IV.

DORANTE, MONSIEUR JOURDAIN, MADAME JOURDAIN, NICOLE.

DORANTE.

Mon cher ami, monsieur Jourdain, comment vous portez-vous ?

MONSIEUR JOURDAIN.

Fort bien, monsieur, pour vous rendre mes petits services.

DORANTE.

Et madame Jourdain, que voilà, comment se porte-t-elle?

MADAME JOURDAIN.

Madame Jourdain se porte comme elle peut.

DORANTE.

Comment! monsieur Jourdain, vous voilà le plus propre du monde!

MONSIEUR JOURDAIN.

Vous voyez.

DORANTE.

Vous avez tout à fait bon air avec cet habit; et nous n'avons point de jeunes gens à la cour qui soient mieux faits que vous.

MONSIEUR JOURDAIN.

Hai, hai.

ACTE III. SCÈNE IV.

MADAME JOURDAIN, à part.

Il le gratte par où il se démange.

DORANTE.

Tournez-vous. Cela est tout à fait galant.

MADAME JOURDAIN, à part.

Oui, aussi sot par derrière que par devant.

DORANTE.

Ma foi, monsieur Jourdain, j'avais une impatience étrange de vous voir. Vous êtes l'homme du monde que j'estime le plus; et je parlais encore de vous, ce matin, dans la chambre du roi.

MONSIEUR JOURDAIN.

Vous me faites beaucoup d'honneur, monsieur. (A madame Jourdain.) Dans la chambre du roi!

DORANTE.

Allons, mettez[1].

MONSIEUR JOURDAIN.

Monsieur, je sais le respect que je vous dois.

DORANTE.

Mon Dieu! mettez. Point de cérémonie entre nous, je vous prie.

MONSIEUR JOURDAIN.

Monsieur...

DORANTE.

Mettez, vous dis-je, monsieur Jourdain, vous êtes mon ami.

MONSIEUR JOURDAIN.

Monsieur, je suis votre serviteur.

DORANTE.

Je ne me couvrirai point si vous ne vous couvrez.

MONSIEUR JOURDAIN, se couvrant.

J'aime mieux être incivil qu'importun.

---

[1] *Mettez*, sous-entendu votre chapeau.

DORANTE.

Je suis votre débiteur, comme vous le savez.

MADAME JOURDAIN, à part.

Oui, nous ne le savons que trop.

DORANTE.

Vous m'avez généreusement prêté de l'argent en plusieurs occasions, et vous m'avez obligé de la meilleure grâce du monde, assurément.

MONSIEUR JOURDAIN.

Monsieur, vous vous moquez.

DORANTE.

Mais je sais rendre ce qu'on me prête, et reconnaître les plaisirs qu'on me fait.

MONSIEUR JOURDAIN.

Je n'en doute point, monsieur.

DORANTE.

Je veux sortir d'affaire avec vous; et je viens ici pour faire nos comptes ensemble.

MONSIEUR JOURDAIN, bas, à madame Jourdain.

Hé bien! vous voyez votre impertinence, ma femme.

DORANTE.

Je suis homme qui aime à m'acquitter le plus tôt que je puis.

MONSIEUR JOURDAIN, bas, à madame Jourdain.

Je vous le disais bien.

DORANTE.

Voyons un peu ce que je vous dois.

MONSIEUR JOURDAIN, bas, à madame Jourdain.

Vous voilà, avec vos soupçons ridicules.

DORANTE.

Vous souvenez-vous bien de tout l'argent que vous m'avez prêté?

MONSIEUR JOURDAIN.

Je crois que oui. J'en ai fait un petit mémoire. Le voici. Donné à vous une fois deux cents louis.

DORANTE.

Cela est vrai.

MONSIEUR JOURDAIN.

Une autre fois six-vingts.

DORANTE.

Oui.

MONSIEUR JOURDAIN.

Et une autre fois cent quarante.

DORANTE.

Vous avez raison.

MONSIEUR JOURDAIN.

Ces trois articles font quatre cent soixante louis, qui valent cinq mille soixante livres [1].

DORANTE.

Le compte est fort bon. Cinq mille soixante livres.

MONSIEUR JOURDAIN.

Mille huit cent trente-deux livres à votre plumassier.

DORANTE.

Justement.

MONSIEUR JOURDAIN.

Deux mille sept cent quatre-vingts livres à votre tailleur.

DORANTE.

Il est vrai.

MONSIEUR JOURDAIN.

Quatre mille trois cent septante-neuf livres douze sous huit deniers à votre marchand.

DORANTE.

Fort bien. Douze sous huit deniers; le compte est juste.

MONSIEUR JOURDAIN.

Et mille sept cent quarante-huit livres sept sous quatre deniers à votre sellier.

DORANTE.

Tout cela est véritable. Qu'est-ce que cela fait?

---

[1] Le louis valait onze livres.

MONSIEUR JOURDAIN.

Somme totale, quinze mille huit cents livres.

DORANTE.

Somme totale est juste. Quinze mille huit cents livres. Mettez encore deux cents pistoles que vous m'allez donner : cela fera justement dix-huit mille francs, que je vous payerai au premier jour.

MADAME JOURDAIN, bas, à monsieur Jourdain.

Hé bien! ne l'avais-je pas bien deviné?

MONSIEUR JOURDAIN, bas, à madame Jourdain.

Paix!

DORANTE.

Cela vous incommodera-t-il, de me donner ce que je vous dis?

MONSIEUR JOURDAIN.

Hé! non.

MADAME JOURDAIN, bas, à monsieur Jourdain.

Cet homme-là fait de vous une vache à lait.

MONSIEUR JOURDAIN, bas, à madame Jourdain.

Taisez-vous.

DORANTE.

Si cela vous incommode, j'en irai chercher ailleurs.

MONSIEUR JOURDAIN.

Non, monsieur.

MADAME JOURDAIN, bas, à monsieur Jourdain.

Il ne sera pas content qu'il ne vous ait ruiné.

MONSIEUR JOURDAIN, bas, à madame Jourdain.

Taisez-vous, vous dis-je.

DORANTE.

Vous n'avez qu'à me dire si cela vous embarrasse.

MONSIEUR JOURDAIN.

Point, monsieur.

MADAME JOURDAIN, bas, à monsieur Jourdain.

C'est un vrai enjôleux.

MONSIEUR JOURDAIN, bas, à madame Jourdain.

Taisez-vous donc.

MADAME JOURDAIN, bas, à monsieur Jourdain.

Il vous sucera jusqu'au dernier sou.

MONSIEUR JOURDAIN, bas, à madame Jourdain.

Vous tairez-vous?

DORANTE.

J'ai force gens qui m'en prêteraient avec joie; mais comme vous êtes mon meilleur ami, j'ai cru que je vous ferais tort si j'en demandais à quelque autre.

MONSIEUR JOURDAIN.

C'est trop d'honneur, monsieur, que vous me faites. Je vais quérir votre affaire.

MADAME JOURDAIN, bas, à monsieur Jourdain.

Quoi! vous allez encore lui donner cela?

MONSIEUR JOURDAIN, bas, à madame Jourdain.

Que faire? voulez-vous que je refuse un homme de cette condition-là, qui a parlé de moi ce matin dans la chambre du roi?

MADAME JOURDAIN, bas, à monsieur Jourdain.

Allez, vous êtes une vraie dupe.

SCÈNE V.

DORANTE, MADAME JOURDAIN, NICOLE.

DORANTE.

Vous me semblez toute mélancolique. Qu'avez-vous, madame Jourdain?

MADAME JOURDAIN.

J'ai la tête plus grosse que le poing, et si[1] elle n'est pas enflée.

---

[1] *Et si* : et pourtant.

DORANTE.

Mademoiselle votre fille, où est-elle, que je ne la vois point?

MADAME JOURDAIN.

Mademoiselle ma fille est bien où elle est.

DORANTE.

Comment se porte-t-elle?

MADAME JOURDAIN.

Elle se porte sur ses deux jambes.

DORANTE.

Ne voulez-vous point, un de ces jours, venir voir avec elle le ballet et la comédie que l'on fait chez le roi?

MADAME JOURDAIN.

Oui, vraiment! nous avons fort envie de rire, fort envie de rire nous avons.

DORANTE.

Je pense, madame Jourdain, que vous avez eu bien des amants dans votre jeune âge, belle et d'agréable humeur comme vous étiez.

MADAME JOURDAIN.

Tredame[1]! monsieur, est-ce que madame Jourdain est décrépite, et la tête lui grouille-t-elle déjà[2]?

DORANTE.

Ah! ma foi, madame Jourdain, je vous demande pardon! je ne songeais pas que vous êtes jeune; et je rêve le plus souvent. Je vous prie d'excuser mon impertinence.

---

[1] Abréviation de *Notre-Dame*.
[2] C'est-à-dire : la tête lui branle-t-elle déjà?

SCÈNE VI.

MONSIEUR JOURDAIN, MADAME JOURDAIN, DORANTE, NICOLE

MONSIEUR JOURDAIN, à Dorante.

Voilà deux cents louis bien comptés.

DORANTE.

Je vous assure, monsieur Jourdain, que je suis tout à vous, et que je brûle de vous rendre un service à la cour.

MONSIEUR JOURDAIN.

Je vous suis trop obligé.

DORANTE.

Si madame Jourdain veut voir le Divertissement royal, je lui ferai donner les meilleures places de la salle.

MADAME JOURDAIN.

Madame Jourdain vous baise les mains.

DORANTE, bas, à monsieur Jourdain.

Notre belle marquise, comme je vous ai mandé par mon billet, viendra tantôt ici pour le ballet et le repas; et je l'ai fait consentir enfin au cadeau que vous lui voulez donner.

MONSIEUR JOURDAIN.

Tirons-nous un peu plus loin, pour cause.

DORANTE.

Il y a huit jours que je ne vous ai vu, et je ne vous ai point mandé de nouvelles du diamant que vous me mîtes entre les mains pour lui en faire présent de votre part; mais c'est que j'ai eu toutes les peines du monde à vaincre son scrupule; et ce n'est que d'aujourd'hui qu'elle s'est résolue à l'accepter.

MONSIEUR JOURDAIN.

Comment l'a-t-elle trouvé?

DORANTE.

Merveilleux; et je me trompe fort, ou la beauté de ce diamant fera pour vous sur son esprit un effet admirable.

MONSIEUR JOURDAIN.

Plût au ciel!

MADAME JOURDAIN, à Nicole.

Quand il est une fois avec lui, il ne peut le quitter.

DORANTE.

Je lui ai fait valoir comme il faut la richesse de ce présent, et la grandeur de votre amour.

MONSIEUR JOURDAIN.

Ce sont, monsieur, des bontés qui m'accablent; et je suis dans une confusion la plus grande du monde, de voir une personne de votre qualité s'abaisser pour moi à ce que vous faites.

DORANTE.

Vous moquez-vous? Est-ce qu'entre amis on s'arrête à ces sortes de scrupules? et ne feriez-vous pas pour moi la même chose, si l'occasion s'en offrait?

MONSIEUR JOURDAIN.

Oh! assurément, et de très-grand cœur.

MADAME JOURDAIN, à Nicole.

Que sa présence me pèse sur les épaules!

DORANTE.

Pour moi, je ne regarde rien quand il faut servir un ami; et lorsque vous me fîtes confidence de l'ardeur que vous aviez prise pour cette marquise agréable, chez qui j'avais commerce, vous vîtes que d'abord je m'offris de moi-même à servir votre amour.

MONSIEUR JOURDAIN.

Il est vrai. Ce sont des bontés qui me confondent.

MADAME JOURDAIN, à Nicole.

Est-ce qu'il ne s'en ira point?

NICOLE.

Ils se trouvent bien ensemble.

DORANTE.

Vous avez pris le bon biais pour toucher son cœur. Les femmes aiment surtout les dépenses qu'on fait pour elles; et vos fréquentes sérénades, et vos bouquets continuels, ce superbe feu d'artifice qu'elle trouva sur l'eau, le diamant qu'elle a reçu de votre part, et le cadeau que vous lui préparez, tout cela lui parle bien mieux en faveur de votre amour que toutes les paroles que vous auriez pu lui dire vous-même.

MONSIEUR JOURDAIN.

Il n'y a point de dépenses que je ne fisse, si par là je pouvais trouver le chemin de son cœur. Une femme de qualité a pour moi des charmes ravissants; et c'est un honneur que j'achèterais au prix de toutes choses.

MADAME JOURDAIN, bas, à Nicole.

Que peuvent-ils tant dire ensemble? Va-t'en un peu tout doucement prêter l'oreille.

DORANTE.

Ce sera tantôt que vous jouirez à votre aise du plaisir de sa vue; et vos yeux auront tout le temps de se satisfaire.

MONSIEUR JOURDAIN.

Pour être en pleine liberté, j'ai fait en sorte que ma femme ira dîner chez ma sœur, où elle passera toute l'après-dînée.

DORANTE.

Vous avez fait prudemment, et votre femme aurait pu nous embarrasser. J'ai donné pour vous l'ordre qu'il faut au cuisinier, et à toutes les choses qui sont nécessaires pour le ballet. Il est de mon invention; et pourvu que l'exécution puisse répondre à l'idée, je suis sûr qu'il sera trouvé...

MONSIEUR JOURDAIN. Il s'aperçoit que Nicole écoute, et lui donne un soufflet.

Ouais! vous êtes bien impertinente! (A Dorante.) Sortons, s'il vous plaît.

SCÈNE VII.

MADAME JOURDAIN, NICOLE.

NICOLE.

Ma foi, madame, la curiosité m'a coûté quelque chose; mais je crois qu'il y a quelque anguille sous roche, et ils parlent de quelque affaire où ils ne veulent pas que vous soyez.

MADAME JOURDAIN.

Ce n'est pas d'aujourd'hui, Nicole, que j'ai conçu des soupçons de mon mari. Je suis la plus trompée du monde, ou il y a quelque amour en campagne; et je travaille à découvrir ce que ce peut être. Mais songeons à ma fille. Tu sais l'amour que Cléonte a pour elle : c'est un homme qui me revient; et je veux aider sa recherche, et lui donner Lucile, si je puis.

NICOLE.

En vérité, madame, je suis la plus ravie du monde de vous voir dans ces sentiments; car si le maître vous revient, le valet ne me revient pas moins, et je souhaiterais que notre mariage se pût faire à l'ombre du leur.

MADAME JOURDAIN.

Va-t'en lui en parler de ma part, et lui dire que tout à l'heure il me vienne trouver, pour faire ensemble, à mon mari, la demande de ma fille.

NICOLE.

J'y cours, madame, avec joie, et je ne pouvais recevoir une commission plus agréable. (Seule.) Je vais, je pense, bien réjouir les gens.

SCÈNE VIII.

CLÉONTE, COVIELLE, NICOLE.

NICOLE, à Cléonte.

Ah! vous voilà tout à propos! Je suis une ambassadrice de joie, et je viens...

CLÉONTE.

Retire-toi, perfide, et ne me viens point amuser avec tes traîtresses paroles.

NICOLE.

Est-ce ainsi que vous recevez...

CLÉONTE.

Retire-toi, te dis-je, et va-t'en dire, de ce pas, à ton infidèle maîtresse qu'elle n'abusera de sa vie le trop simple Cléonte.

NICOLE.

Quel vertigo est-ce donc là? Mon pauvre Covielle, dis-moi un peu ce que cela veut dire.

COVIELLE.

Ton pauvre Covielle, petite scélérate! Allons, vite, ôte-toi de mes yeux, vilaine, et me laisse en repos.

NICOLE.

Quoi! tu me viens aussi...

COVIELLE.

Ote-toi de mes yeux, te dis-je, et ne me parle pas de ta vie.

NICOLE, à part.

Ouais! Quelle mouche les a piqués tous deux? Allons de cette belle histoire informer ma maîtresse.

SCÈNE IX.

CLÉONTE, COVIELLE.

CLÉONTE.

Quoi! traiter un amant de la sorte, et un amant le plus fidèle et le plus passionné de tous les amants.

COVIELLE.

C'est une chose épouvantable que ce qu'on nous fait à tous deux.

CLÉONTE.

Je fais voir pour une personne toute l'ardeur et toute la tendresse qu'on peut imaginer; je n'aime rien au monde qu'elle, et je n'ai qu'elle dans l'esprit; elle fait tous mes soins, tous mes désirs, toute ma joie; je ne parle que d'elle, je ne pense qu'à elle, je ne fais des songes que d'elle, je ne respire que par elle, mon cœur vit tout en elle; et voilà de tant d'amitié la digne récompense! Je suis deux jours sans la voir, qui sont pour moi deux siècles effroyables : je la rencontre par hasard; mon cœur, à cette vue, se sent tout transporté, ma joie éclate sur mon visage, je vole avec ravissement vers elle, et l'infidèle détourne de moi ses regards, et passe brusquement, comme si de sa vie elle ne m'avait vu!

COVIELLE.

Je dis les mêmes choses que vous.

CLÉONTE.

Peut-on rien voir d'égal, Covielle, à cette perfidie de l'ingrate Lucile?

COVIELLE.

Et à celle, monsieur, de la pendarde de Nicole?

CLÉONTE.

Après tant de sacrifices ardents, de soupirs et de vœux que j'ai faits à ses charmes!

COVIELLE.

Après tant d'assidus hommages, de soins et de services que je lui ai rendus dans la cuisine!

CLÉONTE.

Tant de larmes que j'ai versées à ses genoux!

COVIELLE.

Tant de seaux d'eau que j'ai tirés au puits pour elle!

CLÉONTE.

Tant d'ardeur que j'ai fait paraître à la chérir plus que moi-même!

COVIELLE.

Tant de chaleur que j'ai soufferte à tourner la broche à sa place!

CLÉONTE.

Elle me fuit avec mépris!

COVIELLE.

Elle me tourne le dos avec effronterie!

CLÉONTE.

C'est une perfidie digne des plus grands châtiments.

COVIELLE.

C'est une trahison à mériter mille soufflets.

CLÉONTE.

Ne t'avise point, je te prie, de me parler jamais pour elle.

COVIELLE.

Moi, monsieur? Dieu m'en garde!

CLÉONTE.

Ne viens point m'excuser l'action de cette infidèle.

COVIELLE.

N'ayez pas peur.

CLÉONTE.

Non, vois-tu, tous tes discours pour la défendre ne serviront de rien.

COVIELLE.

Qui songe à cela?

CLÉONTE.

Je veux contre elle conserver mon ressentiment, et rompre ensemble tout commerce.

COVIELLE.

J'y consens.

CLÉONTE.

Ce monsieur le comte qui va chez elle lui donne peut-être dans la vue; et son esprit, je le vois bien, se laisse éblouir à la qualité. Mais il me faut, pour mon honneur, prévenir l'éclat de son inconstance. Je veux faire autant de pas qu'elle au changement où je la vois courir, et ne lui laisser pas toute la gloire de me quitter.

COVIELLE.

C'est fort bien dit, et j'entre pour mon compte dans tous vos sentiments.

CLÉONTE.

Donne la main à mon dépit, et soutiens ma résolution contre tous les restes d'amour qui me pourraient parler pour elle. Dis-m'en, je t'en conjure, tout le mal que tu pourras. Fais-moi de sa personne une peinture qui me la rende méprisable, et marque-moi bien, pour m'en dégoûter, tous les défauts que tu peux voir en elle.

COVIELLE.

Elle, monsieur? voilà une belle mijaurée, une pimpesouée[1] bien bâtie, pour vous donner tant d'amour! Je ne lui vois rien que de très-médiocre; et vous trouverez cent

---

[1] Une *pimpesouée*, c'est-à-dire une personne bien attifée et agréable à voir, du verbe ancien *pimper*, être pimpant, et de l'adjectif *souef*, *souefve*, doux, agréable.

personnes qui seront plus dignes de vous. Premièrement, elle a les yeux petits.

CLÉONTE.

Cela est vrai, elle a les yeux petits, mais elle les a pleins de feu, les plus brillants, les plus perçants du monde, les plus touchants qu'on puisse voir.

COVIELLE.

Elle a la bouche grande.

CLÉONTE.

Oui ; mais on y voit des grâces qu'on ne voit point aux autres bouches ; et cette bouche, en la voyant, inspire des désirs, est la plus attrayante, la plus amoureuse du monde.

COVIELLE.

Pour sa taille, elle n'est pas grande.

CLÉONTE.

Non ; mais elle est aisée et bien prise.

COVIELLE.

Elle affecte une nonchalance dans son parler et dans ses actions.

CLÉONTE.

Il est vrai ; mais elle a grâce à tout cela ; et ses manières sont engageantes, ont je ne sais quel charme à s'insinuer dans les cœurs.

COVIELLE.

Pour de l'esprit...

CLÉONTE.

Ah! elle en a, Covielle, du plus fin, du plus délicat.

COVIELLE.

Sa conversation...

CLÉONTE.

Sa conversation est charmante.

COVIELLE.

Elle est toujours sérieuse.

CLÉONTE.

Veux-tu de ces enjouements épanouis, de ces joies toujours ouvertes? et vois-tu rien de plus impertinent que des femmes qui rient à tout propos?

COVIELLE.

Mais, enfin, elle est capricieuse autant que personne du monde.

CLÉONTE.

Oui, elle est capricieuse, j'en demeure d'accord; mais tout sied bien aux belles; on souffre tout des belles.

COVIELLE.

Puisque cela va comme cela, je vois bien que vous avez envie de l'aimer toujours.

CLÉONTE.

Moi? j'aimerais mieux mourir ; et je vais la haïr autant que je l'ai aimée.

COVIELLE.

Le moyen, si vous la trouvez si parfaite?

CLÉONTE.

C'est en quoi ma vengeance sera plus éclatante, en quoi je veux faire mieux voir la force de mon cœur, à la haïr, à la quitter, toute belle, toute pleine d'attraits, tout aimable que je la trouve. La voici.

SCÈNE X.

LUCILE, CLÉONTE, COVIELLE, NICOLE.

NICOLE, à Lucile.

Pour moi, j'en ai été toute scandalisée.

LUCILE.

Ce ne peut être, Nicole, que ce que je te dis. Mais voilà.

ACTE III. SCÈNE X.

CLÉONTE, à Covielle.
Je ne veux pas seulement lui parler.

COVIELLE.
Je veux vous imiter.

LUCILE.
Qu'est-ce donc, Cléonte? qu'avez-vous?

NICOLE.
Qu'as-tu donc, Covielle?

LUCILE.
Quel chagrin vous possède?

NICOLE.
Quelle mauvaise humeur te tient?

LUCILE.
Êtes-vous muet, Cléonte?

NICOLE.
As-tu perdu la parole, Covielle?

CLÉONTE.
Que voilà qui est scélérat!

COVIELLE.
Que cela est Judas!

LUCILE.
Je vois bien que la rencontre de tantôt a troublé votre esprit.

CLÉONTE, à Covielle.
Ah! ah! On voit ce qu'on a fait.

NICOLE.
Notre accueil de ce matin t'a fait prendre la chèvre.

COVIELLE, à Cléonte.
On a deviné l'enclouure.

LUCILE.
N'est-il pas vrai, Cléonte, que c'est là le sujet de votre dépit?

CLÉONTE.
Oui, perfide, ce l'est, puisqu'il faut parler; et j'ai à vous dire que vous ne triompherez pas, comme vous pensez, de

votre infidélité; que je veux être le premier à rompre avec vous, et que vous n'aurez pas l'avantage de me chasser. J'aurai de la peine, sans doute, à vaincre l'amour que j'ai pour vous; cela me causera des chagrins, je souffrirai un temps ; mais j'en viendrai à bout, et je me percerai plutôt le cœur, que d'avoir la faiblesse de retourner à vous.

COVIELLE, à Nicole.

Queussi, queumi[1].

LUCILE.

Voilà bien du bruit pour un rien ! Je veux vous dire, Cléonte, le sujet qui m'a fait ce matin éviter votre abord.

CLÉONTE, voulant s'en aller pour éviter Lucile.

Non, je ne veux rien écouter.

NICOLE, à Covielle.

Je te veux apprendre la cause qui nous a fait passer si vite.

COVIELLE, voulant aussi s'en aller pour éviter Nicole.

Je ne veux rien entendre.

LUCILE, suivant Cléonte.

Sachez que ce matin...

CLÉONTE, marchant toujours sans regarder Lucile.

Non, vous dis-je.

NICOLE, suivant Covielle.

Apprends que...

COVIELLE, marchant aussi sans regarder Nicole.

Non, traîtresse !

LUCILE.

Écoute.

CLÉONTE.

Point d'affaire.

NICOLE.

Laisse-moi dire.

---

[1] « Que oui, moi aussi. »

ACTE III. SCÈNE X.

COVIELLE.

Je suis sourd.

LUCILE.

Cléonte !

CLÉONTE.

Non.

NICOLE.

Covielle !

COVIELLE.

Point.

LUCILE.

Arrêtez.

CLÉONTE.

Chansons.

NICOLE.

Entends-moi.

COVIELLE.

Bagatelles.

LUCILE.

Un moment.

CLÉONTE.

Point du tout.

NICOLE.

Un peu de patience.

COVIELLE.

Tarare.

LUCILE.

Deux paroles.

CLÉONTE.

Non : c'en est fait.

NICOLE.

Un mot.

COVIELLE.

Plus de commerce.

LUCILE, s'arrêtant.

Hé bien! puisque vous ne voulez pas m'écouter, demeurez dans votre pensée, et faites ce qu'il vous plaira.

NICOLE, s'arrêtant aussi.

Puisque tu fais comme cela, prends-le tout comme tu voudras.

CLÉONTE, se tournant vers Lucile.

Sachons donc le sujet d'un si bel accueil.

LUCILE, s'en allant à son tour pour éviter Cléonte.

Il ne me plaît plus de le dire.

COVIELLE, se tournant vers Nicole.

Apprends-nous un peu cette histoire.

NICOLE, s'en allant aussi pour éviter Covielle.

Je ne veux plus, moi, te l'apprendre.

CLÉONTE, suivant Lucile.

Dites-moi...

LUCILE, marchant toujours sans regarder Cléonte.

Non, je ne veux rien dire.

COVIELLE, suivant Nicole.

Conte-moi...

NICOLE, marchant aussi sans regarder Covielle.

Non, je ne conte rien.

CLÉONTE.

De grâce!

LUCILE.

Non, vous dis-je.

COVIELLE.

Par charité.

NICOLE.

Point d'affaire.

CLÉONTE.

Je vous en prie.

LUCILE.

Laissez-moi.

COVIELLE.

Je t'en conjure.

NICOLE.

Ote-toi de là.

CLÉONTE.

Lucile !

LUCILE.

Non.

COVIELLE.

Nicole !

NICOLE.

Point.

CLÉONTE.

Au nom des dieux !

LUCILE.

Je ne veux pas.

COVIELLE.

Parle-moi.

NICOLE.

Point du tout.

CLÉONTE.

Éclaircissez mes doutes.

LUCILE.

Non : je n'en ferai rien.

COVIELLE.

Guéris-moi l'esprit.

NICOLE.

Non : il ne me plaît pas.

CLÉONTE.

Hé bien! puisque vous vous souciez si peu de me tirer de peine, et de vous justifier du traitement indigne que vous avez fait à ma flamme, vous me voyez, ingrate, pour la dernière fois; et je vais, loin de vous, mourir de douleur et d'amour.

COVIELLE, à Nicole.

Et moi, je vais suivre ses pas.

LUCILE, à Cléonte, qui veut sortir.

Cléonte !

NICOLE, à Covielle, qui suit son maît

Covielle !

CLÉONTE, s'arrêtant.

Hé ?

COVIELLE, s'arrêtant aussi.

Plaît-il ?

LUCILE.

Où allez-vous ?

CLÉONTE.

Où je vous ai dit.

COVIELLE.

Nous allons mourir.

LUCILE.

Vous allez mourir, Cléonte ?

CLÉONTE.

Oui, cruelle, puisque vous le voulez.

LUCILE.

Moi ! je veux que vous mouriez !

CLÉONTE.

Oui, vous le voulez.

LUCILE.

Qui vous le dit ?

CLÉONTE, s'approchant de Lucile.

N'est-ce pas le vouloir, que de ne vouloir pas éclaircir mes soupçons ?

LUCILE.

Est-ce ma faute ? et, si vous aviez voulu m'écouter, ne vous aurais-je pas dit que l'aventure dont vous vous plaignez a été causée ce matin par la présence d'une vieille tante, qui veut à toute force que la seule approche d'un homme déshonore une fille, qui perpétuellement nous sermonne sur ce chapitre, et nous figure tous les hommes comme des diables qu'il faut fuir?

NICOLE, à Covielle.

Voilà le secret de l'affaire.

CLÉONTE.

Ne me trompez-vous point, Lucile?

COVIELLE, à Nicole.

Ne m'en donnes-tu point à garder?

LUCILE, à Cléonte.

Il n'est rien de plus vrai.

NICOLE, à Covielle.

C'est la chose comme elle est.

COVIELLE, à Cléonte.

Nous rendrons-nous à cela?

CLÉONTE.

Ah! Lucile, qu'avec un mot de votre bouche vous savez apaiser de choses dans mon cœur, et que facilement on se laisse persuader aux personnes qu'on aime!

COVIELLE.

Qu'on est aisément amadoué par ces diantres d'animaux-là.

SCÈNE XI.

MADAME JOURDAIN, CLÉONTE, LUCILE, COVIELLE, NICOLE.

MADAME JOURDAIN.

Je suis bien aise de vous voir, Cléonte, et vous voilà tout à propos. Mon mari vient; prenez vite votre temps pour lui demander Lucile en mariage.

CLÉONTE.

Ah! madame, que cette parole m'est douce, et qu'elle flatte mes désirs! Pouvais-je recevoir un ordre plus charmant, une faveur plus précieuse?

SCÈNE XII.

CLÉONTE, MONSIEUR JOURDAIN, MADAME JOURDAIN, LUCILE, COVIELLE, NICOLE.

CLÉONTE.

Monsieur, je n'ai voulu prendre personne pour vous faire une demande que je médite il y a longtemps. Elle me touche assez pour m'en charger moi-même, et, sans autre détour, je vous dirai que l'honneur d'être votre gendre est une faveur glorieuse que je vous prie de m'accorder.

MONSIEUR JOURDAIN.

Avant que de vous rendre réponse, je vous prie de me dire si vous êtes gentilhomme.

CLÉONTE.

Monsieur, la plupart des gens, sur cette question, n'hésitent pas beaucoup; on tranche le mot aisément. Ce nom ne fait aucun scrupule à prendre, et l'usage aujourd'hui semble en autoriser le vol. Pour moi, je vous l'avoue, j'ai les sentiments, sur cette matière, un peu plus délicats. Je trouve que toute imposture est indigne d'un honnête homme, et qu'il y a de la lâcheté à déguiser ce que le ciel nous a fait naître, à se parer aux yeux du monde d'un titre dérobé, à se vouloir donner pour ce qu'on n'est pas. Je suis né de parents, sans doute, qui ont tenu des charges honorables; je me suis acquis, dans les armes, l'honneur de six ans de services, et je me trouve assez de bien pour tenir dans le monde un rang assez passable; mais, avec tout cela, je ne veux point me donner un nom où d'autres en ma place croiraient pouvoir prétendre, et je vous dirai franchement que je ne suis point gentilhomme.

MONSIEUR JOURDAIN.

Touchez là, monsieur; ma fille n'est pas pour vous.

CLÉONTE.

Comment?

MONSIEUR JOURDAIN.

Vous n'êtes point gentilhomme, vous n'aurez pas ma fille.

MADAME JOURDAIN.

Que voulez-vous donc dire avec votre gentilhomme? Est-ce que nous sommes, nous autres, de la côte de saint Louis?

MONSIEUR JOURDAIN.

Taisez-vous, ma femme; je vous vois venir.

MADAME JOURDAIN.

Descendons-nous tous deux que de bonne bourgeoisie?

MONSIEUR JOURDAIN.

Voilà pas le coup de langue?

MADAME JOURDAIN.

Et votre père n'était-il pas marchand aussi bien que le mien?

MONSIEUR JOURDAIN.

Peste soit de la femme! elle n'y a jamais manqué. Si votre père a été marchand, tant pis pour lui; mais pour le mien, ce sont des malavisés qui disent cela. Tout ce que j'ai à vous dire, moi, c'est que je veux avoir un gendre gentilhomme.

MADAME JOURDAIN.

Il faut à votre fille un mari qui lui soit propre; et il vaut mieux, pour elle, un honnête homme riche et bien fait, qu'un gentilhomme gueux et mal bâti.

NICOLE.

Cela est vrai : nous avons le fils du gentilhomme de notre village, qui est le plus grand malitorne[1] et le plus sot dadais que j'aie jamais vu.

---

[1] *Malitorne*, de *male tornatus*, maladroit, inepte.

MONSIEUR JOURDAIN, à Nicole.

Taisez-vous, impertinente; vous vous fourrez toujours dans la conversation. J'ai du bien assez pour ma fille; je n'ai besoin que d'honneurs, et je la veux faire marquise.

MADAME JOURDAIN.

Marquise?

MONSIEUR JOURDAIN.

Oui, marquise.

MADAME JOURDAIN.

Hélas! Dieu m'en garde!

MONSIEUR JOURDAIN.

C'est une chose que j'ai résolue.

MADAME JOURDAIN.

C'est une chose, moi, où je ne consentirai point. Les alliances avec plus grand que soi sont sujettes toujours à de fâcheux inconvénients. Je ne veux point qu'un gendre puisse à ma fille reprocher ses parents, et qu'elle ait des enfants qui aient honte de m'appeler leur grand'maman. S'il fallait qu'elle me vînt visiter en équipage de grande dame, et qu'elle manquât, par mégarde, à saluer quelqu'un du quartier, on ne manquerait pas aussitôt de dire cent sottises. « Voyez-vous, dirait-on, cette madame la marquise qui fait tant la glorieuse? c'est la fille de monsieur Jourdain, qui était trop heureuse, étant petite, de jouer à la madame avec nous. Elle n'a pas toujours été si relevée que la voilà, et ses deux grands-pères vendaient du drap auprès de la porte Saint-Innocent. Ils ont amassé du bien à leurs enfants, qu'ils payent maintenant, peut-être, bien cher en l'autre monde; et l'on ne devient guère si riches à être honnêtes gens. » Je ne veux point tous ces caquets, et je veux un homme, en un mot, qui m'ait obligation de ma fille, et à qui je puisse dire : « Mettez-vous là, mon gendre, et dînez avec moi. »

MONSIEUR JOURDAIN.

Voilà bien les sentiments d'un petit esprit, de vouloir

demeurer toujours dans la bassesse. Ne me répliquez pas davantage : ma fille sera marquise, en dépit de tout le monde, et si vous me mettez en colère, je la ferai duchesse.

SCÈNE XIII.

MADAME JOURDAIN, LUCILE, CLÉONTE, NICOLE, COVIELLE.

MADAME JOURDAIN.

Cléonte, ne perdez point courage encore. [A Lucile.] Suivez-moi, ma fille; et venez dire résolûment à votre père que si vous ne l'avez, vous ne voulez épouser personne.

SCÈNE XIV.

CLÉONTE, COVIELLE.

COVIELLE.

Vous avez fait de belles affaires avec vos beaux sentiments!

CLÉONTE.

Que veux-tu? j'ai un scrupule là-dessus que l'exemple ne saurait vaincre.

COVIELLE.

Vous moquez-vous, de le prendre sérieusement avec un homme comme cela? Ne voyez-vous pas qu'il est fou? et vous coûtait-il quelque chose de vous accommoder à ses chimères?

CLÉONTE.

Tu as raison; mais je ne croyais pas qu'il fallût faire ses preuves de noblesse pour être gendre de monsieur Jourdain.

COVIELLE, riant.

Ah! ah! ah!

CLÉONTE.

De quoi ris-tu?

COVIELLE.

D'une pensée qui me vient pour jouer notre homme, et vous faire obtenir ce que vous souhaitez.

CLÉONTE.

Comment?

COVIELLE.

L'idée est tout à fait plaisante.

CLÉONTE.

Quoi donc?

COVIELLE.

Il s'est fait depuis peu une certaine mascarade qui vient le mieux du monde ici, et que je prétends faire entrer dans une bourle[1] que je veux faire à notre ridicule. Tout cela sent un peu sa comédie; mais, avec lui, on peut hasarder toute chose; il n'y faut point chercher tant de façons, et il est homme à y jouer son rôle à merveille, et à donner aisément dans toutes les fariboles qu'on s'avisera de lui dire. J'ai les acteurs, j'ai les habits tout prêts : laissez-moi faire seulement.

CLÉONTE.

Mais apprends-moi...

COVIELLE.

Je vais vous instruire de tout. Retirons-nous; le voilà qui revient.

---

[1] *Bourle*, plaisanterie.

SCÈNE XV.

MONSIEUR JOURDAIN, seul.

Que diable est-ce là? ils n'ont rien que les grands seigneurs à me reprocher, et moi je ne vois rien de si beau que de hanter les grands seigneurs; il n'y a qu'honneur et que civilité avec eux; et je voudrais qu'il m'eût coûté deux doigts de la main, et être né comte ou marquis.

SCÈNE XVI.

MONSIEUR JOURDAIN, UN LAQUAIS.

LE LAQUAIS.

Monsieur, voici monsieur le comte, et une dame qu'il mène par la main.

MONSIEUR JOURDAIN.

Hé! mon Dieu! j'ai quelques ordres à donner. Dis-leur que je vais venir ici tout à l'heure.

SCÈNE XVII.

DORIMÈNE, DORANTE, UN LAQUAIS.

LE LAQUAIS.

Monsieur dit comme cela qu'il va venir ici tout à l'heure.

DORANTE.

Voilà qui est bien.

SCÈNE XVIII.

DORIMÈNE, DORANTE.

DORIMÈNE.

Je ne sais pas, Dorante, je fais encore ici une étrange démarche, de me laisser amener par vous dans une maison où je ne connais personne.

DORANTE.

Quel lieu voulez-vous donc, madame, que mon amour choisisse pour vous régaler, puisque, pour fuir l'éclat, vous ne voulez ni votre maison ni la mienne?

DORIMÈNE.

Mais vous ne dites pas que je m'engage insensiblement, chaque jour, à recevoir de trop grands témoignages de votre passion. J'ai beau me défendre des choses, vous fatiguez ma résistance, et vous avez une civile opiniâtreté qui me fait venir doucement à tout ce qu'il vous plaît. Les visites fréquentes ont commencé, les déclarations sont venues ensuite, qui, après elles, ont traîné les sérénades et les cadeaux, que les présents ont suivis. Je me suis opposée à tout cela; mais vous ne vous rebutez point, et, pied à pied, vous gagnez mes résolutions. Pour moi, je ne puis plus répondre de rien, et je crois qu'à la fin vous me ferez venir au mariage, dont je me suis tant éloignée.

DORANTE.

Ma foi, madame, vous y devriez déjà être : vous êtes veuve, et ne dépendez que de vous; je suis maître de moi, et vous aime plus que ma vie : à quoi tient-il que dès aujourd'hui vous ne fassiez tout mon bonheur?

DORIMÈNE.

Mon Dieu! Dorante, il faut des deux parts bien des qualités pour vivre heureusement ensemble; et les deux plus raisonnables personnes du monde ont souvent peine à composer une union dont ils soient satisfaits.

DORANTE.

Vous vous moquez, madame, de vous y figurer tant de difficultés; et l'expérience que vous avez faite ne conclut rien pour tous les autres.

DORIMÈNE.

Enfin j'en reviens toujours là; les dépenses que je vous vois faire pour moi m'inquiètent par deux raisons : l'une, qu'elles m'engagent plus que je ne voudrais; et l'autre, que je suis sûre, sans vous déplaire, que vous ne les faites point que vous ne vous incommodiez; et je ne veux point cela.

DORANTE.

Ah! madame, ce sont des bagatelles; et ce n'est pas par là...

DORIMÈNE.

Je sais ce que je dis; et, entre autres, le diamant que vous m'avez forcée à prendre est d'un prix...

DORANTE.

Hé! madame, de grâce, ne faites point tant valoir une chose que mon amour trouve indigne de vous; et souffrez... Voici le maître du logis.

SCÈNE XIX.

MONSIEUR JOURDAIN, DORIMÈNE, DORANTE.

MONSIEUR JOURDAIN, après avoir fait deux révérences, se trouvant trop près de Dorimène.

Un peu plus loin, madame.

DORIMÈNE.

Comment?

MONSIEUR JOURDAIN.

Un pas, s'il vous plaît.

DORIMÈNE.

Quoi donc?

MONSIEUR JOURDAIN.

Reculez un peu, pour la troisième.

DORANTE.

Madame, monsieur Jourdain sait son monde.

MONSIEUR JOURDAIN.

Madame, ce m'est une gloire bien grande de me voir assez fortuné, pour être si heureux, que d'avoir le bonheur que vous ayez eu la bonté de m'accorder la grâce, de me faire l'honneur de m'honorer de la faveur de votre présence; et si j'avais aussi le mérite pour mériter un mérite comme le vôtre, et que le ciel... envieux de mon bien... m'eût accordé... l'avantage de me voir digne... des...

DORANTE.

Monsieur Jourdain, en voilà assez. Madame n'aime pas les grands compliments; et elle sait que vous êtes homme d'esprit. (Bas à Dorimène.) C'est un bon bourgeois assez ridicule, comme vous voyez, dans toutes ses manières.

DORIMÈNE, bas, à Dorante.

Il n'est pas malaisé de s'en apercevoir.

DORANTE.

Madame, voilà le meilleur de mes amis.

MONSIEUR JOURDAIN.

C'est trop d'honneur que vous me faites.

DORANTE.

Galant homme tout à fait.

DORIMÈNE.

J'ai beaucoup d'estime pour lui.

MONSIEUR JOURDAIN.

Je n'ai rien fait encore, madame, pour mériter cette grâce.

DORANTE, bas, à monsieur Jourdain.

Prenez bien garde, au moins, à ne lui point parler du diamant que vous lui avez donné.

MONSIEUR JOURDAIN, bas, à Dorante.

Ne pourrais-je pas seulement lui demander comment elle le trouve?

DORANTE, bas, à monsieur Jourdain.

Comment! gardez-vous-en bien. Cela serait vilain à vous, et, pour agir en galant homme, il faut que vous fassiez comme si ce n'était pas vous qui lui eussiez fait ce présent. (Haut.) Monsieur Jourdain, madame, dit qu'il est ravi de vous voir chez lui.

DORIMÈNE.

Il m'honore beaucoup.

MONSIEUR JOURDAIN, bas, à Dorante.

Que je vous suis obligé, monsieur, de lui parler ainsi pour moi!

DORANTE, bas, à monsieur Jourdain.

J'ai eu une peine effroyable à la faire venir ici.

MONSIEUR JOURDAIN, bas, à Dorante.

Je ne sais quelles grâces vous en rendre.

DORANTE.

Il dit, madame, qu'il vous trouve la plus belle personne du monde.

DORIMÈNE.

C'est bien de la grâce qu'il me fait.

MONSIEUR JOURDAIN.

Madame, c'est vous qui faites les grâces, et...

DORANTE.

Songeons à manger.

SCÈNE XX.

MONSIEUR JOURDAIN, DORIMÈNE, DORANTE, UN LAQUAIS.

LE LAQUAIS, à monsieur Jourdain.

Tout est prêt, monsieur.

DORANTE.

Allons donc nous mettre à table, et qu'on fasse venir les musiciens.

SCÈNE XXI.

ENTRÉE DE BALLET.

Six cuisiniers qui ont préparé le festin, dansent ensemble, et font le troisième intermède, après quoi ils apportent une table couverte de plusieurs mets.

FIN DU TROISIÈME ACTE.

ACTE QUATRIÈME.

SCÈNE I.

DORIMÈNE, MONSIEUR JOURDAIN, DORANTE,
TROIS MUSICIENS, LAQUAIS.

DORIMÈNE.

Comment! Dorante; voilà un repas tout à fait magnifique!

MONSIEUR JOURDAIN.

Vous vous moquez, madame, et je voudrais qu'il fût plus digne de vous être offert.

(Dorimène, monsieur Jourdain, Dorante et les trois musiciens se mettent à table.)

DORANTE.

Monsieur Jourdain a raison, madame, de parler de la sorte; et il m'oblige de vous faire si bien les honneurs de chez lui. Je demeure d'accord avec lui que le repas n'est pas digne de vous. Comme c'est moi qui l'ai ordonné, et que je n'ai pas sur cette matière les lumières de nos amis, vous n'avez pas ici un repas fort savant, et vous y trouverez des incongruités de bonne chère, et des barbarismes de bon goût. Si Damis, notre ami, s'en était mêlé, tout serait dans les règles; il y aurait partout de l'élégance et de l'érudition, et il ne manquerait pas de vous exagérer lui-même toutes les pièces du repas qu'il vous donnerait, et de vous faire tomber d'accord de sa haute capacité dans la science des bons morceaux, de vous parler d'un pain de rive [1] à biseau doré, relevé de croûte partout, croquant tendrement sous la dent; d'un vin à séve veloutée, armé d'un vert qui n'est point trop commandant; d'un carré de mouton gourmandé de persil; d'une longe de veau de rivière [2], longue comme cela, blanche, délicate, et qui, sous les dents, est une vraie pâte d'amande; de perdrix relevées d'un fumet surprenant, et, pour son opéra [3], d'une soupe à bouillon perlé, soutenue d'un jeune gros dindon cantonné de pigeonneaux [4], et couronnée d'oignons blancs mariés avec la chicorée. Mais, pour moi, je vous avoue mon ignorance, et, comme monsieur Jourdain a fort bien dit, je voudrais que le repas fût plus digne de vous être offert.

DORIMÈNE.

Je ne réponds à ce compliment qu'en mangeant comme je fais.

MONSIEUR JOURDAIN.

Ah! que voilà de belles mains!

DORIMÈNE.

Les mains sont médiocres, monsieur Jourdain; mais vous voulez parler du diamant, qui est fort beau.

MONSIEUR JOURDAIN.

Moi, madame? Dieu me garde d'en vouloir parler! ce ne serait pas agir en galant homme, et le diamant est fort peu de chose.

DORIMÈNE.

Vous êtes bien dégoûté.

MONSIEUR JOURDAIN.

Vous avez trop de bonté...

---

[1] *Pain de rive*, pain soigné et bien cuit sur les bords.
[2] *Veau de rivière*, veau élevé dans des prairies bien arrosées.
[3] *Opéra*, dans le sens de couronnement, de succès final.
[4] Expression empruntée au blason, et qui signifie, *ayant à ses quatre coins*.

DORANTE, après avoir fait signe à monsieur Jourdain.

Allons, qu'on donne du vin à monsieur Jourdain, et à ces messieurs, qui nous feront la grâce de nous chanter un air à boire.

DORIMÈNE.

C'est merveilleusement assaisonner la bonne chère, que d'y mêler la musique, et je me vois ici admirablement régalée.

MONSIEUR JOURDAIN.

Madame, ce n'est pas...

DORANTE.

Monsieur Jourdain, prêtons silence à ces messieurs; ce qu'ils nous diront vaudra mieux que tout ce que nous pourrions dire.

(Les musiciens prennent des verres, chantent deux chansons à boire, et sont soutenus de toute la symphonie.)

PREMIÈRE CHANSON A BOIRE.

PREMIER ET SECOND MUSICIEN, ensemble, un verre à la main.

Un petit doigt, Philis, pour commencer le tour :
Ah! qu'un verre en vos mains a d'agréables charmes?
   Vous et le vin, vous vous prêtez des armes,
Et je sens pour tous deux redoubler mon amour;
Entre lui, vous et moi, jurons, jurons, ma belle,
     Une ardeur éternelle.

Qu'en mouillant votre bouche il en reçoit d'attraits!
Et que l'on voit par lui votre bouche embellie!
  Ah! l'un de l'autre ils me donnent envie,
Et de vous et de lui je m'enivre à longs traits.
Entre lui, vous et moi, jurons, jurons, ma belle,
     Une ardeur éternelle.

SECONDE CHANSON A BOIRE.

DEUXIÈME ET TROISIÈME MUSICIEN, ensemble.

Buvons, chers amis, buvons !
Le temps qui fuit nous y convie :
   Profitons de la vie
   Autant que nous pouvons.

Quand on a passé l'onde noire,
Adieu le bon vin, nos amours.
   Dépêchons-nous de boire ;
   On ne boit pas toujours.

Laissons raisonner les sots
Sur le vrai bonheur de la vie :
   Notre philosophie
   Le met parmi les pots.

Les biens, le savoir et la gloire
N'ôtent point les soucis fâcheux ;
   Et ce n'est qu'à bien boire
   Que l'on peut être heureux.

TOUS TROIS ENSEMBLE.

Sus, sus, du vin ; partout versez, garçons, versez.
Versez, versez toujours, tant qu'on vous dise : Assez.

DORIMÈNE.

Je ne crois pas qu'on puisse mieux chanter, et cela est tout à fait beau.

MONSIEUR JOURDAIN.

Je vois encore ici, madame, quelque chose de plus beau.

DORIMÈNE.

Ouais ! monsieur Jourdain est galant plus que je ne pensais.

DORANTE.

Comment, madame ! pour qui prenez-vous monsieur Jourdain ?

MONSIEUR JOURDAIN.

Je voudrais bien qu'elle me prît pour ce que je dirais.

DORIMÈNE.

Encore ?

DORANTE, à Dorimène.

Vous ne le connaissez pas.

MONSIEUR JOURDAIN.

Elle me connaîtra quand il lui plaira.

DORIMÈNE.

Oh ! je le quitte.

DORANTE.

Il est homme qui a toujours la riposte en main. Mais vous ne voyez pas que monsieur Jourdain, madame, mange tous les morceaux que vous touchez.

DORIMÈNE.

Monsieur Jourdain est un homme qui me ravit.

MONSIEUR JOURDAIN.

Si je pouvais ravir votre cœur, je serais...

SCÈNE II.

MADAME JOURDAIN, MONSIEUR JOURDAIN, DORIMÈNE, DORANTE, MUSICIENS, LAQUAIS.

MADAME JOURDAIN.

Ah ! ah ! je trouve ici bonne compagnie, et je vois bien qu'on ne m'y attendait pas. C'est donc pour cette belle affaire-ci, monsieur mon mari, que vous avez eu tant d'empressement à m'envoyer dîner chez ma sœur? Je viens de voir un théâtre là-bas, et je vois ici un banquet à faire noces. Voilà comme vous dépensez votre bien, et c'est ainsi que vous festinez les dames en mon absence, et que vous leur donnez la musique et la comédie, tandis que vous m'envoyez promener.

DORANTE.

Que voulez-vous dire, madame Jourdain? et quelles fantaisies sont les vôtres, de vous aller mettre en tête que votre mari dépense son bien, et que c'est lui qui donne ce régal à madame? Apprenez que c'est moi, je vous prie : qu'il ne fait seulement que me prêter sa maison, et que vous devriez un peu mieux regarder aux choses que vous dites.

MONSIEUR JOURDAIN.

Oui, impertinente, c'est monsieur le comte qui donne tout ceci à madame, qui est une personne de qualité. Il me fait l'honneur de prendre ma maison, et de vouloir que je sois avec lui.

MADAME JOURDAIN.

Ce sont des chansons que cela; je sais ce que je sais.

DORANTE.

Prenez, madame Jourdain, prenez de meilleures lunettes.

MADAME JOURDAIN.

Je n'ai que faire de lunettes, monsieur, et je vois assez clair. Il y a longtemps que je sens les choses, et je ne suis pas une bête. Cela est fort vilain à vous, pour un grand seigneur, de prêter la main comme vous faites aux sottises de mon mari. Et vous, madame, pour une grand'dame, cela n'est ni beau, ni honnête à vous, de mettre de la dissension dans un ménage, et de souffrir que mon mari soit amoureux de vous.

DORIMÈNE.

Que veut donc dire tout ceci? Allez, Dorante, vous vous moquez, de m'exposer aux sottes visions de cette extravagante.

DORANTE, suivant Dorimène qui sort.

Madame, holà! madame, où courez-vous?

MONSIEUR JOURDAIN.

Madame... Monsieur le comte, faites-lui excuses, et tâchez de la ramener.

SCÈNE III.

MADAME JOURDAIN, MONSIEUR JOURDAIN, LAQUAIS.

MONSIEUR JOURDAIN.

Ah! impertinente que vous êtes, voilà de vos beaux faits! Vous me venez faire des affronts devant tout le monde, et vous chassez de chez moi des personnes de qualité.

MADAME JOURDAIN.

Je me moque de leur qualité.

MONSIEUR JOURDAIN.

Je ne sais qui me tient, maudite, que je ne vous fende la tête avec les pièces du repas que vous êtes venue troubler.

(Les laquais emportent la table.)

MADAME JOURDAIN, sortant.

Je me moque de cela. Ce sont mes droits que je défends, et j'aurai pour moi toutes les femmes.

MONSIEUR JOURDAIN.

Vous faites bien d'éviter ma colère.

SCÈNE IV.

MONSIEUR JOURDAIN, seul.

Elle est arrivée là bien malheureusement. J'étais en humeur de dire de jolies choses, et jamais je ne m'étais senti tant d'esprit. Qu'est-ce que c'est que cela?

SCÈNE V.

MONSIEUR JOURDAIN; COVIELLE, déguisé.

COVIELLE.

Monsieur, je ne sais pas si j'ai l'honneur d'être connu de vous.

MONSIEUR JOURDAIN.

Non, monsieur.

COVIELLE, étendant la main à un pied de terre.

Je vous ai vu que vous n'étiez pas plus grand que cela.

MONSIEUR JOURDAIN.

Moi?

COVIELLE.

Oui. Vous étiez le plus bel enfant du monde, et toutes les dames vous prenaient dans leurs bras pour vous baiser.

MONSIEUR JOURDAIN.

Pour me baiser!

COVIELLE.

Oui. J'étais grand ami de feu monsieur votre père.

MONSIEUR JOURDAIN.

De feu monsieur mon père!

COVIELLE.

Oui. C'était un fort honnête gentilhomme.

MONSIEUR JOURDAIN.

Comment dites-vous?

COVIELLE.

Je dis que c'était un fort honnête gentilhomme.

MONSIEUR JOURDAIN.

Mon père?

COVIELLE.

Oui.

MONSIEUR JOURDAIN.

Vous l'avez fort connu?

COVIELLE.

Assurément.

MONSIEUR JOURDAIN.

Et vous l'avez connu pour gentilhomme?

COVIELLE.

Sans doute.

MONSIEUR JOURDAIN.

Je ne sais donc pas comment le monde est fait.

COVIELLE.

Comment?

MONSIEUR JOURDAIN.

Il y a de sottes gens qui me veulent dire qu'il a été marchand.

COVIELLE.

Lui marchand! C'est pure médisance, il ne l'a jamais été. Tout ce qu'il faisait, c'est qu'il était fort obligeant, fort officieux; et, comme il se connaissait fort bien en étoffes, il en allait choisir de tous les côtés, les faisait apporter chez lui, et en donnait à ses amis pour de l'argent.

MONSIEUR JOURDAIN.

Je suis ravi de vous connaître, afin que vous rendiez ce témoignage-là, que mon père était gentilhomme.

COVIELLE.

Je le soutiendrai devant tout le monde.

MONSIEUR JOURDAIN.

Vous m'obligerez. Quel sujet vous amène?

COVIELLE.

Depuis avoir connu feu monsieur votre père, honnête gentilhomme, comme je vous ai dit, j'ai voyagé par tout le monde.

MONSIEUR JOURDAIN.

Par tout le monde ?

COVIELLE.

Oui.

MONSIEUR JOURDAIN.

Je pense qu'il y a bien loin en ce pays-là.

COVIELLE.

Assurément. Je ne suis revenu de tous mes longs voyages que depuis quatre jours; et, par l'intérêt que je prends à tout ce qui vous touche, je viens vous annoncer la meilleure nouvelle du monde.

MONSIEUR JOURDAIN.

Quelle?

COVIELLE.

Vous savez que le fils du Grand Turc est ici?

MONSIEUR JOURDAIN.

Moi? Non.

COVIELLE.

Comment! il a un train tout à fait magnifique; tout le monde le va voir, et il a été reçu en ce pays comme un seigneur d'importance.

MONSIEUR JOURDAIN.

Par ma foi, je ne savais pas cela.

COVIELLE.

Ce qu'il y a d'avantageux pour vous, c'est qu'il est amoureux de votre fille.

MONSIEUR JOURDAIN

Le fils du Grand Turc ?

COVIELLE.

Oui; et il veut être votre gendre.

MONSIEUR JOURDAIN.

Mon gendre, le fils du Grand Turc!

COVIELLE.

Le fils du Grand Turc votre gendre. Comme je le fus voir, et que j'entends parfaitement sa langue, il s'entretint avec moi; et, après quelques autres discours, il me dit : *Acciam croc soler onch alla moustaph gidelum amanahem varahini oussere carbulath*[1], c'est-à-dire : N'as-tu point vu une jeune belle personne, qui est la fille de monsieur Jourdain, gentilhomme parisien?

MONSIEUR JOURDAIN.

Le fils du Grand Turc dit cela de moi?

COVIELLE.

Oui. Comme je lui eus répondu que je vous connaissais particulièrement, et que j'avais vu votre fille : Ah! me dit-il, *marababa sahem !* c'est-à-dire : Ah! que je suis amoureux d'elle !

MONSIEUR JOURDAIN.

Marababa sahem veut dire : Ah! que je suis amoureux d'elle !

COVIELLE.

Oui.

MONSIEUR JOURDAIN.

Par ma foi, vous faites bien de me le dire; car, pour moi, je n'aurais jamais cru que *marababa sahem* eût voulu dire : Ah! que je suis amoureux d'elle ! Voilà une langue admirable que ce turc !

COVIELLE.

Plus admirable qu'on ne peut croire. Savez-vous bien ce que veut dire *cacaracamouchen*?

---

[1] Quelques-uns de ces prétendus mots turcs sont des mots forgés qui ont déjà servi à Rotrou dans sa comédie de *la Sœur;* d'autres ajoutés par Molière rappellent de loin certains mots turcs ou arabes, n'ayant toutefois aucun rapport avec la traduction qu'en donne Covielle.

MONSIEUR JOURDAIN.

Cacaracamouchen ? Non.

COVIELLE.

C'est-à-dire : Ma chère âme.

MONSIEUR JOURDAIN.

Cacaracamouchen veut dire : Ma chère âme?

COVIELLE.

Oui.

MONSIEUR JOURDAIN.

Voilà qui est merveilleux. *Cacaracamouchen*, Ma chère âme. Dirait-on jamais cela? Voilà qui me confond.

COVIELLE.

Enfin, pour achever mon ambassade, il vient vous demander votre fille en mariage; et, pour avoir un beau-père qui soit digne de lui, il veut vous faire *mamamouchi* [1], qui est une certaine dignité de son pays.

MONSIEUR JOURDAIN.

Mamamouchi?

COVIELLE.

Oui, *mamamouchi;* c'est-à-dire, en notre langue, paladin. Paladin, ce sont de ces anciens... Paladin, enfin. Il n'y a rien de plus noble que cela dans le monde, et vous irez de pair avec les plus grands seigneurs de la terre.

MONSIEUR JOURDAIN.

Le fils du Grand Turc m'honore beaucoup; et je vous prie de me mener chez lui pour lui faire mes remercîments.

COVIELLE.

Comment! le voilà qui va venir ici.

MONSIEUR JOURDAIN.

Il va venir ici?

COVIELLE.

Oui, et il amène toutes choses pour la cérémonie de votre dignité.

---

[1] *Mamamouchi*, mot créé par Molière, est resté pour désigner un Turc de carnaval.

MONSIEUR JOURDAIN.

Voilà qui est bien prompt.

COVIELLE.

Son amour ne peut souffrir aucun retardement.

MONSIEUR JOURDAIN.

Tout ce qui m'embarrasse ici, c'est que ma fille est une opiniâtre qui s'est allée mettre dans la tête un certain Cléonte, et elle jure de n'épouser personne que celui-là.

COVIELLE.

Elle changera de sentiment quand elle verra le fils du Grand Turc ; et puis, il se rencontre ici une aventure merveilleuse : c'est que le fils du Grand Turc ressemble à ce Cléonte, à peu de chose près. Je viens de le voir, on me l'a montré; et l'amour qu'elle a pour l'un pourra passer aisément à l'autre, et... Je l'entends venir; le voilà.

SCÈNE VI.

CLÉONTE, en Turc; TROIS PAGES, portant la veste de Cléonte,
MONSIEUR JOURDAIN, COVIELLE.

CLÉONTE.

Ambousahim oqui boraf, Jordina, salamalequi[1].

COVIELLE, à monsieur Jourdain.

C'est-à-dire : Monsieur Jourdain, votre cœur soit toute l'année comme un rosier fleuri. Ce sont façons de parler obligeantes de ces pays-là.

MONSIEUR JOURDAIN.

Je suis très-humble serviteur de Son Altesse Turque.

---

1 *Salamalequi*, c'est à peu près la formule arabe : *Salàm alêïqui*, salut sur ta tête! De là, salamalec qui est resté dans le langage plaisant.

COVIELLE.

Carigar camboto oustin moraf.

CLÉONTE.

Oustin yoc catamalequi basum base alla moran.

COVIELLE.

Il dit : Que le ciel vous donne la force des lions et la prudence des serpents.

MONSIEUR JOURDAIN.

Son Altesse Turque m'honore trop, et je lui souhaite toutes sortes de prospérités.

COVIELLE.

Ossa binamen sadoc babally oracaf ouram.

CLÉONTE.

Bel-men.

COVIELLE.

Il dit que vous alliez vite avec lui vous préparer pour la cérémonie, afin de voir ensuite votre fille, et de conclure le mariage.

MONSIEUR JOURDAIN.

Tant de choses en deux mots ?

COVIELLE.

Oui. La langue turque est comme cela, elle dit beaucoup en peu de paroles. Allez vite où il souhaite.

SCÈNE VII.

COVIELLE, seul.

Ah! ah! ah! Ma foi, cela est tout à fait drôle. Quelle dupe! Quand il aurait appris son rôle par cœur, il ne pourrait pas le mieux jouer. Ah ! ah !

SCÈNE VIII.

DORANTE, COVIELLE.

COVIELLE.

Je vous prie, monsieur, de nous vouloir aider céans dans une affaire qui s'y passe.

DORANTE.

Ah! ah! Covielle, qui t'aurait reconnu? Comme te voilà ajusté!

COVIELLE.

Vous voyez. Ah! ah!

DORANTE.

De quoi ris-tu?

COVIELLE.

D'une chose, monsieur, qui le mérite bien.

DORANTE.

Comment?

COVIELLE.

Je vous le donnerais en bien des fois, monsieur, à deviner le stratagème dont nous nous servons auprès de monsieur Jourdain, pour porter son esprit à donner sa fille à mon maître.

DORANTE.

Je ne devine point le stratagème; mais je devine qu'il ne manquera pas de faire son effet, puisque tu l'entreprends.

COVIELLE.

Je sais, monsieur, que la bête vous est connue.

DORANTE.

Apprends-moi ce que c'est.

COVIELLE.

Prenez la peine de vous tirer un peu plus loin, pour faire place à ce que j'aperçois venir. Vous pourrez voir une partie de l'histoire, tandis que je vous conterai le reste.

SCÈNE IX.

CÉRÉMONIE TURQUE.

LE MUPHTI, DERVIS, TURCS, ASSISTANTS DU MUPHTI, CHANTANTS ET DANSANTS.

PREMIÈRE ENTRÉE DE BALLET.

Six Turcs entrent gravement deux à deux, au son des instruments. Ils portent trois tapis qu'ils lèvent fort haut, après en avoir fait, en dansant, plusieurs figures. Les Turcs chantants passent par-dessous ces tapis pour s'aller ranger aux deux côtés du théâtre. Le muphti, accompagné des dervis, ferme cette marche.

Les Turcs étendent les tapis par terre, et se mettent dessus à genoux. Le muphti et les dervis restent debout au milieu d'eux, et, pendant que le muphti invoque Mahomet, en faisant beaucoup de contorsions et de grimaces, sans proférer une parole, les Turcs assistants se prosternent jusqu'à terre en chantant *Alli*, puis lèvent les bras au ciel en chantant *Alla*; ce qu'ils continuent jusqu'à la fin de l'invocation. Alors ils se relèvent tous, chantant *Alla eckber*[1]; et deux dervis vont chercher monsieur Jourdain.

SCÈNE X.

LE MUPHTI, DERVIS, TURCS CHANTANTS ET DANSANTS; MONSIEUR JOURDAIN, vêtu à la turque, la tête rasée, sans turban et sans sabre.

LE MUPHTI, à monsieur Jourdain.
Se ti sabir,
Ti respondir;

---

[1] *Alli* et *Alla* signifient Dieu. *Alla eckber* : Dieu est grand.

Se non sabir,
Tazir, tazir.

Mi star muphti,
Ti qui star, ti?
Non intendir?
Tazir, tazir[1].

(Deux dervis font retirer monsieur Jourdain.)

SCÈNE XI.

LE MUPHTI, DERVIS, TURCS CHANTANTS ET DANSANTS.

LE MUPHTI.

Dice, Turque, qui star quista? Anabatista? anabatista[2]?

LES TURCS.

Ioc[3].

LE MUPHTI.

Zuinglista[4]?

LES TURCS.

Ioc.

LE MUPHTI.

Coffita[5]?

LES TURCS.

Ioc.

« Si tu le sais,
Réponds;
Si tu ne sais pas,
Tais-toi.

» Je suis le muphti,
Toi qui es-tu?
Tu n'entends pas? »
Tais-toi.

[2] « Dis, Turc, quel est celui-ci? Anabaptiste. »
[3] *Ioc*, ou plutôt *yoc*, mot turc qui signifie : non.
[4] *Zuinglista*, zuinglien, ou de la secte de Zuingle.
[5] *Coffita*, cophte.

LE MUPHTI.

Hussita? Morista? Fronista[1]?

LES TURCS.

Ioc, ioc, ioc.

LE MUPHTI.

Ioc, ioc, ioc. Star Pagana[2]?

LES TURCS.

Ioc.

LE MUPHTI.

Luterana[3]?

LES TURCS.

Ioc.

LE MUPHTI.

Puritana[4]?

LES TURCS.

Ioc.

LE MUPHTI.

Bramina? Moffina? Zurina[5]?

LES TURCS.

Ioc, ioc, ioc.

LE MUPHTI.

Ioc, ioc, ioc. Mahametana? Mahametana?

LES TURCS.

Hi Valla. Hi Valla[6].

LE MUPHTI.

Como chamara? Como chamara[7]?

---

[1] *Hussita*, hussite. *Morista*, more. *Fronista*, probablement phroniste, ou contemplatif.

[2] « Es-tu païen? »

[3] *Luterana*, luthérien.

[4] *Puritana*, puritain.

[5] *Bramina*, bramine. *Moffina* et *Zurina* paraissent être de l'invention de Molière.

[6] *Hi Valla*, oui, par Dieu.

[7] « Comment s'appelle-t-il? Comment s'appelle-t-il? »

ACTE IV. SCÈNE XI.

LES TURCS.

Giourdina, Giourdina¹.

LE MUPHTI, sautant et regardant de côté et d'autre.

Giourdina? Giourdina? Giourdina?

LES TURCS.

Giourdina, Giourdina, Giourdina.

LE MUPHTI.

Mahameta, per Giourdina,
Mi pregar sera e matina.
Voler far un paladina
De Giourdina, de Giourdina.
Dar turbanta e dar scarrina,
Con galera e brigantina,
Per deffender Palestina.
Mahameta, per Giourdina,
Mi pregar sera e matina.

(Aux Turcs.)

Star bon Turca Giourdina². (*Bis.*)

LES TURCS.

Hi Valla. Hi Valla.

MUPHTI, chantant et dansant.

Ha la ba, ba la chou, ba la ba, ba la da.

LES TURCS.

Ha la ba, ba la chou, ba la ba, ba la da.

---

¹ Jourdain.
² « Je prie soir et matin
Mahomet pour Jourdain.
Je veux faire un paladin
De Jourdain, de Jourdain.
Je lui donnerai turban et sabre
Avec galère et brigantine,
Pour défendre la Palestine.
Je prie soir et matin
Mahomet pour Jourdain.
Est-il bon Turc ce Jourdain? »

SCÈNE XII.

TURCS, CHANTANTS ET DANSANTS.

DEUXIÈME ENTRÉE DE BALLET.

SCÈNE XIII.

LE MUPHTI, DERVIS, MONSIEUR JOURDAIN, TURCS CHANTANTS ET DANSANTS.

Le muphti revient coiffé avec son turban de cérémonie, qui est d'une grosseur démesurée, et garni de bougies allumées à quatre ou cinq rangs; il est accompagné de deux dervis qui portent l'Alcoran, et qui ont des bonnets pointus, garnis aussi de bougies allumées.

Les deux autres dervis amènent le bourgeois, qui est tout épouvanté de cette cérémonie, et le font mettre à genoux, les mains par terre, de façon que son dos, sur lequel est mis l'Alcoran, sert de pupitre au muphti. Le muphti fait une seconde invocation burlesque, fronçant le sourcil et ouvrant la bouche, sans dire mot; puis parlant avec véhémence, tantôt radoucissant sa voix, tantôt la poussant d'un enthousiasme à faire trembler, en se tenant les côtes avec les mains, comme pour faire sortir les paroles, frappant de temps en temps sur l'Alcoran, et tournant les feuillets avec précipitation. Après quoi, en levant les bras au ciel, le muphti crie à haute voix : *Hou*[1].

Pendant cette seconde invocation, les Turcs assistants s'inclinent trois fois et trois fois se relèvent, en chantant aussi *Hou, hou, hou.*

MONSIEUR JOURDAIN, *après qu'on lui a ôté l'Alcoran de dessus le dos.*
Ouf.

LE MUPHTI, *à monsieur Jourdain.*
Ti non star furba[2]?

---

[1] *Hou*, mot arabe qui signifie *lui*, est un des noms que les musulmans donnent à Dieu.

[2] « Tu n'es pas un fourbe? »

LES TURCS.

No, no, no.

LE MUPHTI.

Non star forfanta[1]?

LES TURCS.

No, no, no.

LE MUPHTI, aux Turcs.

Donar turbanta. (*Bis.*)

LES TURCS.

Ti no star furba?
No, no, no.
Non star forfanta?
No, no, no.
Donar turbanta. (*Bis.*)

TROISIÈME ENTRÉE DE BALLET.

Les Turcs dansants mettent le turban sur la tête de monsieur Jourdain au son des instruments.

LE MUPHTI, donnant le sabre à monsieur Jourdain.

Ti star nobile, non star fabbola.
Pigliar schiabbola[2].

LES TURCS, mettant tous le sabre à la main.

Ti star nobile, non star fabbola.
Pigliar schiabbola.

QUATRIÈME ENTRÉE DE BALLET.

Les Turcs dansants donnent en cadence plusieurs coups de sabre à monsieur Jourdain.

[1] « Tu n'es pas un imposteur? »
[2] « Tu es noble, ce n'est point une fable. Prends ce sabre. »

LE MUPHTI.

Dara, dara
Bastonnara[1]. (*Ter.*)

LES TURCS.

Dara, dara
Bastonnara. (*Ter.*)

CINQUIÈME ENTRÉE DE BALLET.

Les Turcs dansants donnent à monsieur Jourdain des coups de bâton en cadence.

LE MUPHTI.

Non tener honta;
Questa star l'ultima affronta[2].

LES TURCS.

Non tener honta;
Questa star l'ultima affronta.

Le muphti commence une troisième invocation. Les dervis le soutiennent par dessous les bras avec respect; après quoi les Turcs chantants et dansants, sautant autour du muphti, se retirent avec lui et emmènent monsieur Jourdain.

Acteurs de la cérémonie :

Un muphti, représenté par le sieur Chiacheron[3].
Douze Turcs musiciens assistants à la cérémonie. MM. le Gros, Estival, Blondel, Gingan l'aîné, Hédouin, Rebel, Gillet, Fernon le cadet, Bernard, Deschamps, Langeais et Gaye.
Quatre dervis : MM. Morel, Gingand le cadet, Noblet et Philbert.
Six Turcs dansants : MM. Beauchamp, Dolivet, la Pierre, Favier, Mayeu, Chicanneau.

FIN DU QUATRIÈME ACTE.

---

[1] « On donnera la bastonnade. »
[2] « N'aie point honte, ce sera le dernier affront. »
[3] Sobriquet adopté par Lulli.

ACTE CINQUIÈME.

SCÈNE I.

MADAME JOURDAIN, MONSIEUR JOURDAIN.

MADAME JOURDAIN.

Ah! mon Dieu, miséricorde! Qu'est-ce que c'est donc que cela? Quelle figure! Est-ce un momon que vous allez porter, et est-il temps d'aller en masque? Parlez donc, qu'est-ce que c'est que ceci? Qui vous a fagoté comme cela?

MONSIEUR JOURDAIN.

Voyez l'impertinente, de parler de la sorte à un *mamamouchi!*

MADAME JOURDAIN.

Comment donc!

MONSIEUR JOURDAIN.

Oui, il me faut porter du respect maintenant, et l'on vient de me faire *mamamouchi.*

MADAME JOURDAIN.

Que voulez-vous dire avec votre *mamamouchi?*

MONSIEUR JOURDAIN.

Mamamouchi, vous dis-je. Je suis *mamamouchi.*

MADAME JOURDAIN.

Quelle bête est-ce là?

MONSIEUR JOURDAIN.

Mamamouchi, c'est-à-dire, en notre langue, paladin.

MADAME JOURDAIN.

Baladin? Êtes-vous en âge de danser des ballets?

MONSIEUR JOURDAIN.

Quelle ignorance! Je dis paladin : c'est une dignité dont on vient de me faire la cérémonie.

MADAME JOURDAIN.

Quelle cérémonie donc?

MONSIEUR JOURDAIN.

Mahameta per Jordina.

MADAME JOURDAIN.

Qu'est-ce que cela veut dire?

MONSIEUR JOURDAIN.

Jordina, c'est-à-dire Jourdain.

MADAME JOURDAIN.

Hé bien! quoi, Jourdain?

MONSIEUR JOURDAIN.

Voler far un paladina de Jordina.

MADAME JOURDAIN.

Comment?

MONSIEUR JOURDAIN.

Dar turbanta con galera.

MADAME JOURDAIN.

Qu'est-ce à dire, cela?

MONSIEUR JOURDAIN.

Per deffender Palestina.

MADAME JOURDAIN.

Que voulez-vous donc dire?

MONSIEUR JOURDAIN.

Dara, dara bastonnara.

MADAME JOURDAIN.

Qu'est-ce donc que ce jargon-là?

MONSIEUR JOURDAIN.

Non tener honta, questa star l'ultima affronta.

MADAME JOURDAIN.

Qu'est-ce que c'est donc que tout cela?

MONSIEUR JOURDAIN, chantant et dansant.

Hou la ba, ba la chou, ba la ba, ba la da. (Il tombe par terre.)

MADAME JOURDAIN.

Hélas! mon Dieu! mon mari est devenu fou!

MONSIEUR JOURDAIN, se relevant et s'en allant.

Paix, insolente. Portez respect à monsieur le *mamamouchi*.

MADAME JOURDAIN, seule.

Où est-ce qu'il a donc perdu l'esprit? Courons l'empêcher de sortir. (Apercevant Dorimène et Dorante.) Ah! ah! voici justement le reste de notre écu[1]. Je ne vois que chagrin de tous côtés.

SCÈNE II.

DORANTE, DORIMÈNE.

DORANTE.

Oui, madame, vous verrez la plus plaisante chose qu'on puisse voir; et je ne crois pas que dans tout le monde il soit possible de trouver encore un homme aussi fou que celui-là. Et puis, madame, il faut tâcher de servir l'amour de Cléonte, et d'appuyer toute sa mascarade. C'est un fort galant homme, et qui mérite que l'on s'intéresse pour lui.

DORIMÈNE.

J'en fais beaucoup de cas, et il est digne d'une bonne fortune.

DORANTE.

Outre cela, nous avons ici, madame, un ballet qui nous

---

[1] Expression proverbiale. « Se dit en plaisantant d'une personne qu'on voit arriver dans une compagnie. » (*Dict. de l'Académie.*) Elle est employée ici dans un sens ironique.

revient, que nous ne devons pas laisser perdre; et il faut bien voir si mon idée pourra réussir.

DORIMÈNE.

J'ai vu là des apprêts magnifiques, et ce sont des choses, Dorante, que je ne puis plus souffrir. Oui, je veux enfin vous empêcher vos profusions; et, pour rompre le cours à toutes les dépenses que je vous vois faire pour moi, j'ai résolu de me marier promptement avec vous. C'en est le vrai secret; et toutes ces choses finissent avec le mariage, comme vous savez.

DORANTE.

Ah! madame, est-il possible que vous ayez pu prendre pour moi une si douce résolution?

DORIMÈNE.

Ce n'est que pour vous empêcher de vous ruiner; et, sans cela, je vois bien qu'avant qu'il fût peu vous n'auriez pas un sou.

DORANTE.

Que j'ai d'obligation, madame, aux soins que vous avez de conserver mon bien! Il est entièrement à vous, aussi bien que mon cœur; et vous en userez de la façon qu'il vous plaira.

DORIMÈNE.

J'userai bien de tous les deux. Mais voici votre homme; la figure en est admirable.

SCÈNE III.

MONSIEUR JOURDAIN, DORIMÈNE, DORANTE.

DORANTE.

Monsieur, nous venons rendre hommage, madame et moi, à votre nouvelle dignité, et nous réjouir avec vous du mariage que vous faites de votre fille avec le fils du Grand Turc.

MONSIEUR JOURDAIN, *après avoir fait les révérences à la turque.*

Monsieur, je vous souhaite la force des serpents et la prudence des lions.

DORIMÈNE.

J'ai été bien aise d'être des premières, monsieur, à venir vous féliciter du haut degré de gloire où vous êtes monté.

MONSIEUR JOURDAIN.

Madame, je vous souhaite toute l'année votre rosier fleuri. Je vous suis infiniment obligé de prendre part aux honneurs qui m'arrivent; et j'ai beaucoup de joie de vous voir revenue ici, pour vous faire les très-humbles excuses de l'extravagance de ma femme.

DORIMÈNE.

Cela n'est rien; j'excuse en elle un pareil mouvement: votre cœur lui doit être précieux, et il n'est pas étrange que la possession d'un homme comme vous puisse inspirer quelques alarmes.

MONSIEUR JOURDAIN.

La possession de mon cœur est une chose qui vous est tout acquise.

DORANTE.

Vous voyez, madame, que monsieur Jourdain n'est pas de ces gens que les prospérités aveuglent, et qu'il sait, dans sa gloire, connaître encore ses amis.

DORIMÈNE.

C'est la marque d'une âme tout à fait généreuse.

DORANTE.

Où est donc Son Altesse Turque? Nous voudrions bien, comme vos amis, lui rendre nos devoirs.

MONSIEUR JOURDAIN.

Le voilà qui vient; et j'ai envoyé querir ma fille pour lui donner la main.

SCÈNE IV.

MONSIEUR JOURDAIN, DORIMÈNE, DORANTE.
CLÉONTE, habillé en Turc.

DORANTE, à Cléonte.

Monsieur, nous venons faire la révérence à Votre Altesse, comme ami de monsieur votre beau-père, et l'assurer avec respect de nos très-humbles services.

MONSIEUR JOURDAIN.

Où est le truchement, pour lui dire qui vous êtes, et lui faire entendre ce que vous dites? Vous verrez qu'il vous répondra; et il parle turc à merveille. Holà! où diantre est-il allé? (A Cléonte.) *Strouf, strif, strof, straf.* Monsieur est un *grande segnore, grande segnore, grande segnore;* et madame une *granda dama, granda dama.* (Voyant qu'il ne se fait point entendre.) Ahi! (A Cléonte, montrant Dorante.) Monsieur, lui *mamamouchi* français, et madame *mamamouchie* française. Je ne puis pas parler plus clairement. Bon! voici l'interprète.

SCÈNE V.

MONSIEUR JOURDAIN, DORIMÈNE, DORANTE,
CLÉONTE, habillé en Turc; COVIELLE, déguisé.

MONSIEUR JOURDAIN.

Où allez-vous donc? nous ne saurions rien dire sans vous. (Montrant Cléonte.) Dites-lui un peu que monsieur et madame sont des personnes de grande qualité, qui lui viennent faire la révérence, comme mes amis, et l'assurer de leurs services. (A Dorimène et à Dorante.) Vous allez voir comme il va répondre.

COVIELLE.

Alabala crociam acci boram alabamen.

CLÉONTE.

Catalequi tubal ourin soter amalouchan.

MONSIEUR JOURDAIN, à Dorimène et à Dorante.

Voyez-vous?

COVIELLE.

Il dit que la pluie des prospérités arrose en tout temps le jardin de votre famille.

MONSIEUR JOURDAIN.

Je vous l'avais bien dit, qu'il parle turc.

DORANTE.

Cela est admirable.

SCÈNE VI.

LUCILE, CLÉONTE, MONSIEUR JOURDAIN, DORIMÈNE, DORANTE, COVIELLE.

MONSIEUR JOURDAIN.

Venez, ma fille; approchez-vous, et venez donner votre main à monsieur, qui vous fait l'honneur de vous demander en mariage.

LUCILE.

Comment! mon père, comme vous voilà fait! Est-ce une comédie que vous jouez?

MONSIEUR JOURDAIN.

Non, non, ce n'est pas une comédie; c'est une affaire fort sérieuse, et la plus pleine d'honneur pour vous qui se peut souhaiter. (Montrant Cléonte.) Voilà le mari que je vous donne.

LUCILE.

A moi, mon père?

MONSIEUR JOURDAIN.

Oui, à vous. Allons, touchez-lui dans la main : et rendez grâces au ciel de votre bonheur.

LUCILE.

Je ne veux point me marier.

MONSIEUR JOURDAIN.

Je le veux, moi, qui suis votre père.

LUCILE.

Je n'en ferai rien.

MONSIEUR JOURDAIN.

Ah! que de bruit! Allons, vous dis-je. Çà, votre main.

LUCILE.

Non, mon père; je vous l'ai dit, il n'est point de pouvoir qui me puisse obliger à prendre un autre mari que Cléonte; et je me résoudrai plutôt à toutes les extrémités, que de... (Reconnaissant Cléonte.) Il est vrai que vous êtes mon père; je vous dois entière obéissance; et c'est à vous à disposer de moi selon vos volontés.

MONSIEUR JOURDAIN.

Ah! je suis ravi de vous voir si promptement revenue dans votre devoir ; et voilà qui me plaît, d'avoir une fille obéissante.

SCÈNE VII.

MADAME JOURDAIN, CLÉONTE, MONSIEUR JOURDAIN, LUCILE, DORANTE, DORIMÈNE, COVIELLE.

MADAME JOURDAIN.

Comment donc? qu'est-ce que c'est que ceci? On dit que vous voulez donner votre fille en mariage à un carême-prenant[1].

---

[1] A un masque qui court la ville pendant le carnaval.

MONSIEUR JOURDAIN.

Voulez-vous vous taire, impertinente? Vous venez toujours mêler vos extravagances à toutes choses; et il n'y a pas moyen de vous apprendre à être raisonnable.

MADAME JOURDAIN.

C'est vous qu'il n'y a pas moyen de rendre sage; et vous allez de folie en folie. Quel est votre dessein, et que voulez-vous faire avec cet assemblage?

MONSIEUR JOURDAIN.

Je veux marier notre fille avec le fils du Grand Turc.

MADAME JOURDAIN.

Avec le fils du Grand Turc?

MONSIEUR JOURDAIN, montrant Covielle.

Oui. Faites-lui faire vos compliments par le truchement que voilà.

MADAME JOURDAIN.

Je n'ai que faire du truchement; et je lui dirai bien moi-même, à son nez, qu'il n'aura point ma fille.

MONSIEUR JOURDAIN.

Voulez-vous vous taire, encore une fois?

DORANTE.

Comment! madame Jourdain, vous vous opposez à un bonheur comme celui-là? Vous refusez Son Altesse Turque pour gendre?

MADAME JOURDAIN.

Mon Dieu! monsieur, mêlez-vous de vos affaires.

DORIMÈNE.

C'est une grande gloire, qui n'est pas à rejeter.

MADAME JOURDAIN.

Madame, je vous prie aussi de ne vous point embarrasser de ce qui ne vous touche pas.

DORANTE.

C'est l'amitié que nous avons pour vous qui nous fait intéresser dans vos avantages.

MADAME JOURDAIN.

Je me passerai bien de votre amitié.

DORANTE.

Voilà votre fille qui consent aux volontés de son père.

MADAME JOURDAIN.

Ma fille consent à épouser un Turc?

DORANTE.

Sans doute.

MADAME JOURDAIN.

Elle peut oublier Cléonte?

DORANTE.

Que ne fait-on pas pour être grand'dame.

MADAME JOURDAIN.

Je l'étranglerais de mes mains, si elle avait fait un coup comme celui-là.

MONSIEUR JOURDAIN.

Voilà bien du caquet. Je vous dis que ce mariage-là se fera.

MADAME JOURDAIN.

Je vous dis, moi, qu'il ne se fera point.

MONSIEUR JOURDAIN.

Ah! que de bruit!

LUCILE.

Ma mère!

MADAME JOURDAIN.

Allez! vous êtes une coquine.

MONSIEUR JOURDAIN, à madame Jourdain.

Quoi! vous la querellez de ce qu'elle m'obéit!

MADAME JOURDAIN.

Oui. Elle est à moi aussi bien qu'à vous.

COVIELLE, à madame Jourdain.

Madame!

MADAME JOURDAIN.

Que me voulez-vous conter, vous?

COVIELLE.

Un mot.

MADAME JOURDAIN.

Je n'ai que faire de votre mot.

COVIELLE, à monsieur Jourdain.

Monsieur, si elle veut écouter une parole en particulier, je vous promets de la faire consentir à ce que vous voulez.

MADAME JOURDAIN.

Je n'y consentirai point.

COVIELLE.

Écoutez-moi seulement.

MADAME JOURDAIN.

Non.

MONSIEUR JOURDAIN, à madame Jourdain.

Écoutez-le.

MADAME JOURDAIN.

Non; je ne veux pas écouter.

MONSIEUR JOURDAIN.

Il vous dira...

MADAME JOURDAIN.

Je ne veux point qu'il me dise rien.

MONSIEUR JOURDAIN.

Voilà une grande obstination de femme! Cela vous fera-t-il mal, de l'entendre?

COVIELLE.

Ne faites que m'écouter; vous ferez après ce qu'il vous plaira.

MADAME JOURDAIN.

Hé bien! quoi?

COVIELLE, bas, à madame Jourdain.

Il y a une heure, madame, que nous vous faisons signe. Ne voyez-vous pas bien que tout ceci n'est fait que pour nous ajuster aux visions de votre mari; que nous l'abusons sous ce déguisement, et que c'est Cléonte lui-même qui est le fils du Grand Turc.

MADAME JOURDAIN, bas, à Covielle.

Ah! ah!

COVIELLE, bas, à madame Jourdain.

Et moi, Covielle, qui suis le truchement?

MADAME JOURDAIN, bas, à Covielle.

Ah! comme cela, je me rends.

COVIELLE, bas, à madame Jourdain.

Ne faites pas semblant de rien.

MADAME JOURDAIN, haut.

Oui, voilà qui est fait, je consens au mariage.

MONSIEUR JOURDAIN.

Ah! voilà tout le monde raisonnable. (A madame Jourdain.) Vous ne vouliez pas l'écouter. Je savais bien qu'il vous expliquerait ce que c'est que le fils du Grand Turc.

MADAME JOURDAIN.

Il me l'a expliqué comme il faut, et j'en suis satisfaite. Envoyons querir un notaire.

DORANTE.

C'est fort bien dit. Et afin, madame Jourdain, que vous puissiez avoir l'esprit tout à fait content, et que vous perdiez aujourd'hui toute la jalousie que vous pourriez avoir conçue de monsieur votre mari, c'est que nous nous servirons du même notaire pour nous marier, madame et moi.

MADAME JOURDAIN.

Je consens aussi à cela.

MONSIEUR JOURDAIN, bas, à Dorante.

C'est pour lui faire accroire.

DORANTE, bas, à monsieur Jourdain.

Il faut bien l'amuser avec cette feinte.

MONSIEUR JOURDAIN, bas.

Bon, bon. (Haut.) Qu'on aille vite querir le notaire.

DORANTE.

Tandis qu'il viendra et qu'il dressera les contrats, voyons notre ballet, et donnons-en le divertissement à Son Altesse Turque.

MONSIEUR JOURDAIN.

C'est fort bien avisé. Allons prendre nos places.

MADAME JOURDAIN.

Et Nicole?

MONSIEUR JOURDAIN.

Je la donne au truchement; et ma femme, à qui la voudra.

COVIELLE.

Monsieur, je vous remercie. (A part.) Si l'on en peut voir un plus fou, je l'irai dire à Rome.

(La comédie finit par un petit ballet qui avait été préparé.)

BALLET DES NATIONS.

PREMIÈRE ENTRÉE.

Un homme vient donner les livres du ballet, qui d'abord est fatigué par une multitude de gens de provinces différentes, qui crient en musique pour en avoir, et par trois importuns qu'il trouve toujours sur ses pas.

DIALOGUE DES GENS QUI, EN MUSIQUE, DEMANDENT DES LIVRES.

TOUS.
A moi, monsieur, à moi de grâce; à moi, monsieur :
Un livre, s'il vous plaît, à votre serviteur.
HOMME DU BEL AIR.
Monsieur, distinguez-nous parmi les gens qui crient.
Quelques livres ici; les dames vous en prient.
AUTRE HOMME DU BEL AIR.
Holà, monsieur! monsieur! ayez la charité
    D'en jeter de notre côté.
FEMME DU BEL AIR.
  Mon Dieu! qu'aux personnes bien faites
  On sait peu rendre honneur céans!
AUTRE FEMME DU BEL AIR.
  Ils n'ont des livres et des bancs

Que pour mesdames les grisettes [1].
GASCON.
Aho! l'homme aux libres, qu'on m'en vaille!
J'ai déjà le poumon usé.
Bous boyez qué chacun mé raille;
Et jé suis escandalisé
De boir ès mains de la canaille
Ce qui m'est par bous réfusé.
AUTRE GASCON.
Hé, cadédis! monseu, boyez qui l'on pût être.
Un libret, jé bous prie, au varon d'Asbarat.
Jé pense, mordi! que le fat
N'a pas l'honnur dé mé connaître.
LE SUISSE.
Mon'siur le donneur de papieir,
Que veul dire sti façon de fifre?
Moi l'écorchair tout mon gosieir
    A crieir,
Sans que je pouvre afoir ein lifre.
Pardi! mon foi, mon'siur, je pense fous l'être ifre.
VIEUX BOURGEOIS BABILLARD.
De tout ceci, franc et net,
  Je suis mal satisfait;
Et cela sans doute est laid,
    Que notre fille
Si bien faite et si gentille,
De tant d'amoureux l'objet,
  N'ait pas à son souhait
  Un livre de ballet,
  Pour lire le sujet
Du divertissement qu'on fait :
Et que toute notre famille

---

[1] L'expression de *grisette* s'appliquait alors aux filles de la bourgeoisie.

Si proprement s'habille,
Pour être placée au sommet
De la salle, où l'on met
Les gens de l'entriguet !
De tout ceci, franc et net,
Je suis mal satisfait;
Et cela sans doute est laid.

VIEILLE BOURGEOISE BABILLARDE.

Il est vrai que c'est une honte;
Le sang au visage me monte;
Et ce jeteur de vers, qui manque au capital,
L'entend fort mal :
C'est un brutal,
Un vrai cheval,
Franc animal,
De faire si peu de compte
D'une fille qui fait l'ornement principal
Du quartier du Palais-Royal,
Et que, ces jours passés, un comte
Fut prendre la première au bal.
Il l'entend mal,
C'est un brutal,
Un vrai cheval,
Franc animal.

HOMMES ET FEMMES DU BEL AIR.

Ah ! quel bruit !
Quel fracas !
Quel chaos !
Quel mélange !
Quelle confusion !
Quelle cohue étrange !
Quel désordre !
Quel embarras !
On y sèche.
L'on n'y tient pas.

GASCON.

Bentre, jé suis à vout.

AUTRE GASCON.

J'enrage, Diou me damne!

LE SUISSE.

Ah! que l'y faire saif dans sti sal de cians!

GASCON.

Jé murs!

AUTRE GASCON.

Jé perds la tramontane!

LE SUISSE.

Mon foi, moi le foudrais être hors de dedans.

VIEUX BOURGEOIS BABILLARD.

Allons, ma mie,
Suivez mes pas,
Je vous en prie,
Et ne me quittez pas.
On fait de nous trop peu de cas;
Et je suis las
De ce tracas.
Tout ce fatras,
Cet embarras,
Me pèse par trop sur les bras.
S'il me prend jamais envie
De retourner de ma vie
A ballet ni comédie,
Je veux bien qu'on m'estropie.
Allons, ma mie,
Suivez mes pas,
Je vous en prie,
Et ne me quittez pas.
On fait de nous trop peu de cas.

VIEILLE BOURGEOISE BABILLARDE.

Allons, mon mignon, mon fils,
Regagnons notre logis ;
Et sortons de ce taudis,
Où l'on ne peut être assis.
Ils seront bien ébaubis,
Quand ils nous verront partis.
Trop de confusion règne dans cette salle,
Et j'aimerais mieux être au milieu de la Halle
Si jamais je reviens à semblable régale,
Je veux bien recevoir des soufflets plus de six.
Allons, mon mignon, mon fils,
Regagnons notre logis ;
Et sortons de ce taudis,
Où l'on ne peut être assis.

TOUS.

A moi, monsieur, à moi, de grâce ; à moi, monsieur :
Un livre, s'il vous plaît, à votre serviteur.

DEUXIÈME ENTRÉE.

Les trois importuns dansent.

TROISIÈME ENTRÉE.

TROIS ESPAGNOLS chantent.

PREMIER ESPAGNOL chantant.

Sé que me muero de amor
Y solicito el dolor.

Aun muriendo de querer,
De tan buen ayre adolezco
Que es mas de lo que padezco,
Lo que quiero padecer ;

Y no pudiendo exceder
A mi deseo el rigor.

Sé que me muero de amor
Y solicito el dolor.

Lisonxea me la suerte
Con piedad tan advertida,
Que me assegura la vida
En el riesgo de la muerte.
Vivir de su golpe fuerte
Es de mi salud primor.

Sé que me muero de amor
Y solicito el dolor[1].

Danse de six Espagnols, après laquelle deux autres Espagnols dansent encore ensemble.

PREMIER ESPAGNOL chantant.

Ay! que locura, con tanto rigor
Quexarse de Amor,
Del nino bonito
Que todo es dulçura!
Ay! que locura!
Ay! que locura!

DEUXIÈME ESPAGNOL chantant.

El dolor solicita

« [1] Je sais que je me meurs d'amour et je recherche la douleur.

» Quoique mourant de désir, je dépéris de si bonne grâce, que ce que je souffre n'égale pas ce que je voudrais souffrir; l'excès de mon mal ne peut satisfaire mes désirs.

» Le sort me protége avec une bonté si constante, qu'il m'assure la vie dans le danger de la mort. Vivre avec une blessure si profonde est le prodige de mon salut. »

El que al dolor se da :
Y nadie de amor muere,
Sino quien no save amar.

PREMIER ET DEUXIÈME ESPAGNOL chantant.

Dulce muerte es el amor
Con correspondencia ygual;
Y si esta gazamos o,
Porque la quieres turbar?

PREMIER ESPAGNOL chantant.

Alegrese enamorado
Y tome mi parecer,
Que en esto de querer,
Todo es hallar el vado.

TOUS TROIS ENSEMBLE.

Vaya, vaya de fiestas!
Vaya de vayle!
Alegria, alegria, alegria!
Que esto de dolores fantasia [1]

---

[1] « Ah! quelle folie de se plaindre de l'Amour avec tant d'amertume, de ce gentil enfant qui est la douceur même! Ah! quelle folie! quelle folie!

» La douleur tourmente celui qui cède à la douleur : nul ne meurt d'amour que celui qui ne sait pas aimer.

» L'amour, quand on est payé de retour, est une douce mort; si nous goûtons aujourd'hui cette mort, pourquoi troubler cette jouissance?

» Que l'amant se réjouisse et adopte mon avis ; lorsqu'on désire, tout est de trouver le moyen.

» Allons, allons, des fêtes; allons, de la danse! Gai, gai, gai, la douleur n'est que dans l'imagination. »

QUATRIÈME ENTRÉE.

ITALIENS.

UNE MUSICIENNE ITALIENNE fait le premier récit dont voici les paroles.

Di rigori armata il seno,
Contro Amor mi ribellai;
Ma fui vinta in un baleno,
In mirar due vaghi rai.
Ahi ! che resiste puoco
Cor di gelo a stral di fuoco !

Ma si caro è 'l mio tormento,
Dolce è si la piaga mia,
Ch' il penare è 'l mio contento,
E 'l sanarmi è tirannia.
Ahi ! che più giova e piace,
Quanto amor è più vivace [1] !

Après l'air que la musicienne a chanté, deux Scaramouches, deux Trivelins et un Arlequin, représentent une nuit à la manière des comédiens italiens, en cadence. — Un musicien italien se joint à la musicienne italienne, et chante avec elle les paroles qui suivent :

LE MUSICIEN ITALIEN.

Bel tempo che vola
Rapisce il contento :
D' Amor ne la scola
Si coglie il momento.

---

[1] « Le sein armé de rigueurs, je me révoltai contre l'amour ; mais je fus promptement vaincue en admirant deux beaux yeux. Ah ! qu'un cœur de glace résiste peu à un trait de feu !

» Mais mon tourment m'est si cher, et ma blessure m'est si douce, que ma peine fait ma joie et que me guérir serait une tyrannie. Ah ! l'amour plaît et charme d'autant plus qu'il a plus de force. »

LA MUSICIENNE.

Insinchè florida
 Ride l' età,
Che pur tropp' orrida
 Da noi sen và :

TOUS DEUX.

Sù cantiamo,
 Sù godiamo
Ne' bei dì di gioventù.
Perduto ben non si racquista più.

MUSICIEN.

Pupilla ch' è vaga
 Mill' alme incatena,
Fà dolce la piaga,
 Felice la pena.

MUSICIENNE.

Ma poichè frigida
 Langue l' età,
Più l' alma rigida
 Fiamme non hà.

TOUS DEUX.

Sù cantiamo,
 Sù godiamo
Ne' bei dì di gioventù.
Perduto ben non si racquista più[1].

---

[1] « Le bel âge, qui s'envole, emporte les plaisirs : c'est dans l'école de l'amour que l'on apprend à profiter du moment favorable.

» Tant que rit la saison fleurie, qui s'éloignera trop tôt, chantons, jouissons des beaux jours de notre jeunesse. Le bonheur perdu ne se retrouve plus.

» Le charme d'un bel œil enchaîne mille cœurs; il adoucit la plaie, et fait un bien de la douleur; mais quand les glaces de l'âge sont venues la refroidir, l'âme engourdie n'a plus de feux.

» Chantons donc, jouissons dans les beaux jours de la jeunesse, le bonheur perdu ne se retrouve plus. »

Après les dialogues italiens, les Scaramouches et Trivelins dansent une réjouissance.

CINQUIÈME ENTRÉE.

FRANÇAIS.

Deux musiciens poitevins dansent, et chantent les paroles qui suivent.

PREMIER MENUET.

PREMIER MUSICIEN.

Ah! qu'il fait beau dans ces bocages!
Ah! que le ciel donne un beau jour!

SECOND MUSICIEN.

Le rossignol, sous ces tendres feuillages,
  Chante aux échos son doux retour :
    Ce beau séjour,
    Ces doux ramages,
    Ce beau séjour
  Nous invite à l'amour.

SECOND MENUET.

LES DEUX MUSICIENS ENSEMBLE.

  Vois, ma Climène,
  Vois, sous ce chêne,
S'entre-baiser ces oiseaux amoureux :
  Ils n'ont rien dans leurs vœux
    Qui les gêne;
  De leurs doux feux
  Leur âme est pleine.
  Qu'ils sont heureux!

> Nous pouvons tous deux,
>   Si tu le veux,
>   Être comme eux.

Six autres Français viennent après, vêtus galamment à la poitevine, trois en hommes et trois en femmes, accompagnés de huit flûtes et de hautbois, et dansent les menuets.

SIXIÈME ENTRÉE.

Tout cela finit par le mélange des trois nations, et les applaudissements en danse et en musique de toute l'assistance, qui chante les deux vers qui suivent :

> Quels spectacles charmants! Quels plaisirs goûtons-nous!
> Les dieux mêmes, les dieux n'en ont point de plus doux.

Noms des personnes qui ont chanté et dansé dans le Ballet des nations.

PREMIÈRE ENTRÉE.

Un donneur de livres : M. Dolivet.
Un homme du bel air : M. le Gros.
Un autre homme du bel air : M. Fernon.
Hommes et femmes du bel air : MM. Bernard, Noblet, Rebel.
Un vieux babillard : M. Blondel.
Une vieille babillarde : M. Langeais.
Gascons : MM. Estival, Hédouin, Gaye, Morel, Gingan l'aîné, Gingan le cadet.
Suisses : MM. Deschamps, Gillet, Philbert.
Filles coquettes : Quatre pages de la musique : Jeannot, Pierrot, Renier, un page de la Chapelle.

DEUXIÈME ENTRÉE.

Trois importuns dansant : MM. Saint-André, la Pierre et Favier.

TROISIÈME ENTRÉE.

Premier Espagnol chantant : M. Morel.
Deuxième Espagnol chantant : M. Gillet.
Troisième Espagnol chantant : M. Martin.

Espagnols dansants : MM. Dolivet, le Chantre, Bonard, Lestang, Isaac et Joubert.

Deux Espagnols dansant ensemble : MM. Beauchamp et Chicanneau.

QUATRIÈME ENTRÉE.

Une musicienne italienne : Mlle Hilaire.
Un musicien italien : M. Gaye.
Deux Scaramouches : MM. Beauchamp et Mayeu.
Deux Trivelins : MM. Magny et Foignard cadet.
Arlequin : Le seigneur Dominique[1].

CINQUIÈME ENTRÉE.

Deux musiciens poitevins : MM. Noblet et la Grille.
Poitevins dansants : MM. la Pierre, Favier et Saint-André.
Poitevines dansantes : MM. Faure, Foignard et Favier le jeune.
Les huit flûtes et hautbois : Les sieurs Descouteaux, Pièche le fils, Philidor Boutet, du Clos, Plumet, Fossart et Nicolas Hottere.

FIN DU BOURGEOIS GENTILHOMME.

---

[1] Il s'agit de l'arlequin Dominique Biancolelli, bien connu à cette époque.

TABLE DES MATIÈRES.

	Page
George Dandin, comédie	1
L'Avare, comédie	105
Monsieur de Pourceaugnac, comédie-ballet	219
Les Amants magnifiques comédie-ballet	299
Le Bourgeois gentilhomme, comédie-ballet	373

LA BIBLIOTHÈQUE UNIVERSELLE DES FAMILLES

SE COMPOSE DE 500 BEAUX VOLUMES

CHOISIS PARMI LES MEILLEURS OUVRAGES ANCIENS ET MODERNES

Prix, par série, 2 francs le volume. — Séparément, 2 fr. 50 c.

Voici les Ouvrages compris dans la première Série, classés par ordre de matières :

RELIGION.

NOUVEAU TESTAMENT. — Les Évangiles. — Les Actes des Apôtres. — Épitres, etc. 2
L'IMITATION DE JÉSUS-CHRIST. 1
LA VIE DE JÉSUS-CHRIST. 1
BOSSUET. — Traité de la Connaissance de Dieu et de soi-même. — Traité du libre arbitre. — Oraisons funèbres. — Élév. à Dieu sur les Myst. de la Relig. 3
BOURDALOUE. — Avent. — Carême. 3
FÉNELON. — Traité de l'Existence de Dieu. — Lettres sur divers sujets de métaphysique et de religion. 1
SAINT FRANÇOIS DE SALES. — Introduction à la vie dévote. 1
FLÉCHIER. — Oraisons funèbres. — Sermons. — Discours de piété. 3
MASSILLON. — Avent. — Carême. — Petit Carême. — Oraisons funèbres. 5

MORALE.

LA ROCHEFOUCAULD. — Maximes. . . 1
LA BRUYÈRE. — Caractères. 1
PASCAL. — Pensées. 1
VAUVENARGUES. — Pensées. 1

PHILOSOPHIE.

DESCARTES. — Discours de la Méthode. — Les Méditations. — Réponses aux Objections. — Passions de l'Ame. 2
MALEBRANCHE. — Recherche de la vérité. — Entretiens métaphysiques. — Méditations. — Traité de l'amour de Dieu. Entretiens d'un philosophe chrétien et d'un philosophe chinois. 2

HISTOIRE.

AMYOT. — Vies des Hommes célèbres de Plutarque. 3
BOSSUET. — Discours sur l'Hist. univ. 1
FLÉCHIER. — Hist. de Théodose le Grand. 1
MONTESQUIEU. — Considérations sur les Causes de la grandeur et de la décadence des Romains. 1
RETZ (CARDINAL DE). — Mémoires. 2
VOLTAIRE. — Siècle de Louis XIV. — Siècle de Louis XV. — Hist. de Charles XII 4

POÉSIE.

BOILEAU. — Œuvres complètes. 3
CORNEILLE (PIERRE). — Œuvres complètes. 7
CORNEILLE (THOMAS). — Œuvres. 1
CHÉNIER (ANDRÉ). — Poésies. 1

POÉSIE.

DELILLE. — L'Imagination. — Les Géorgiques. — Malheur et Pitié. — Les Jardins. — L'Homme des champs. — Pièces diverses. 4
MALHERBE. — Œuvres. 1
MOLIÈRE. — Œuvres complètes. 5
RACINE (JEAN). — Œuvres complètes. 4
RACINE (LOUIS). — Poëme de la Religion. — Poëme de la Grâce. — Odes sacrées. — Pièces diverses. 1
REGNARD. — Œuvres choisies. 1
VOLTAIRE. — Théâtre choisi. — La Henriade. — Choix de poésies. 4

LITTÉRATURE.

BERNARDIN DE SAINT-PIERRE. — Études de la nature. 2
CHATEAUBRIAND. — Génie du Christianisme. 1
FÉNELON. — Éducation des Filles. — Dialogues sur l'Éloquence. — Opuscules littéraires. — Poésies. 1
FONTENELLE. — Entretiens sur la pluralité des mondes. 1
Mme DE SÉVIGNÉ. — Œuvres complètes. 8
VOLTAIRE. — Choix de Correspondance. 2

HISTOIRE NATURELLE.

BUFFON. — Histoire de l'Homme. — Histoire des Mammifères. 2

ROMANS.

BERNARDIN DE SAINT-PIERRE. — Paul et Virginie. — La Chaumière indienne. — Voyage à l'Ile de France. 1
FÉNELON. — Télémaque. 1
Mme DE STAEL. — Corinne. — Delphine. 3

FABLES.

LA FONTAINE. — Fables. 1
FÉNELON. — Fables. 1
FLORIAN. — Fables. 1

VOYAGES.

BARTHÉLEMY. — Voyage d'Anacharsis. 4
CHATEAUBRIAND. — Voyages. — Itinéraire de Paris à Jérusalem. 2

DROIT PUBLIC.

D'AGUESSEAU. — Mercuriales. 1
MONTESQUIEU. — Esprit des lois. 2

PARIS. — IMPRIMERIE ET LIBRAIRIE CENTRALES DE NAPOLÉON CHAIX ET Cie.

www.ingramcontent.com/pod-product-compliance
Lightning Source LLC
Chambersburg PA
CBHW071606230426
43669CB00012B/1851